普通高等教育"十一五"国家级规划教材
21世纪高等继续教育精品教材
经济管理类通用系列

TONGJIXUE
JICHU

统计学基础

（第五版）

贾俊平　编著

中国人民大学出版社
·北京·

21世纪高等继续教育精品教材

编审委员会

总序

21 世纪，科学技术发展日新月异，发明创造层出不穷，知识更新日趋频繁，全民学习、终身学习已经成为适应经济与社会发展的基本途径。近年来，我国高等教育取得了跨越式的发展，毛入学率由 1998 年的 8%迅速增长到 2008 年的 23.3%，已经进入了大众化的发展阶段，这其中高等继续教育发挥了重要的作用。同时，高等继续教育作为“传统学校教育向终身教育发展的一种新型教育制度”，对实现“形成全民学习、终身学习的学习型社会”“构建终身教育体系”的宏伟目标，发挥着其他教育形式不可替代的作用。

目前，我国高等继续教育的发展规模已占全国高等教育的一半左右，随着我国产业结构的调整、传统产业部门的改造以及新兴产业部门的建立，各种岗位上数以千万计的劳动者，需要通过边工作边学习来调整自己的知识结构、提高自己的知识水平，以适应现代经济与社会发展的要求。可见，我国高等继续教育的发展，既肩负着重大的历史使命又面临着难得的发展机遇。

我国的高等继续教育要抓住机遇发展，完成自己的历史使命，从根本上说就是要全面提高教育教学质量，这涉及多方面的工作，但抓好教材建设是提高教学质量的基础和中心环节。众所周知，高等继续教育的培养对象主要是已经走上各种生产或工作岗位的从业人员，这就决定了高等继续教育的目标是培养能适应新世纪社会发展要求的动手能力强、具有创新能力的应用型人才。因此，高等继续教育教材的编写“要本着学用结合的原则，重视从业人员的知识更新，提高广大从业人员的思想文化素质和职业技能”，体现出高等继续教育的针对性、实用性和职业性特色。

为适应我国高等继续教育发展的新形式、培养应用型人才、满足广大学员的学习需要，中国人民大学出版社邀请了国内知名专家学者对我国高等继续教育的教学改革与教材建设进行专题研讨，成立了教材编审委员会，联合中国人民大学、中国政法大学、东北财经大学、武汉大学、山西财经大学、东北师范大学、华中科技大学、黑龙江大学等30多所高校，共同编撰了“21世纪高等继续教育精品教材”，计划在两三年内陆续推出百种高等继续教育精品系列教材。教材编审委员会对该系列教材的作者进行了严格的遴选，编写教材的专家、教授都有着丰富的继续教育教学经验和较高的专业学术水平。教材的编写严格依据教育部颁布的“全国成人高等教育公共课和经济学、法学、工学主要课程的教学基本要求”；教材内容的选择克服了追求“大而全”的现象，做到了少而精，有针对性，突出了能力的训练和培养；教材体例的安排突出了学习使用的弹性和灵活性，体现“以学为主”的教育理念；教材充分利用现代化的教育手段，形成文字教材和多媒体教材相结合的立体化教材，加强了教师对学生学习过程的指导和帮助，形象生动、灵活方便，易于保存，可反复学习，更能适应学员在职、业余自学，或配合教师讲授时使用，会起到很好的教学效果。

这套“21世纪高等继续教育精品教材”在策划、编写和出版过程中，得到教育部高教司、中国成人教育协会、北京高校成人高教研究会的大力支持和帮助，在此谨表深切谢意。我们相信，随着我国高等继续教育的发展和教学改革的不断深入，特别是随着教育部“高等学校教学质量和教学改革工程”的实施，这套高等继续教育精品教材必将为促进我国高校教学质量的提高做出贡献。

杨干忠

前 言

本书是在《统计学基础》(第四版)的基础上修订而成的，各章的内容与第四版基本一致，本次修订主要是对书中使用的Excel版本进行了全面升级，由原来的Excel 2003升级为Excel 2013。

全书共分9章，第1章介绍统计学的一些基本概念，目的是让读者对统计学有一个基本的了解。第2章介绍数据的收集方法，使读者了解通过什么方法和途径获取所需的统计数据。第3章介绍数据的整理和展示方法，使读者学会数据的基本处理方法和图形展示技术。第4章介绍数据特征的统计描述方法，主要讨论如何使用一些统计量来对数据进行概括性度量。第5章介绍抽样与参数估计，讨论一些常用的概率抽样方法，并重点介绍总体参数的估计方法。第6章介绍假设检验的基本方法，讨论总体均值和总体比例的检验方法。第7章介绍相关与回归分析方法，讨论变量之间关系强度的度量方法，并介绍一元线性回归方法及应用。第8章介绍时间序列的分析和预测方法，主要讨论时间序列的描述性方法以及对时间序列的预测。第9章介绍指数，主要讨论综合指数的编制方法及实际中常用的几种价格指数。

本书的图表制作以及大多数统计计算都是用Excel来完成的，建议有能力的读者也可尝试使用专业的统计软件(如SPSS等)做一些简单的统计分析。希望读者多提宝贵意见，以便我们对教材做出进一步修改和完善。

贾俊平

CONTENTS

目　录

第 3 章　数据整理与展示

第 4 章　数据分布特征的测度

第 1 章 统计和数据

内容提要

本章主要介绍统计这门课程中的一些基本问题，目的是使读者对统计中的一些基本概念有一个正确的认识和理解。具体内容包括：(1) 统计及其应用领域，介绍统计学的含义及统计的应用领域等。(2) 统计数据及其类型，介绍统计数据及其类型和统计数据与统计方法之间的关系。(3) 统计中的基本概念，介绍统计中常用的几个基本概念，包括总体和样本、参数和统计量以及变量等。

1.1 统计及其应用领域

一、什么是统计学

在日常生活中，我们经常会接触到“统计”这一术语，在有关媒体报道中也经常会看见一些统计数据、图表等。很多人难免会将“统计”一词与统计工作联系起来：一提到统计首先想到的是统计工作，想到我们的政府统计机构、企业中从事统计工作的人，等等。这种理解是自然的，但又是不全面的。统计活动有着悠久的历史，可以说，自从有了国家就有了统计活动。最初，统计只是一种计数活动，为满足统治者管理国家的需要而收集资料，通过统计计数来弄清国家的人力、物力和财力，作为国家管理的依据。然而在今天，“统计”已发展成为一门数据分析的学科，统计方法也已被应用到科学研究的各个领域。目前，统计学已发展成为具有多个分支学科的大家族。统计学家们给统计学下的定义繁多，其表述大同小异。本书将统计学的定义表述如下：

定义 1.1 统计学（statistics）是收集、处理、分析、解释数据并从数据中得出结论的科学。

这一定义表明统计学是一套处理和分析数据的方法与技术。统计分析数据所用的方法大体上可分为描述统计和推断统计两大类。

定义 1.2 描述统计（descriptive statistics）是研究数据收集、处理和描述的统计学方法。

描述统计的内容包括如何取得研究所需要的数据，如何用图表形式对数据进行处理和展示，如何通过对数据的综合、概括与分析，得出所关心的数据的特征。

定义 1.3 推断统计（inferential statistics）是研究如何利用样本数据来推断总体特征的统计学方法。

推断统计的内容包括参数估计和假设检验两大类。参数估计是利用样本信息推断所关心的总体特征，假设检验则是利用样本信息判断对总体的某个假设是否成立。比如，从一批灯泡中随机抽取少数几个灯泡作为样本，测出它们的使用寿命，然后根据样本灯泡的平均使用寿命估计这批灯泡的平均使用寿命，或者是检验这批灯泡的使用寿命是否等于某个假定值，这就是推断统计要解决的问题。

统计学是一门关于数据的科学，它研究的是来自各个领域的数据，由一套处理数据的方法所组成，这些方法来源于对数据的研究。离开了数据，统计方法就失去了用武之地，统计学也就失去了存在的意义。然而，数据如果不用统计方法去分析，那么它们也仅仅是一堆数据而已，不能得出任何有用的结论。

二、统计的应用领域

目前，统计方法已被应用到自然科学和社会科学的众多领域，统计学也已发展成为由若干分支学科组成的学科体系。可以说，几乎所有的研究领域都要用到统计方法。统计是适用于所有学科领域的通用数据分析方法，只要有数据的地方就会用到统计方法。这里，我们可以通过几个简单的例子说明统计的应用。

【例 1.1】 用统计识别作者。1787—1788 年，亚历山大·汉密尔顿（Alexander Hamilton）、约翰·杰伊（John Jay）和詹姆士·麦迪逊（James Madison）为了说服纽约人认可宪法，匿名发表了 85 篇著名的论文。在这些论文中，大多数的作者已经得到了识别，但是其中的 12 篇论文的作者身份引起了争议。有人通过对不同的单词的频数进行统计分析，得出了结论：詹姆士·麦迪逊最有可能是这 12 篇论文的作者。现在，对于这些存在争议的论文，认为詹姆士·麦迪逊是作者的观点占主导地位，而且几乎可以肯定这种观点是正确的。

【例 1.2】 用简单的描述统计量得到一个重要发现。费舍（R. A. Fisher）在 1952 年的一篇文章中举了一个例子，说明如何由基本的描述统计量的知识引出一个重要的发现。20 世纪早期，哥本哈根卡尔堡实验室的施密特（J. Schmidt）发现不同地区所捕获的同种鱼类的脊椎骨和鳃腺的数量有很大不同，甚至在同一海湾内不同地点所捕获的同种鱼类，也有这样的倾向；然而，鳗鱼的脊椎骨的数量却变化不大。施密特从欧洲大陆各地、冰岛、亚速尔群岛以及尼罗河等几乎分离的水域里所捕获的鳗鱼的样本中，计算发现了几乎一样的均值和标准偏差值。由此，施密特推断各个不同海域内的鳗鱼都是在海洋中某公共场所繁殖的。后来名为"戴纳（Dana）"的科学考察船在一次远征中发现了这个场所。

【例 1.3】 挑战者号航天飞机失事预测。1986 年 1 月 28 日清晨，载有 7 名宇航员的挑战者号进入发射状态。就在发射前，有冰块附着在机壳上。几分钟后，正当电视新闻报道它已进入轨道时，航天飞机在毁灭性的爆炸中化成碎片，机上的宇航员尸骨未存。推动航天飞机进入太空的两个固体燃料发动机是由 Thiokol 公司制造的。失事前的一天晚上，Thiokol 公司的经理们和国家航空航天局（NASA）就如期发射还是推迟发射发生了争执。天气预报发射时的气温为31°F。争执的结果是采纳了Thiokol公司经理们的建议：如期发射航天飞机。因为他们觉得没有确凿的证据表明低温会对固体燃料火箭推进器的性能产生影响。在失事前，该航天飞机曾24次成功发射。将航天飞机送入太空的两个固体燃料推进器由6只O形项圈密封。在以往的几次飞行中，曾发生过O形项圈被腐蚀或气体泄漏事故，这样的事故是极其危险的。前24次发射中有一次发动机遭到了永久性破坏。根据23次飞行中发生腐蚀或泄漏事故的次数（因变量y）及火箭连接处的温度（自变量x）数据，进行线性回归得到的回归方程为$\hat{y}=3.698-0.047\,54x$。当温度为31°F时，O形项圈发生事故的预计次数为2.225次。结果显示连接处的温度与O形项圈事故之间有一定的相关性。如果当时那些经理们看到了回归的预测结果，也许会选择推迟发射。

前两个是统计得以应用并取得成效的例子，后一个是统计结果未被使用而酿成惨剧的例子。不管怎样，它们都表明统计在许多领域中都有着广泛的应用。

三、统计的误用与滥用

统计常常被人们有意或无意地滥用，比如，错误的统计定义、错误的图表展示、不合理的样本、数据的遗漏或逻辑错误等。这些误用有些是常识性的，有些是技术性的，有些则是故意的。作为从数据中寻找事实的统计，却被有些人变成了歪曲事实的工具。你也许常常看到这样的产品质检报告：“×产品的抽样合格率是80%。”乍看上去这没什么问题，但如果事实上只抽查了5件产品，有4件合格。那么这样的合格率能说明什么问题呢？在马路上随便采访几个人，他们的看法能代表大多数人的观点吗？“调查结果表明……”调查了多少个？是随机调查的吗？样本是怎样选取的？这看上去是在用事实说话，实际上却是统计陷阱。在有些人看来，数据分析就是寻找支持。他们的心目中可能有了某种结论性的东西，或者说他们希望看到一种符合他们需要的某种结论，然后去找些统计数据来支持他们的结论，这恰恰歪曲了数据分析的本质。数据分析的真正目的是从数据中找出规律，从数据中寻找启发，而不是寻找支持。真正的数据分析事先是没有结论的，通过对数据的分析才能得出结论。

此外，统计也往往被作为两个极端使用：一个极端是不懂或不太懂统计的人认为统计没什么用。他们因为不懂统计而瞧不起统计，他们不用或几乎不用统计方法分析数据，即使做些统计分析，也往往是表面上的。走入这一极端的人，他们的决策依据就是自己的大脑：一些杂乱无章的信息组合出的某种直觉。如果他们的决策是正确的，就更增加了他们的自信，更加感到不用统计也挺好；如果他们的决策出了毛病，那么便会找出一大堆理由：市场难测、环境突变、竞争激烈、需求疲软、价格下跌、管理不善、成本上升、出口下降等。总之，决策失误的理由肯定与统计无关。另一个极端是把简单问题复杂化。特别是在管理领域，一些管理者把本来可以用简单方法解决的问题故意复杂化，他们为证明管理的科学性，建立一个别人看不懂的模型，编一大堆程序，输出一大堆数字和符号；他们得出用统计语言陈述的结论，提出一些似是而非的建议。这样的分析往往脱离了管理问题，对实际决策也未必有用。在统计应用中，这两个极端都是不可取的。管理决策中不使用统计几乎不可想象，把简单问题复杂化对管理决策也未必有用。从统计的实际应用来看，简单的方法不一定没用，复杂的方法也不一定有用。正如有的学者所说的，最简单的模型往往是最有用的。统计应该恰当地被应用到它能起作用的地方，不能把它神秘化，更不能歪曲它，或把它作为掩盖事实的工具。

1.2 统计数据及其类型

既然统计是研究数据的科学，那么了解统计数据及其类型就显得很有必要。数据（data）是对现象进行计量的结果。比如，对经济活动总量的计量可以得到国内生产总值（GDP）的数据、对股票价格变动水平的计量可以得到股票价格指数的数据、对人口性别的计量可以得到男或女这样的数据，等等。

统计数据不仅仅是数字，也可以是文字。按照所采用的计量尺度不同，统计数据可以分为分类数据、顺序数据和数值型数据。统计数据还可以从其他角度进行分类，比如：按照统计数据的收集方法，可以将其分为观测数据和实验数据，按照被描述的对象与时间的关系，可以将统计数据分为截面数据和时间序列数据。

一、分类数据、顺序数据、数值型数据

定义 1.4　*只能归于某一类别的非数字型数据，称为分类数据（categorical data）。*

分类数据是对事物进行分类的结果，数据则表现为类别，是用文字来表述的。例如，人口按照性别分为男、女两类；企业按照经济性质分为国有、集体、私营、合资、独资企业等，这些均属于分类数据。

在分类数据中，各类别之间是平等的并列关系，无法区分优劣或大小，各类别之间的顺序是可以任意改变的，分类数据只具有＝或≠的数学特性。因此，分类数据有时也称为无序分类数据。虽然分类数据只表现为某种类别，但为了便于统计处理，特别是为了便于计算机识别，可以将不同类别用不同的数字或编码来表示，比如用“1”表示男性人口，“0”表示女性人口；用“1”表示国有企业，“2”表示集体企业，“3”表示私营企业等。这些数字只是不同类别的对应代码，并不意味着这些数字可以区分大小或进行任何数学运算。

定义 1.5 只能归于某一有序类别的非数字型数据，称为顺序数据（rank data）。

顺序数据也是对事物进行分类的结果，但这些类别是有顺序的。比如产品可以分为一等品、二等品、三等品、次品；考试成绩可以分为优、良、中、及格、不及格；一个人的受教育水平可以分为小学、初中、高中、大学及以上；一个人对某一事物的态度可以分为非常同意、同意、保持中立、不同意、非常不同意，等等。这些均属于顺序数据。

顺序数据虽然也表现为类别，但这些类别之间是可以比较顺序的。因此，顺序数据有时也称为有序分类数据。很显然，顺序数据要比分类数据精确一些，它除了具有＝或≠的数学特性外，还具有＞或＜的数学特性。

定义 1.6 按数字尺度测量的观察值，称为数值型数据（metric data）。

数值型数据是使用自然或度量衡单位对事物进行计量的结果，其结果表现为具体的数值。比如收入用人民币元度量、考试成绩用百分制度量、温度用摄氏度或华氏度度量、重量用克度量、长度用米度量等，其结果都表现为具体的数值。因此数值型数据可以进行加、减、乘、除运算。

分类数据和顺序数据说明的是事物的品质特征，通常用文字表述，其结果均表现为类别，因而也可统称为定性数据或品质数据（qualitative data）；数值型数据说明的是现象的数量特征，通常用数值来表现，因此也可称为定量数据或数量数据（quantitative data）。我们所处理的大多数数据为数值型数据。

二、观测数据和实验数据

按照统计数据的收集方法，可以将其分为观测数据和实验数据。观测数据（observational data）是通过调查或观测而收集到的数据，这类数据是在没有对事物进行人为控制的条件下得到的，有关社会经济现象的统计数据几乎都是观测数据。实验数据（experimental data）是在实验中控制实验对象而收集到的数据，比如，对一种新药疗效的试验、对一种新的农作物品种的试验等。自然科学领域的大多数数据是实验数据。

三、截面数据和时间序列数据

按照被描述的对象与时间的关系，可以将统计数据分为截面数据和时间序列数据。

定义 1.7　在相同或近似相同的时间点上收集的数据，称为截面数据（cross-sectional data）。

截面数据所描述的是现象在某一时刻的变化情况。比如，2019 年我国各地区的国内生产总值数据就是截面数据。

定义 1.8　在不同时间点上收集到的数据，称为时间序列数据（time series data）。

时间序列数据所描述的是现象随时间的变化情况，比如 2010—2019 年我国的国内生产总值数据就是时间序列数据。

下面我们给出统计数据分类的框图，见图 1-1。

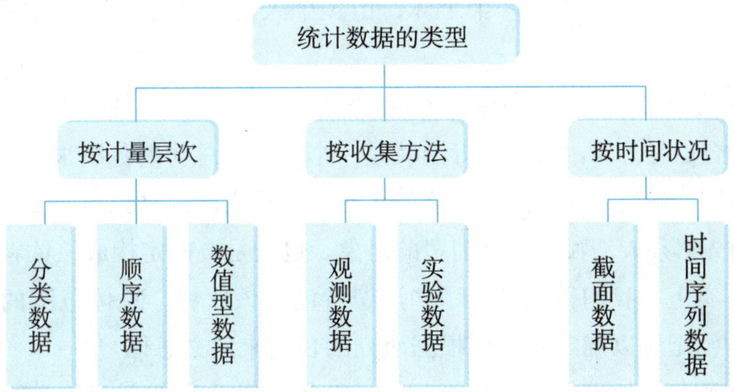

图 1-1　统计数据的分类

区分数据的类型是十分重要的，因为对不同类型的数据，我们将采用不同的统计方法来处理和分析。比如，对分类的数据我们通常计算出各组的频数或频率，进行列联表分析和 χ^2 检验等；对数值型数据还可以用更多的统计方法进行处理，如计算各种统计量、进行参数估计和检验等。

需要注意的是，适用于低层次测量数据的统计方法，也适用于较高层次的测量数据；而适用于高层次测量数据的统计方法，不能用于较低层次的测量数据，因为低层次测量数据不具有高层次测量数据的数学特性。

1.3 统计中的基本概念

统计中的概念众多，其中有几个概念是我们经常要用到的，有必要单独介绍，这些概念包括总体和样本、参数和统计量、变量等。

一、总体和样本

（一）总体

定义 1.9 包含所研究的全部个体（数据）的集合，称为总体（population）。

总体通常是由具有某种共同性质的许多个体组成的，如由多个企业构成的集合、多个居民户构成的集合、多个人构成的集合，等等。组成总体的每一个元素称为个体，如在由多个企业构成的总体中，每一个企业就是一个个体；由多个居民户构成的总体中，每一个居民户就是一个个体；由多个人构成的总体中，每一个人就是一个个体。

总体范围的确定有时比较容易。比如，要检验一批灯泡的使用寿命，那么这一批灯泡构成的集合就是总体，每一个灯泡就是一个个体，总体的范围很清楚。但在有些场合，总体范围的确定则比较困难。比如，对于新推出的一种饮料，要想知道消费者是否喜欢，首先必须弄清哪些人是消费的对象，也就是要确定构成该饮料的消费者这一总体，但事实上，我们很难确定哪些消费者消费该饮料，总体范围的确定十分复杂。当总体的范围难以确定时，可根据研究的目的来定义总体。

根据总体所包含的单位数目是否可数，总体可以分为有限总体和无限总体。有限总体是指总体的范围能够明确确定，而且元素的数目是有限可数的。比如，由若干个企业构成的总体就是有限总体，一批待检验的灯泡也是有限总体。无限总体是指总体所包括的元素是无限的，不可数的。例如，在科学试验中，每一个试验数据可以看作一个总体的一个元素，而试验可以无限地进行下去，因此由试验数据构成的总体就是一个无限总体。

最后，再对总体的概念作进一步说明。前面说到，要检验一批灯泡的寿命，这一批灯泡构成的集合就是总体。在统计问题中，我们只是关心每个灯泡的寿命，而不是灯泡本身，所以我们也可以把这一批灯泡的寿命的集合作为总体，这个总体是一些实数构成的集合。一般情况下，有限总体就是有限个实数的集合。如果不是针对一批特定的灯泡，而是全面地考察某企业生产的灯泡的寿命，那么可能的寿命是多少呢？答案是 $[0, +\infty)$ 这样一个区间。或者这样看这个问题：随机地从该企业生产的灯泡中拿出一个，问这个灯泡可能的寿命是多少，你的答案只能是"非负实数"，当然这个"非负实数"在实际检验前是未知的。这时我们称该企业生产的灯泡的寿命总体是取值于 $[0, +\infty)$ 区间上的一个随机变量，这是一个无限总体。统计推断通常是针对无限总体的，因而人们通常把总体看作随机变量。

需要注意的是：我们不能把总体看成一群人或一些物品的集合，一般情况下，统计上的总体是一组观测数据。

（二）样本

定义 1.10 从总体中抽取的一部分元素的集合，称为样本（sample）。

定义 1.11 构成样本的元素的数目，称为样本量（sample size）。

从总体中抽取一部分元素作为样本，目的是要根据样本提供的有关信息去推断总体的特征。比如，我们从一批灯泡中随机抽取 100 个，这 100 个灯泡就构成了一个样本，然后根据这 100 个灯泡的平均使用寿命去推断这一批灯泡的平均使用寿命。

二、参数和统计量

（一）参数

定义 1.12 用来描述总体特征的概括性数字度量，称为参数（parameter）。

通常我们所关心的参数有总体平均数、总体标准差、总体比例等。在统计中，总体参数通常用希腊字母表示。比如，总体平均数用 μ（读作 miu）表示，总体标准差用 σ（读作 sigma）表示，总体比例用 π（读作 pai）表示，等等。

由于总体数据通常是不知道的，所以参数是一个未知的常数。比如，我们不知道一个地区的所有人口的平均年龄，不知道一个城市所有家庭的收入的差异，不知道一批产品的合格率，等等。正因为如此，我们才进行抽样，根据样本计算出某些值去估计总体参数。

（二）统计量

定义 1.13 用来描述样本特征的概括性数字度量，称为统计量（statistic）。

统计量是根据样本数据计算出来的一个量，是样本的函数。通常我们所关心的样本统计量有样本平均数、样本标准差、样本比例等。样本统计量通常用英文字母来表示。比如，样本平均数用 $\bar{x}$（读作 x-bar）表示，样本标准差用 s 表示，样本比

例用 p 表示，等等。

由于样本是我们已经抽出来的，所以统计量总是知道的。抽样的目的就是要根据样本统计量去估计总体参数。比如，用样本平均数（$\bar{x}$）去估计总体平均数（μ），用样本标准差（s）去估计总体标准差（σ），用样本比例（p）去估计总体比例（π），等等。

有关总体、样本、参数、统计量的概念可以用图 1－2 来表示。

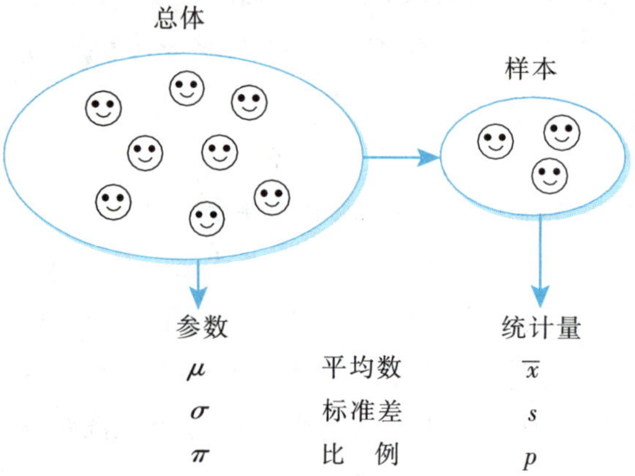

图 1－2　总体和样本、参数和统计量

三、变量

定义 1.14　说明现象某种特征的概念，称为变量（variable）。

变量的特点是从一次观察到下一次观察会呈现出差别或变化。如“商品销售额”“受教育程度”“产品的质量等级”等都是变量。变量的具体表现称为变量值。比如商品销售额可以是 20 万元、30 万元、50 万元等，这些数字就是变量值。统计数据就是统计变量的具体表现。变量可以分为三种主要类型：分类变量、顺序变量和数值型变量。

定义 1.15　说明事物类别的一个名称，称为分类变量（categorical variable）。

分类变量的数值表现就是分类数据。如“性别”就是个分类变量，其变量值表现为“男”或“女”；“经济类型”也是一个分类变量，其变量值表现为“国有经济”“集体经济”“个体经济”等。

定义 1.16　说明事物有序类别的一个名称，称为顺序变量（rank variable）。

顺序变量的数值表现就是顺序数据。如“产品等级”就是一个顺序变量，其变量值可以表现为“一等品”“二等品”“三等品”“次品”；“受教育程度”也是一个顺序变量，其变量值可以表现为“小学”“初中”“高中”“大学”等；一个人对某种事物的看法也可以是一个顺序变量，其变量值可以表现为“同意”“保持中立”“反对”。

定义1.17 说明事物数字特征的一个名称，称为数值型变量（metric variable）。

数值型变量的数字表现就是数值型数据。如“产品产量”“商品销售额”“零件尺寸”“年龄”“时间”等都是数值变量，它们的变量值可以表现为不同的数值。数值型变量根据其取值的不同，又可以分为离散型变量和连续型变量。

定义1.18 只能取可数值的变量，称为离散型变量（discrete variable）。

离散型变量只能取有限个值，而且其取值都以整位数断开，可以一一列举，如“企业数”“产品数量”等就是离散型变量。

定义1.19 可以在直线上或区间中取任何值的变量，称为连续型变量（continuous variable）。

连续型变量的取值是连续不断的，不能一一列举，如“年龄”“温度”“零件尺寸的误差”等都是连续型变量。在对社会和经济问题的研究中，当离散型变量的取值很多时，我们也可以将离散型变量当作连续型变量来处理。

变量这一概念我们以后要经常用到，但多数情况下我们所说的变量主要是指数值型变量，大多数统计方法所处理的也是数值型变量，因此有时就把数值型变量简称为变量。

本章小结

本章介绍了统计学的概念。统计学是收集、分析、表述和解释数据并从数据中得出结论的科学，目的是探索数据的规律性。作为一门应用性很强的学科，统计学广泛应用于自然科学和社会科学的众多领域。

统计数据是对事物进行计量的结果，它大体上可以分为以下几种类型：按照所采用的计量尺度，可以将统计数据分为分类数据、顺序数据和数值型数据；按照统计数据的收集方法，可以将其分为观测数据和实验数据；按照被描述的对象与时间的关系，可以将统计数据分为截面数据和时间序列数据。不同类型的数据通常要用不同的统计方法进行分析。

统计中的概念很多，但有些概念是我们经常要用到的，包括总体和样本、参数和统计量以及变量。总体是我们所研究的全部元素的一个集合，根据其所包含的单位数目是否可数可以分为有限总体和无限总体。样本是从总体中抽取的一部分元素的集合，构成样本的元素的数目称为样本量。参数是我们所要了解的总体的某种特征值，它是根据总体的数据计算出来的，通常是一个未知的常数。我们所关心的参数通常有总体平均数、总体标准差、总体比例等。统计量是根据样本数据计算出来的一个量。我们所关心的样本统计量通常有样本平均数、样本标准差、样本比例等。变量是说明现象某种特征的概念，变量的具体表现称为变量值。变量可以分为三种主要类型：分类变量、顺序变量和数值型变量。其中数值型变量根据其取值的不同，又可以分为离散型变量和连续型变量。统计研究的变量大多数是数值型变量。

思考与练习

一、思考题

1. 什么是统计学？统计方法可以分为哪两大类？

2. 统计数据可分为哪几种类型？不同类型的数据各有什么特点？

3. 举例说明总体、样本、参数、统计量、变量这几个概念。

4. 什么是有限总体和无限总体？举例说明。

5. 变量可分为哪几类？

6. 举例说明离散型变量和连续型变量。

二、练习题

1. 指出下面的变量类型。

(1) 年龄。

(2) 性别。

(3) 汽车产量。

(4) 员工对企业某项改革措施的态度（赞成、中立、反对）。

(5) 购买商品时的支付方式（现金、信用卡、支票）。

2. 一家研究机构从 IT 从业者中随机抽取 1 000 人作为样本进行调查，其中 60%的人回答他们的月收入在 5 000 元以上，50%的人回答他们的消费支付方式是用信用卡。

(1) 这一研究的总体是什么？样本是什么？样本量是多少？

(2)“月收入”是分类变量、顺序变量还是数值型变量？

(3)“消费支付方式”是分类变量、顺序变量还是数值型变量？

3. 一项调查表明，消费者每月通过网上购物的平均花费是 200 元，他们选择在网上购物的主要原因是“价格便宜”。

(1) 这一研究的总体是什么？

(2)“消费者在网上购物的原因”是分类变量、顺序变量还是数值型变量？

第 2 章

数据的收集

■ 内容提要

数据的收集是统计分析的前提，如何取得准确可靠的统计数据也是统计研究的重要内容之一。本章主要介绍统计数据的收集方法，目的是使读者了解到哪里取得所需要的数据，具体内容包括：(1) 统计数据的来源，介绍二手数据的来源渠道和原始数据的统计调查方式与方法。(2) 调查设计，介绍统计调查方法的内容及设计要求；介绍调查问卷的基本结构、问卷中的提问项、回答以及问题顺序的设计技巧等。(3) 统计数据的质量，介绍统计数据的误差来源以及对统计数据的质量要求。

2.1 统计数据的来源

从统计数据本身的来源看，统计数据最初都来源于直接的调查或实验。但从使用者的角度看，统计数据主要来源于两个渠道：一是来源于直接的调查和科学实验，对使用者来说，这是统计数据的直接来源，我们称之为第一手数据或直接的统计数据；二是来源于别人调查或实验的数据，对使用者来说，这是统计数据的间接来源，我们称之为二手数据或间接的统计数据。本节从使用者的角度讲述统计数据的收集方法。

一、数据的间接来源

对大多数使用者来说，亲自去做调查往往是不可能的。使用者所使用的数据大多数是别人调查或科学实验的数据，对使用者来说称为二手数据。

二手数据主要是公开出版的或公开报道的数据，当然有些是尚未公开出版的数据。在我国，公开出版或报道的社会经济统计数据主要来自国家和地方的统计部门以及各种报刊媒介。例如，公开的出版物有《中国统计年鉴》《中国统计摘要》《中国社会统计年鉴》《中国工业经济统计年鉴》《中国农村统计年鉴》《中国人口统计年鉴》《中国市场统计年鉴》，以及各省、市、自治区的统计年鉴等。提供世界各国社会和经济数据的出版物也有许多，如《世界经济年鉴》、《国外经济统计资料》、世界银行各年度的《世界发展报告》等。联合国的有关部门、世界各国也定期出版各种统计数据。

除了公开出版的统计数据外，使用者还可以通过其他渠道获得一些尚未公开的统计数据，以及广泛分布在各种报纸、杂志、图书、广播、电视传媒中的各种数据资料。现在，随着计算机网络技术的发展，使用者也可以在网络上获取所需的各种数据资料。

利用二手数据对使用者来说既经济又方便，但使用时应注意统计数据的含义、计算口径和计算方法，以避免误用或滥用。同时，在引用二手数据时，一定要注明数据的来源。

二、数据的直接来源

统计数据的直接来源主要有两个渠道：一是调查或观察；二是实验。调查是取得社会经济数据的重要手段，其中有统计部门进行的统计调查，也有其他部门或机构为特定目的而进行的调查，如市场调查等；实验是取得自然科学数据的主要手段。在本节中，我们着重讨论取得社会经济数据的主要方式和方法。

（一）统计调查方式

统计调查是取得社会经济数据的主要来源，也是获得直接统计数据的重要手段。实际中常用的统计调查方式有抽样调查、普查、统计报表等。

1. 抽样调查

定义 2.1　从调查对象的总体中随机抽取一部分单位作为样本进行调查，并根据样本调查结果来推断总体数量特征的一种数据收集方法，称为抽样调查（sampling survey）。

抽样调查是实际中应用最广泛的一种调查方式和方法，它具有以下几个特点：

第一，经济性。这是抽样调查最显著的优点。由于调查的样本单位通常是总体单位中的很小一部分，调查的工作量小，因而可以节省大量的人力、物力、财力和时间，调查费用较低。

第二，时效性强。抽样调查可以迅速、及时地获得所需要的信息。由于工作量小，调查的准备时间、调查时间、数据处理时间等都可以大大缩减，从而提高数据的时效性。与普查等全面调查相比，抽样调查可以频繁地进行，随着事物的发生和发展及时取得有关信息，以弥补普查等全面调查的不足。比如，在两次人口普查之间各年份的人口数据都是通过抽样调查取得的。

第三，适用面广。抽样调查可以获得更广泛的信息，它适用于对各个领域、各种问题的调查。从适用的范围和问题来看，抽样调查可用于调查全面调查所能够调查的现象，也可以用于调查全面调查所不能调查的现象，特别适用于对一些特殊现象的调查，如产品质量检验、农产品试验、医药的临床试验等。从调查的项目和指标来看，抽样调查的内容和指标可以更详细、更深入，能获得更全面、更广泛和更深入的数据。

第四，准确性高。抽样调查的数据质量有时比全面调查更高，因为全面调查的工作量大、环节多，登记性（或调查）误差往往很大，而抽样调查由于工作量小，可使各环节的工作做得更细致，误差往往很小。当然，使用者用样本数据去推断总体时，不可避免地会有推断误差，但这种误差的大小是可以计算并加以控制的，因此推断的结果通常是可靠的。

2. 普查

我国进行的普查主要有人口普查、工业普查、农业普查等。世界各国一般都定期地进行各种普查，以便掌握有关国情、国力的基本统计数据。普查是适合于特定目的、特定对象的一种调查方式，它主要用于收集处于某一时点状态上的社会经济现象的数量，目的是掌握特定社会经济现象的基本全貌，为国家制定有关政策或措施提供依据。

定义 2.2 为某一特定目的而专门组织的一次性全面调查，称为普查（census）。

普查作为一种特殊的数据收集方式，具有以下几个特点：

第一，普查通常是一次性的或周期性的。由于普查涉及的面广，调查单位多，需要耗费大量的人力、物力、财力和时间，因此，需要间隔较长的时间进行一次，一般每隔 10 年进行一次。如我国的人口普查从 1953 年到 2010 年共进行了六次。目前，我国的普查已规范化、制度化，即每逢年份的末尾数字为“0”的年份进行人口普查，每逢“3”的年份进行第三产业普查，每逢“5”的年份进行工业普查，每逢“7”的年份进行农业普查，每逢“1”或“6”的年份进行统计基本单位普查。

第二，普查一般需要规定统一的调查时间，以避免调查数据的重复或遗漏，保证普查结果的准确性。如我国前四次人口普查的标准时间定为普查年份的 7 月 1 日 0 时，第五次全国人口普查的标准时间为 2000 年 11 月 1 日 0 时，第六次全国人口普查的标准时间为 2010 年 11 月 1 日 0 时；农业普查的标准时间定为普查年份的 1 月 1 日 0 时。标准时间一般定为调查对象比较集中、相对变动较小的时点上。

第三，普查的数据一般比较准确，规范化程度也较高，因此它可以为抽样调查或其他调查提供基本的依据。

第四，普查的使用范围比较狭窄，只能调查一些最基本的、特定的现象。

3. 统计报表

统计报表是我国收集统计数据的一种重要方式，在我国几十年的政府统计工作中，已形成了一套比较完备的统计报表制度，它已成为国家和地方政府部门统计数据的主要来源。

统计报表要以一定的原始数据为基础，按照统一的表式、统一的指标、统一的报送时间和报送程序进行填报。

（二）数据的收集方法

无论采取何种方式进行调查，在取得统计数据时，都有一些具体的数据收集方法。数据的收集方法归纳起来可分为询问调查和观察与实验两大类，具体的分类见图 2-1。

1. 询问调查

询问调查是调查者与被调查者直接或间接接触以获得数据的一种方法，具体包括访问调查、邮寄调查、电话调查、计算机辅助调查、座谈会、个别深度访问等。

（1）访问调查。

访问调查又称派员调查，它是调查者与被调查者通过面对面的交谈从而得到所需资料的调查方法。访问调查的方式有标准式访问和非标准式访问两种。标准式访

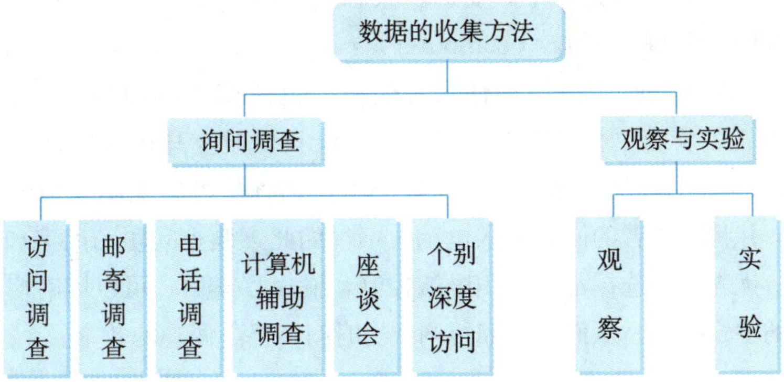

图 2－1　数据的收集方法

问又称结构式访问，它是按照调查人员事先设计好的、有固定格式的标准化问卷或表格，有顺序地依次提问，并由受访者作出回答。其优点是能够对调查过程加以控制，从而获得比较可靠的调查结果。非标准式访问又称非结构式访问，它事先不制作统一的问卷或表格，没有统一的提问顺序，调查时只是给一个题目或提纲，由调查人员和受访者自由交谈，以获得所需的资料。在市场调查中和社会调查中常采用访问调查。

（2）邮寄调查。

邮寄调查是通过邮寄或宣传媒体等方式将调查表或调查问卷送至被调查者手中，由被调查者填写，然后将调查表寄回或投放到指定收集点的一种调查方法。邮寄调查是一种标准化调查，其特点是：调查人员和被调查者没有直接的语言交流，信息的传递完全依赖于调查表。邮寄调查的问卷或表格发放方式有邮寄、宣传媒介传送、专门场所分发三种。邮寄调查在统计部门进行的统计及市场调查机构进行的问卷调查中经常使用。

（3）电话调查。

电话调查是调查人员利用电话同受访者进行语言交流，从而获得信息的一种调查方式。电话调查具有时效性强、费用低等特点。随着电话的普及，电话调查的应用也越来越广泛。电话调查可以按照事先设计好的问卷进行，也可以针对某一专门问题进行电话采访。用于电话调查的问题要明确，问题数量不宜过多。

（4）计算机辅助调查。

随着现代通信技术的发展，特别是计算机的应用，不仅调查的数据处理可由计算机来完成，甚至整个调查的过程，包括问卷的设计和显示、样本设计、具体的调查、数据处理等都可以由计算机来控制和完成。计算机辅助调查也称为计算机辅助电话调查，它是在电话调查时，调查的问卷、答案都由计算机显示，整个调查的过程包括电话拨号、调查记录、数据处理等也都借助于计算机来完成。

目前，计算机辅助调查在一些发达国家和地区得到广泛应用，并已开发出了各种计算机辅助电话调查系统（computer assisted telephone interviewing system，CATIS)。该系统使电话调查更加便利和快捷，也使调查的质量大大提高。目前，该系统的开发正朝着简单化的方向发展，调查员只要戴上耳机式电话，坐在电脑终端前，调查的问题（问卷）就可显示在荧屏上，调查员可将电脑荧屏上显示的问题读给受访者，并将受访者的回答输入电脑。不仅如此，调查问题的用字和分类，以及问题的输入、优先权的选择都可利用电脑控制，输入答案后，可以即时修正编辑上的错误和明显的逻辑错误，从而大大缩短调查的时间，提高调查的效率。

（5）座谈会。

座谈会也称集体访谈法，它是将一组被调查者集中在调查现场，让他们对调查的主题（如一种产品、一项服务或其他话题等）发表意见，从而获取调查资料的方法。通过座谈会，研究人员可以从一组被调查者那里获得所需的定性资料，这些被调查者与研究主题有某种程度上的关系。为获得此类资料，研究人员需要通过严格的甄别程序选取少数被调查者，围绕研究主题，以一种非正式的、比较自由的方式进行讨论。这种方法适用于收集与研究和课题有密切关系的少数人员的倾向和意见。

参加座谈会的人数不宜太多，通常为6～10人，他们应该是有关调查问题的专家或有经验的人。讨论方式主要取决于主持人的习惯和爱好。通过小组讨论，调查人员通常能获取访问调查无法取得的资料。在彼此交流的环境里，各个被调查者之间相互影响、相互启发、相互补充，并在座谈过程中不断修正自己的观点，从而有利于取得较为广泛、深入的意见和想法。座谈会的另一个优点是不会因为问卷过长而遭到拒访。

（6）个别深度访问。

深度访问是一种一次只有一名被调查者参加的特殊的定性研究。深度访问这一技术也暗示着要不断深入被调查者的思想当中，努力发掘他的行为的真实动机。深度访问是一种无结构的个人访问，调查人员运用大量的追问技巧，尽可能让被调查者自由发挥，表达他的想法和感受。深度访问常用于动机研究，如消费者购买某种产品的动机等，以发掘被调查者非表面化的深层意见。这一方法最宜于研究较隐秘的问题（如个人隐私问题）、较敏感的问题（如政治性的问题）。对于一些不同人之间观点差异极大的问题，用小组讨论只会把问题搞糟，这时也可采用深度访问法。

座谈会和个别深度访问属于定性方法，它通常围绕一个特定的主题取得有关定性资料。在此类研究中，从挑选的少数受访者中取得有关意见。这种方法和定量方法是有区别的，定量方法是从总体中按随机方式抽取样本取得资料，其研究结果或结论可以进行推论。定性研究侧重于对问题的性质和未来趋势的把握，而不是对研究总体数量特征的推断。座谈会和个别深度访问主要用于市场调查和研究。

2. 观察与实验

观察和实验是调查者通过直接的调查或实验获得数据的一种方法。

（1）观察法。它是指就调查对象的行动和意识，调查人员边观察边记录以收集信息的方法。观察方法是一种可替代直接发问的方法。运用这种方法，训练有素的观察员或调查人员去重要地点（比如超市、繁华地段的过街天桥等），利用感觉器官或一定的仪器，观测和记录人们的行为和举动。观察方法由于不是强行介入，受访者无须任何反应，因而常常能够在被观测者不觉察的情况下获得信息资料。在对有些现象的调查中常常使用观察法，例如有关交通流量规律方面的调查、一些对调查结果准确性要求较高的调查等。

（2）实验法。它是一种特殊的观察调查方法，是在所设定的特殊实验场所、特殊状态下，对调查对象进行实验以取得所需资料的一种调查方法。根据场所的不同，实验法可分为在室内进行的室内实验法和在市场上或外部进行的市场实验法。室内实验法可用于广告认知的实验等。比如，在同一日的同一种报纸上，分别刊登 A、B 两则广告，版面大小和位置相同，然后将其散发给各位读者，以测定读者的反应结果。市场实验法可用于消费者需求调查等，比如，在新产品的市场实验中，企业让消费者免费使用一种新产品，以得到消费者对新产品的看法。

2.2 调查设计

在收集数据之前，调查者需要制订一套周密、完整的调查方案，以指导整个调查工作，使调查得以顺利地实施和完成。调查方案设计的好坏直接影响到调查数据的质量。

一、调查方案设计

不同调查的调查方案在内容和形式上会有一定的差别，但结构上大体包括调查目的、调查对象和调查单位、调查项目和调查表等内容。

（一）调查目的

调查目的是调查所要达到的具体目标，它所回答的是“为什么调查”“要解决什么样的问题”等。确定调查目的是调查方案设计中应首先解决的问题，只有在目的明确之后，才能确定对谁进行调查、调查什么以及采用什么方法进行调查。调查目的的写作应简明扼要。

（二）调查对象和调查单位

调查对象是根据调查目的确定的调查研究的总体或调查范围。调查单位是构成调查对象中的每一个单位，它是调查项目和调查内容的承担者或载体，也是我们收集数据、分析数据的基本单位。调查对象和调查单位所解决的问题是“对谁进行调查”“由谁来提供所需数据”等。例如，我国第六次人口普查规定：普查登记的对象是指普查标准时点在中华人民共和国境内的自然人以及在中华人民共和国境外但未定居的中国公民，不包括在中华人民共和国境内短期停留的港澳台居民和外籍人员；“境内”指我国海关关境以内，“境外”指我国海关关境以外。人口普查的调查单位是每一个人。

在实际调查中，调查的单位可以是调查对象的全部单位，也可以是部分单位。如果采取全面调查方式，如普查，那么调查对象中的每一个单位都是调查单位；若采用非全面调查，如抽样调查，则调查单位只是调查对象中的一部分单位。

在市场研究和调查中，调查者基本上都会采取抽样调查方式，调查对象是确定抽样框的基本依据，在确定抽样框后，从中选取的每一个样本单位就是调查单位。

（三）调查项目和调查表

调查项目要解决的问题是“调查什么”，也就是调查的具体内容。在大多数统计调查中，调查项目通常以表格的形式来表现，称为调查表。调查表是用于登记调查数据的一种表格，一般由表头、表体和表外附加三部分组成。表头是调查表的名称，用来说明调查的内容，被调查单位的名称、性质、隶属关系等；表体是调查表的主要部分，它是调查内容的具体体现；表外附加通常由填表人签名、填报日期、填表说明等内容组成。在市场调查中，调查的内容主要是通过问卷来体现的。关于问卷的具体设计将在下面详细讨论。

除上面介绍的几项主要内容外，调查方案中还应明确调查所采用的方式和方法、调查时间及调查组织和实施的具体细则。

二、调查问卷设计

市场调查在现代企业的营销与管理中扮演着越来越重要的角色，它是企业获得有关市场信息的重要手段。市场调查的主要工具是调查问卷，调查问卷设计的好坏直接影响到数据的质量和分析的结论。因此，本节中我们专门讲一讲调查问卷设计方面的有关问题。

(一) 调查问卷的基本结构

调查问卷是用来收集调查数据的一种工具，是调查者根据调查目的和要求所设计的，由一系列问题、备选答案、说明以及码表组成的一种调查形式。不同的调查问卷在具体结构、题型、措词、版式等设计上会有所不同，但在结构上一般都由开头部分、甄别部分、主体部分和背景部分组成。

1. 开头部分

开头部分一般包括问候语、填表说明和问卷编号等内容。

(1) 问候语。在自填式问卷中，写好问候语十分重要，它可以引起被调查者对调查的重视，消除顾虑，激发参与意识，以争取他们的积极合作。

问候语要语气亲切、诚恳礼貌，文字要简洁准确，并在结尾处对被调查者的参与和合作表示感谢。下面是一份“公众医疗保险意识问卷”中的问候语：

××女士/小姐/先生：

您好！我是××市场调查公司访问员，我们正在进行一项有关公众医疗保险意识方面的调查，目的是想了解人们对医疗保险的看法和意见，以便更好地促进医疗保险事业的发展。您的回答无所谓对错，只要真实地反映了您的情况和看法，就达到了这次调查的目的。希望您能积极参与，我们对您的回答完全是保密的。调查要耽搁您一些时间，请您谅解。谢谢您的支持与合作！

(2) 填表说明。自填式问卷中要有详细的填表说明，以让被调查者知道如何填写问卷，如何将问卷返回到调查者手中。这部分内容可以集中放在问卷的前面，也可以分散到各有关问题的前面。下面是一份自填式问卷集中写明填写要求的例子：

填写要求：

1. 请您在所选择答案的题号上画圈。
2. 对只许选择一个答案的问题只能画一个圈；对可选多个答案的问题，请在你认为合适的答案上画圈。
3. 需填写数字的题目在留出的横线上填写。
4. 对于表格中选择答案的题目，在所选的栏目内画钩。
5. 对注明要求您自己填写的内容，请在规定的地方填上您的意见。

(3) 问卷编号。主要用于识别问卷、调查者、被调查者姓名和地址等，以便于校对检查、更正错误。

2. 甄别部分

甄别也称过滤，它是先对被调查者进行过滤，筛选掉不需要的部分，然后对特定的被调查者进行调查。

通过甄别或过滤，一方面可以筛选掉与调查事项有直接关系的人，以达到避嫌的目的，另一方面也可以确定哪些人是合格的被调查者，哪些人不是。甄别的目的是确保被调查者合格，使其能够作为该市场调查项目的代表，从而符合调查研究的需要。下面是一份问卷的甄别部分：

S1. 请问您或您的家庭有没有在下列行业工作的呢？

1. 广告、公关机构……
2. 市场研究、咨询、调查机构……
3. 电视、广播、报纸等传媒机构……
4. 轿车制造……
5. 轿车批发、零售……

（1～5）终止访问

6. 以上皆无……继续访问

S2. 请问您的年龄是：

1. 20 岁以下……终止访问
2. 20～30 岁……
3. 30～40 岁……
4. 40～50 岁……

（2～4）继续访问

5. 50 岁以上……终止访问

3. 主体部分

该部分是调查问卷的核心内容，它包括了所要调查的全部问题，主要由问题和答案所组成。

4. 背景部分

背景部分通常放在问卷的最后，主要是有关被调查者的一些背景资料。该部分所包含的各项问题，可使研究者根据背景资料对被调查者进行分类比较。下面是一份调查问卷的背景部分：

A. [出示卡片] 请问您的教育程度？

没受过正式教育 …… 1

小学、初中 …… 2

高中、职高、中专、技校 …… 3

大专、大学或以上 …… 4

B. ［出示卡片］请问您的职业和职位是什么？

普通职员、工人 …… 1
部门负责人、高级管理人员 …… 2
公司老板、厂长、总经理 …… 3
专业人员 …… 4
个体户、自营职业 …… 5
失业、待业 …… 6
学生 …… 7
离退休人员 …… 8
其他（请注明） …… 9

（二）提问项目的设计

问卷所要调查的资料由若干个提问的具体项目即问题所组成。因此，如何科学准确地提出所要调查的问题，是问卷设计中十分重要的一步。

从整体上看，一份问卷中的内容不宜过多，不必要的问题不要列入。很多初学调查或问卷设计的人往往以为多一道题就可多得一份资料，所以会询问一些不必要的问题，这不但浪费时间和资料处理的费用，有时也会因问题过多，使被调查者感到厌烦，影响整体调查的质量。

提问项目即问卷中的问题，其设计的好坏将对调查质量有着重要影响。在设计提问项目时，需要注意以下几点：

1. 所提问题应尽可能短

如果所提问题太长，不仅会给被调查者的理解带来一定的困难，也会使其感到厌烦，从而不利于对问题的回答。特别是访问调查中使用的问卷，提问的部分如果过长，就会使被调查者忘记开头的内容，不利于被调查者对整个问题的理解和回答。

2. 用词要确切、通俗

问卷中的用词一定要保证所要提问的问题清楚明了。用词是否确切，具体可按 5W1H 准则加以推敲。5W 即 Who（谁），Where（何处），When（何时），Why（为什么），What（什么事），How（如何），以此来判断问题是否清楚。当然，并不是每一项提问必须同时具备 5W1H。例如：

请问您使用什么品牌的洗发水？

这个问题中的 Who 很清楚，What 指洗发水的品牌，When 则未表明，是指过去还是现在？这很容易造成回答偏差。因此，可以修改为：

> 请问您最近三个月使用什么品牌的洗发水？

此外，时间的范围一定要清楚，比如：

> 您最近一段时间使用什么品牌的化妆品？

这里的 When 过于笼统，时间范围不明确，被调查者不清楚“最近”是指哪段时间。因此，可改为：

> 您最近一个月使用什么品牌的化妆品？

还有许多词，如“一般”“经常”“很多”等都属于过于笼统、含义不确切的词，不同的人可能会有不同的理解，从而造成回答的偏差。

也有一些所询问的问题的含义不清或过于笼统，例如：

> 您觉得这种电视机的画面质量怎么样？

这里的“画面质量”的含义是很笼统的，被调查者不知道要回答哪些质量方面的问题。因此，可以改为：

> 您觉得这种电视机的画面是否清晰？

此外，由于被调查者的文化程度不同，问卷中的用词要通俗，易被人理解，避免使用过于专业的术语。例如：

> 您是否认为使用电脑数字技术制作的广告更具有吸引力？

有些人可能不知道什么是“电脑数字技术”，因此无法回答这样的问题。

3. 一项提问只包含一项内容

如果在一项提问中包含了两项以上的内容，被调查者就很难回答。比如：

> 您觉得这款新轿车的加速性能和制动性能怎么样？

这里包括了加速性能和制动性能两项内容。如果被调查者认为加速性能很好，而制动性能不好，或者认为加速性能不好，而制动性能很好，就会一时很难作出判断和回答。所以，不如把它分成两个问题：

☺您觉得这款新轿车的加速性能怎么样?
☺您觉得这款新轿车的制动性能怎么样?

4. 避免诱导性提问

问卷中提问的问题不能带有倾向性，而应保持中立。词语中不应暗示出调查者的观点，不要引导被调查者作出何种回答或如何选择。例如：

人们认为长虹牌彩电质量不错，您觉得怎么样?

这里已经暗示了长虹牌彩电很好，对被调查者具有引导作用。不如改为：

您觉得长虹牌彩电的质量怎么样?

引导性提问容易使被调查者从心理上产生顺应反应，从而按照提示作出回答或选择。

5. 避免否定式的提问

在日常生活中，人们往往习惯肯定陈述的提问，而不习惯否定陈述的提问。例如，对一种产品新包装的市场调查，采用否定式的提问是：

您觉得这种产品的新包装不美观吗?

而肯定式的提问则是：

您觉得这种产品的新包装美观吗?

否定式提问会影响被调查者的思维，或者容易造成相反意愿的回答或选择，因此，在问卷中尽量不要使用否定式的提问。

6. 避免敏感性问题

敏感性问题是指被调查者不愿意让别人知道答案的问题。比如，个人收入问题、个人生活问题、政治方面的问题等。问卷中要尽量避免提及敏感性问题或容易引起人们反感的问题。对于敏感性问题，被调查者可能会拒绝回答，或者采用虚报、假报的方法来应付回答，从而影响整个调查的质量。

对有些调查，必须涉及敏感性问题的，应当在提问的方式上进行推敲，尽量采用间接询问的方式，用语也要特别婉转，以降低问题的敏感程度。

(三) 回答项目的设计

回答项目是针对提问项目所设计的答案。由于问卷中的问题有不同类型，所设计的答案类型和对被调查者的回答要求也是不同的。

问卷中的问题类型有两类：一类是开放性问题，另一类是封闭性问题。两类问题的答案形式和回答方法如图 2-2 所示。

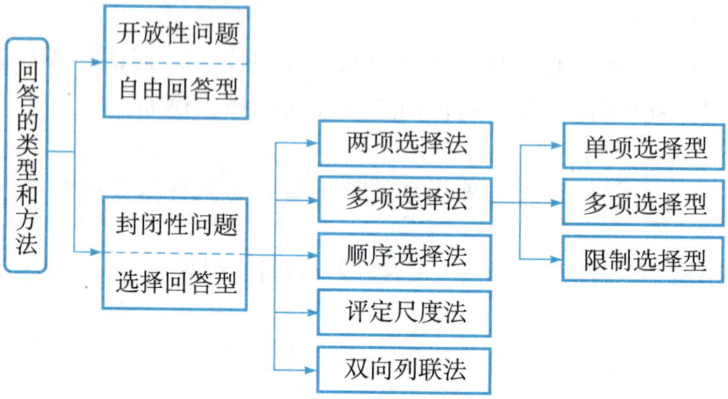

图 2-2　回答的类型和方法

1. 开放性问题

开放性问题是指对问题的回答未提供任何具体的答案，由被调查者根据自己的想法自由作出回答，属于自由回答型。下面就是两个开放性问题：

> ☺您认为我国目前的广告宣传中，存在的主要问题是什么？
>
> ______________________________
>
> ______________________________。
>
> ☺您对大众的这款新车有何更具体的看法？
>
> ______________________________
>
> ______________________________。

开放性问题的优点是比较灵活，适合于收集更深层次的信息，特别适合于那些尚未弄清各种可能答案或潜在答案类型较多的问题。它可以使被调查者充分表达自己的意见和想法，有利于被调查者发挥自己的创造性。其缺点是：由于会出现各种各样的答案，给调查后的资料整理带来一定困难。

2. 封闭性问题

封闭性问题是指对问题事先设计出了各种可能的答案，由被调查者从中选择。封闭性问题的答案是标准化的，有利于被调查者对问题的理解和回答，同时也有利于调查后的资料整理。但封闭性问题对答案的要求较高，对一些比较复杂的问题，有时很难把答案设计周全。一旦设计有缺陷，被调查者就可能无法回答问题，从而影响调查的质量。因此，如何设计好封闭性问题的答案，是问卷设计中的一项重要内容。

封闭性问题的答案是选择回答型，所以设计出的答案一定要穷尽和互斥。穷尽即要求列出问题的所有答案，不能有遗漏。对有些问题，当答案不能穷尽时，可以加上“其他”一类，以保证被调查者能有所选择或回答。互斥即要求各答案间不能相互重叠或包含。

根据提问项目或内容的不同，封闭性问题的回答方法主要有：两项选择法、多项选择法、顺序选择法、评定尺度法和双向列联法五种。

（1）两项选择法。两项选择题的答案只有两项，要求被调查者选择其中之一来回答。例如：

> 您有手机吗？
> 1. 有　　2. 没有

两项选择法的特点是：被调查者只需要在二者之中选择一项，回答起来比较容易，调查后的数据处理也很方便。其缺点是：得到的信息量较少，当被调查者对两项答案均不满意时，很难作出回答。

（2）多项选择法。多项选择题在设计问卷时，对一个问题给出三个或三个以上的答案，让被调查者从中选择进行回答。根据要求选择的答案的多少不同，多项选择题有以下三种类型：

1）单项选择型。要求被调查者从所给出的问题答案中选择一项。例如：

> 您觉得哪种类型的广告宣传效果最好？（选一项）
> 1. 电视广告
> 2. 广播广告
> 3. 杂志广告
> 4. 报纸广告
> 5. 路牌广告

2）多项选择型。要求被调查者从所给出的问题答案中，选出自己认为合适的答案，数量不受限制。例如：

> 请问您在购买小轿车时，主要考虑哪些因素？
> （选出您认为合适的答案）
> 1. 价格
> 2. 款式
> 3. 品牌

> 4. 耗油量
> 5. 售后服务
> 6. 维修费用
> 7. 乘坐舒适
> 8. 行使平稳
> 9. 加速性能
> 10. 制动性能

3）限制选择型。要求被调查者在所给出的问题答案中，选出自己认为合适的答案，但数量要受一定限制。比如，在上面的问题中，可要求被调查者限选三项。

（3）顺序选择法。顺序选择法的问题答案也有多个，要求被调查者在回答时，对所选的答案按要求的顺序或重要程度加以排列。其中，对所选的答案数量可以进行一定的限制，也可以不进行限制。例如：

> 您在购买这种品牌的电视机时，主要是考虑哪些因素？
> 1. 产品的品牌
> 2. 价格合理
> 3. 售后服务
> 4. 外形美观
> 5. 维修方便
>
> （按重要程度进行排序） □□□□□

顺序法中的问题答案不仅可以反映所要调查的内容，而且可以反映被调查者对问题的看法，从而增加了信息量。

（4）评定尺度法。评定尺度法中的问题答案由表示不同等级的形容词组成，并按照一定的程度排序。例如：

> 您对这款新轿车是否感到满意？
> 1. 非常满意；2. 比较满意；3. 一般；4. 不太满意；5. 不满意。

（5）双向列联法。这种方法将两类不同的问题综合到了一起，通常用表格来表现。表的横向是一类问题，纵向是另一类问题。这种问题结构可以反映两方面因素的综合作用，提供单一类型问题无法提供的信息，同时也可以节省问卷的篇幅。例如：

请在您赞同的项目的空格内画“√”。

	富　康	捷　达	桑塔纳
1. 耗油量低			
2. 外观大方			
3. 乘坐舒适			
4. 整车价格合理			
5. 驾驶容易			
6. 制动性好			
7. 维修方便			
8. 零配件齐全			
9. 故障率低			
10. 售后服务周到			

（四）问题顺序的设计

为了提高问卷的回收率，调查者在设计问卷时应站在被调查者的角度，顺应被调查者的思维习惯，使问题容易回答。因此，在问卷设计过程中，安排好问题的顺序也是很重要的。具体来说，调查者在设计问题的顺序时，应注意以下几点：

1. 问题的安排应具有逻辑性

设计问卷时，问题的安排应具有逻辑性，以符合被调查者的思维习惯。否则，会影响被调查者回答问题的兴趣，不利于对问题的回答。

2. 问题的顺序应先易后难

把简单的、容易回答的问题放在前面，把复杂的、较难的问题放在后面。这样可使被调查者开始时感到轻松，有能力继续回答下去。如果让被调查者一开始就感到很难回答，会影响他们回答的情绪和积极性。

3. 能引起被调查者兴趣的问题放在前面

把被调查者感兴趣的问题放在前面，可以引起他们填写问卷的兴趣和注意力，而要把比较敏感的问题放在后面。如果一开始就遇到敏感性问题，被调查者会产生防卫心理，进而不愿意回答或拒绝回答，从而影响整个调查。

4. 开放性问题放在后面

被调查者在回答开放性问题时需要一定的思考时间，因此，一份问卷中的开放性问题不宜过多，而且开放性问题一般应放在后面，否则会影响被调查者填写问卷的积极性，从而影响整个问卷的回答质量。

除上面介绍的问题外，问卷设计中还要注意版面格式的设计。问卷的版面格式有时也会影响调查的质量。整个问卷的结构安排要合理，问卷的主体部分要突出、醒目。设计时，不要编排过密，各问题之间要留出一定的空间，印刷要精美。这样，会使被调查者产生好感，从而引起填写问卷的兴趣。

2.3 统计数据的质量

一、统计数据的误差

收集统计数据是统计研究的第一步，如何保证统计数据的质量是数据收集阶段应重点解决的问题，因为统计数据质量的好坏会直接影响统计分析结论的客观性与真实性。为确保统计数据的质量，在数据的收集、整理、分析等各阶段都应尽可能减少误差。统计数据的误差通常是指统计数据与客观现实之间的差距，误差主要有抽样误差和非抽样误差两类。

抽样误差主要是指在用样本数据进行推断时所产生的随机误差。按其产生的原因有：由于抽取样本时没有遵循随机原则而产生的；由于样本结构与总体结构的差异而产生的；由于样本容量不足而产生的，等等。这类误差通常是无法消除的，但事先可以进行控制或计算。

非抽样误差是指调查过程中由于调查者或被调查者的人为因素所造成的误差。调查者所造成的误差主要有：调查方案中有关的规定或解释不明确导致的填报错误、抄录错误、汇总错误等；被调查者造成的误差主要指因人为因素干扰形成的有意虚报或瞒报调查数据，这种误差在统计调查中应予以特别重视。非抽样误差从理论上讲是可以消除的。

二、统计数据的质量要求

数据的质量包括多方面的含义，它不仅仅是指数据本身的准确性或误差的大小。就一般的统计数据而言，可将其质量评价标准概括为六个方面：（1）精度，即最低的抽样误差或随机误差；（2）准确性，即最小的非抽样误差或偏差；（3）关联性，即满足用户决策、管理和研究的需要；（4）及时性，即在最短的时间里取得并公布数据；（5）一致性，即保持时间序列的可比性；（6）最低成本，即在满足以上标准的前提下，以最经济的方式取得数据。可见，统计数据的质量是多方面要求的综合体现。现在，人们对统计数据的质量提出了越来越高的要求，当我们为某一需要收集统计数据时，在调查方案的设计、数据的收集、数据的处理与分析的各个环节中，都应注意保证数据的质量，以便得出切合实际的客观结论。

本章小结

本章主要介绍了统计数据的收集方法。从使用者的角度看，统计数据主要来自两个渠道：一是间接来源，主要是取得二手数据；二是直接来源，主要是通过统计调查方法取得第一手数据。

取得第一手数据的统计调查方式主要有抽样调查、普查和统计报表等，其中最主要的方式是抽样调查。抽样调查是从调查对象的总体中随机抽取一部分单位作为样本进行调查，并根据样本调查结果来推断总体数量特征的一种数据收集方法。普查是为某一特定目的而专门组织的一次性全面调查，它是适合于特定目的、特定对象的一种调查方式，主要用于收集处于某一时点状态上的社会经济现象的数量，目的是掌握特定社会经济现象的基本全貌，为国家制定有关政策或措施提供依据。统计报表是收集统计数据的一种报表制度，是我国收集统计数据的一种重要方式。

收集统计数据需要制定一套完善的调查方案，以保证数据的真实可靠。一套完整的调查方案通常包括调查目的、调查对象和调查单位、调查项目和调查表等。调查目的应说明调查所要达到的具体目标是什么；调查对象和调查单位是确定要向谁调查；调查项目和调查表说明的是调查的具体内容。

调查问卷设计是市场调查中的一项重要内容。一份完整的调查问卷一般包括开头、甄别、主题和背景几个部分。调查问卷设计的内容主要包括提问项目、问题的答案以及问题的顺序等。设计提问项目时应注意提问的内容要尽可能短，用词要确切、通俗，一项提问只能包含一项内容，避免诱导性问题、否定式的提问和避免敏感性问题等。封闭性问题答案的设计方法包括两项选择法、多项选择法、顺序选择法、评定尺度法和双向列联法。问题顺序的设计应注意问题的安排应有逻辑，问题的顺序应先易后难，能引起被调查者兴趣的问题放在前面，开放性问题放在后面等。

统计数据的误差通常是指统计数据与客观现实之间的差距，误差主要有抽样误差和非抽样误差。抽样误差主要是指在用样本数据进行推断时所产生的随机误差。非抽样误差是指调查过程中由于调查者或被调查者的人为因素所造成的误差。

一组高质量的数据应满足：(1) 精度，即最低的抽样误差或随机误差；(2) 准确性，即最小的非抽样误差或偏差；(3) 关联性，即满足用户决策、管理和研究的需要；(4) 及时性，即在最短的时间里取得并公布数据；(5) 一致性，即保持时间序列的可比性；(6) 最低成本，即在满足以上标准的前提下，以最经济的方式取得数据。

思考与练习

一、思考题

1. 简述普查和抽样调查的特点。

2. 统计数据的具体收集方法有哪些？

3. 调查方案包括哪几个方面的内容？

4. 什么是调查问卷？它由哪几部分组成？

5. 设计调查问卷的提问项目时应注意哪些问题？

6. 封闭性问题的答案的设计有哪些主要方法？

7. 调查问卷中问题顺序的设计应注意哪些问题？

二、练习题

1. 假定我们要研究在校大学生的生活时间分配状况，请给出你的研究思路。

2. 某家用电器生产厂家想通过市场调查企业产品的知名度、产品的市场占有率、用户对产品质量的评价及满意程度。

据此，请做以下练习：

（1）设计出一套调查方案。

（2）你认为这项调查采取哪种调查方法比较合适？

（3）设计出一份调查问卷。

第3章

数据整理与展示

内容提要

通过各种渠道将统计数据收集好以后，接下来的任务就是对这些数据进行加工整理，使之符合统计分析的需要，同时对数据进行图表展示，以发现数据中的一些基本特征，为统计分析提供基本思路。数据整理的内容大体上包括：(1) 数据的预处理。这是数据整理的一个必要步骤，具体内容包括数据的审核、筛选和排序等，目的是通过对数据的初步加工，为数据的进一步整理奠定基础。(2) 数据的整理和展示，主要介绍品质数据和数值型数据的整理与展示方法。(3) 使用图表的注意事项，介绍制作和使用图表应注意的问题。

3.1 数据的预处理

数据的预处理是数据整理的先前步骤，它是在对数据分类或分组之前所做的必要处理，内容包括数据的审核、筛选、排序等。

一、数据审核

数据审核就是检查数据是否有错误。从不同渠道取得的数据，在审核的内容和方法上有所不同；不同类型的统计数据，在审核内容和方法上也有所差异。

对于通过调查取得的原始数据（raw data），应主要从完整性和准确性两个方面来审核。完整性审核主要是检查应调查的单位或个体是否有遗漏，所有的调查项目是否填写齐全等。准确性审核主要是检查数据是否有错误，是否存在异常值等。对于异常值要仔细进行鉴别：如果异常值属于记录时的错误，在分析之前应予以纠正；如果异常值是一个正确的值，则应予以保留。

对于通过其他渠道取得的二手数据，应着重审核数据的适用性和时效性。二手数据可以来自多种渠道，有些数据可能是为特定目的通过专门调查而取得的，或者已经按特定目的的需要做了加工整理。对于使用者来说，首先应弄清楚数据的来源、数据的口径以及有关的背景，以便确定这些数据是否符合自己分析研究的需要，不能盲目生搬硬套。此外，还要对数据的时效性进行审核，对于有些时效性较强的问题，如果所取得的数据过于滞后，可能就失去了研究的意义。

二、数据筛选

对审核过程中发现的错误应尽可能予以纠正。在调查结束后，如果对数据中发现的错误不能予以纠正，或者有些数据不符合调查的要求而又无法弥补时，就需要对数据进行筛选。数据筛选（data filter）包括两方面内容：一是将某些不符合要求的数据或有明显错误的数据予以剔除；二是将符合某种特定条件的数据筛选出来，而将不符合特定条件的数据予以剔除。数据的筛选可借助于计算机来完成。

下面我们给出一个例子，说明用 Excel 进行数据筛选的过程。

【例 3.1】 图 3-1 是 8 名学生 4 门课程的考试成绩数据的 Excel 表截图（单位：分）。试找出统计学成绩等于 75 分的学生、英语成绩前 3 名的学生、四门课程成绩均高于 70 分的学生。

	A	B	C	D	E
1	姓名	统计学成绩	数学成绩	英语成绩	经济学成绩
2	张松	69	68	84	86
3	王翔	91	75	95	94
4	田雨	54	88	67	78
5	李华	81	60	86	64
6	赵颖	75	96	81	83
7	宋媛	83	72	66	71
8	袁方	75	58	76	90
9	陈风	87	76	92	77

图 3-1　8 名学生的考试成绩数据

解：首先，将光标放在数据区域的任意单元格，然后点击“数据”并点击“筛选”，这时会在每个变量名中出现下拉箭头，如图 3-2 所示。

	A	B	C	D	E
1	姓名 ▾	统计学成▾	数学成绩▾	英语成绩▾	经济学成▾
2	张松	69	68	84	86
3	王翔	91	75	95	94
4	田雨	54	88	67	78
5	李华	81	60	86	64
6	赵颖	75	96	81	83
7	宋媛	83	72	66	71
8	袁方	75	58	76	90
9	陈风	87	76	92	77

图 3-2　点击“筛选”后出现的界面

点击要筛选的变量的下拉箭头即可对该变量进行筛选。比如，要筛选出统计学成绩等于 75 的学生，点击“统计学成绩”变量的下拉箭头，在出现的界面中点击“数字筛选”，出现的界面如图 3-3 所示。

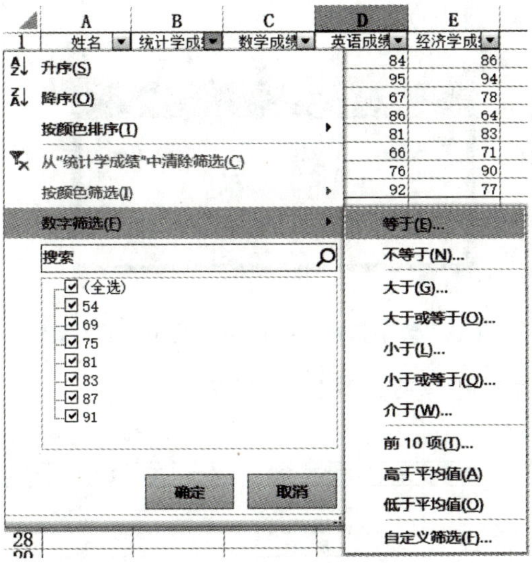

图 3-3　点击“统计学变量”后出现的界面

点击“等于”，并在后面的框内输入“75”，出现的界面如图 3-4 所示。

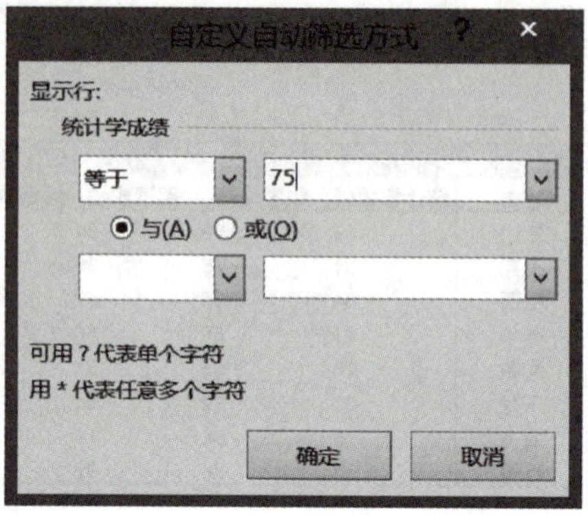

图 3-4　点击“等于”并输入要筛选的指定数字后出现的界面

点击“确定”，得到的结果如图 3-5 所示。

	A	B	C	D	E
1	姓名	统计学成绩	数学成绩	英语成绩	经济学成绩
6	赵颖	75	96	81	83
8	袁方	75	58	76	90
10					

图 3-5　筛选出的统计学成绩等于 75 的学生

要筛选出英语成绩前 3 名的学生，点击“英语成绩”变量的下拉箭头，在出现的界面中点击“数字筛选”，并选择“前 3 项”，出现的界面如图 3-6 所示。在对话框中输入数字“3”。

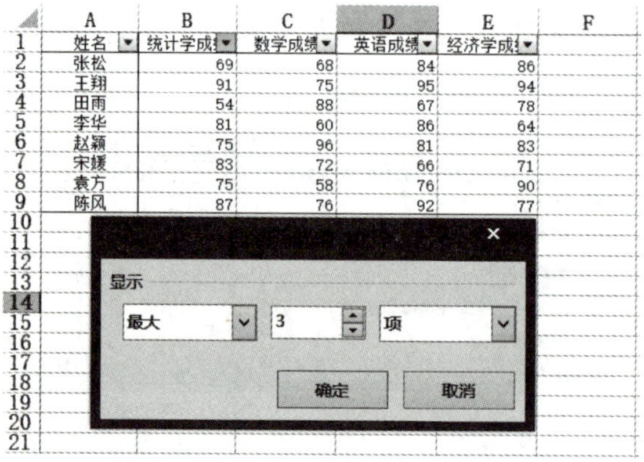

	A	B	C	D	E	F
1	姓名	统计学成绩	数学成绩	英语成绩	经济学成绩	
2	张松	69	68	84	86	
3	王翔	91	75	95	94	
4	田雨	54	88	67	78	
5	李华	81	60	86	64	
6	赵颖	75	96	81	83	
7	宋媛	83	72	66	71	
8	袁方	75	58	76	90	
9	陈风	87	76	92	77	

图 3-6　点击“数字筛选”并选择“前 10 项”后出现的界面

点击“确定”后得到的结果如图 3-7 所示。

	A	B	C	D	E
1	姓名	统计学成绩	数学成绩	英语成绩	经济学成绩
3	王翔	91	75	95	94
5	李华	81	60	86	64
9	陈风	87	76	92	77

图 3-7　筛选出的英语成绩前 3 名的学生

如果要筛选出四门课程成绩均高于 70 分的学生，由于设定的条件比较多，需要使用“高级筛选”命令。使用高级筛选时，必须建立条件区域。这时需要在数据清单上面至少留出三行作为条件区域，把数据清单中含有筛选值的数据列复制粘贴到条件区域的一个空行，再在条件标志下面的一行中键入要匹配的条件，然后点击“数据”并点击“高级”，出现“高级筛选”对话框。在对话框“列表区域”和“条件区域”中分别填入相应的单元格区域，如图 3-8 所示。

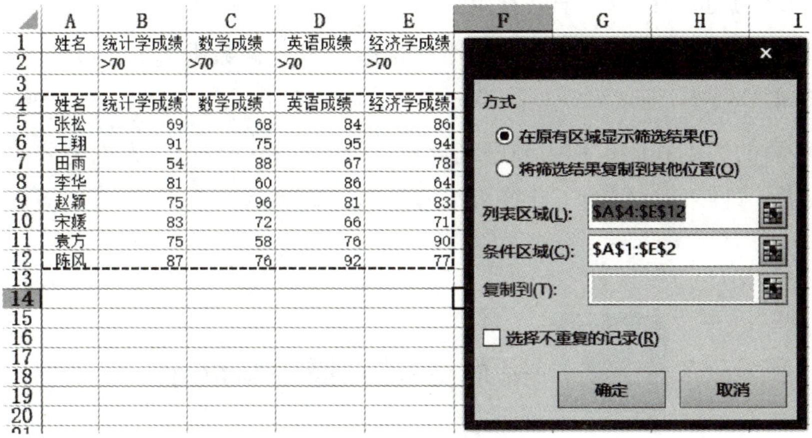

图 3-8　高级筛选的界面

单击“确定”，得到的结果如图 3-9 所示。

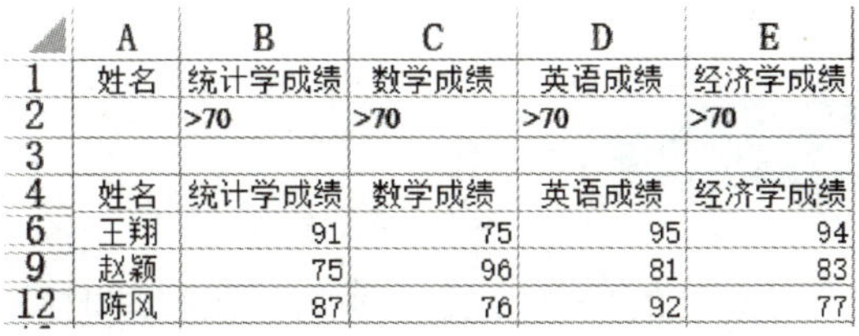

图 3-9　筛选出的四门课程成绩均高于 70 分的学生

三、数据排序

数据排序是按一定顺序将数据排列，以便于研究者通过数据发现一些明显的特征或趋势，找到解决问题的线索。除此之外，排序还有助于对数据进行检查纠错，以及为重新归类或分组等提供方便。在某些场合，排序本身就是分析的目的之一。例如，了解究竟哪三家家电企业是中国家电生产的三巨头，对于家电厂商而言是很有用的信息。美国《财富》杂志每年都要在世界范围内排出 500 强企业，通过这一信息，各企业不仅可以了解自己企业所处的地位，清楚自己与别的企业的差距，还可以从一定侧面了解到竞争对手的状况，从而制定有效的企业发展规划和战略目标。

对于分类的数据，如果是字母型数据，排序有升序和降序之分，但习惯上升序用得更多一些，因为升序与字母的自然排列相同；如果是汉字型数据，排序方式很多。比如：按汉字的首位拼音字母排列，这与字母型数据的排序完全一样；也可按姓氏笔画排序，其中也有笔画多少的升序和降序之分。交替运用不同的排序方式，对于汉字型数据的检查纠错十分有用。

数值型数据的排序只有两种：递增和递减。设一组数据为 x_1，x_2，…，x_n，递增排序后可表示为：$x_{(1)}<x_{(2)}<\cdots<x_{(n)}$；递减排序可表示为：$x_{(1)}>x_{(2)}>\cdots>x_{(n)}$。排序后的数据我们也称为顺序统计量（order statistics）。无论是分类数据还是数值型数据，排序均可借助于计算机很容易地完成。

3.2 品质数据的整理与展示

定性数据包括分类数据和顺序数据，它们的图表展示方法基本相同，通常可以用频数分布表和图形来描述。

一、频数与频数分布

分类数据本身就是对事物的一种分类，因此，在整理时除了要列出所分的类别外，还要计算出每一类别的频数、频率或比例、比率，同时选择适当的图形进行展示，以便对数据及其特征有一个初步了解。

定义 3.1 落在某一特定类别（或组）中的数据个数，称为频数（frequency）。

定义 3.2 把各个类别及落在其中的相应频数全部列出，并用表格形式表现出来，称为频数分布（frequency distribution）。

下面我们通过一个例子来说明如何使用 Excel 制作分类数据的频数分布表。

【例 3.2】 为研究人们对不同类型软饮料的偏好情况，一家调查公司在某超市随机调查了 50 名顾客。图 3－10 是顾客性别及所偏好的饮料类型的记录。生成频数分布表，观察不同性别的顾客及其所偏好的饮料类型的分布状况，并进行描述性分析。

	A	B	C	D	E	F
1	顾客性别	饮料类型	顾客性别	饮料类型	顾客性别	饮料类型
2	女	碳酸饮料	女	碳酸饮料	女	其他
3	男	绿茶	男	绿茶	女	碳酸饮料
4	男	矿泉水	男	其他	女	其他
5	女	矿泉水	女	碳酸饮料	女	果汁
6	男	碳酸饮料	男	绿茶	男	绿茶
7	男	矿泉水	男	绿茶	女	果汁
8	女	碳酸饮料	女	碳酸饮料	女	碳酸饮料
9	女	绿茶	男	碳酸饮料	女	果汁
10	男	果汁	女	绿茶	男	矿泉水
11	男	碳酸饮料	男	矿泉水	女	碳酸饮料
12	女	矿泉水	女	绿茶	女	绿茶
13	女	其他	女	碳酸饮料	女	其他
14	男	碳酸饮料	女	矿泉水	女	果汁
15	男	绿茶	男	其他	男	绿茶
16	男	碳酸饮料	男	碳酸饮料	女	其他
17	女	其他	女	果汁	女	矿泉水
18	男	矿泉水	男	矿泉水		

图 3-10　顾客性别及所偏好的饮料类型

解：这里涉及两个变量，一个是顾客性别，另一个是偏好的饮料类型。我们可以生成两张频数分布表来观察它们各自的分布状况，也可以将一个变量放在行的位置，一个变量放在列的位置，这种由两个变量交叉分类的频数分布表称为列联表（contingency table），也称为交叉表（cross table）。

用 Excel 生成定性数据频数分布表有几种途径，其中最简单的办法是使用“数据透视表”进行计数和汇总。具体操作步骤如下：

用 Excel 生成定性数据的频数分布表

第 1 步：选择“插入”并点击“数据透视表”。

第 2 步：在“表/区域”框内选定数据区域（在操作前将光标放在任意数据单元格内，系统会自动选定数据区域），然后选择放置数据透视表的位置。系统默认将数据透视表放在新工作表中，如果要将数据透视表放在现有工作表中，选择“现有工作表”，并在“位置”框内点击工作表的任意单元格（不要覆盖数据），然后点击“确定”。

第 3 步：用鼠标右键单击数据透视表，选择“数据透视表选项”，在弹出的对话框中点击“显示”，并选中“经典数据透视表布局”，然后点击“确定”。

第 4 步：将数据透视的一个字段拖至“行”位置，将“另一个字段”拖至“列”的位置（行列可以互换），再将要计数的变量拖至“值字段”位置，即可生成需要的频数分布表。

图 3-11 就是生成的交叉频数分布表的 Excel 截图。

	A	B	C	D
1	计数项：饮料类型	顾客性别		
2	饮料类型	男	女	总计
3	果汁	1	5	6
4	矿泉水	6	4	10
5	绿茶	7	4	11
6	其他	2	6	8
7	碳酸饮料	6	9	15
8	**总计**	22	28	50

图 3-11　顾客性别和所偏好的饮料类型的频数分布

对于分类数据的频数分布，还可以使用比例、百分比、比率等统计量进行分析。

定义 3.3　一个总体（或样本）中各个部分的数据与全部数据之比，称为比例（proportion）。

比例通常用于反映总体（或样本）的构成或结构。假定总体 N 被分成 K 个部分，每一部分的数量分别为 N_1，N_2，…，N_K，则比例定义为 N_i/N。显然，各部分的比例之和等于 1。

比例是将总体中各个部分的数值都变成同一个基数，也就是都以 1 为基数。这样就可以对不同类别的数值进行比较了。

定义 3.4　将比例乘以 100 得到的数值，称为百分比或百分数（percentage），用%表示。

百分比是将对比的基数抽象化为 100 而计算出来的。百分比是一个更为标准化的数值，很多相对数都用百分比表示。当分子的数值很小而分母的数值很大时，也可以用千分数（‰）来表示比例，如人口的出生率、死亡率、自然增长率等都用千分数来表示。

定义 3.5　总体（或样本）中各不同类别数值之间的比值，称为比率（ratio）。

比率是一个总体（或样本）中各不同部分的数量对比。比率由于不是总体（或样本）中部分与整体之间的对比关系，因而比值可能大于 1。为方便起见，比率可以不用 1 作为基数，而用 100 或其他便于理解的数作基数。比如，人口的性别比就用每 100 名女性人口对应有多少男性人口来表示，如性别比为105∶100，表示每 100 个女人对应有 105 个男人，说明男性人口数量略多于女性人口。

在对经济和社会问题的研究中经常使用比率，比如国内生产总值中第一产业、第二产业、第三产业的产值之比等。比率也可以是同一现象在不同时间或空间上的数量之比，比如将 2020 年的国内生产总值与 2019 年的国内生产总值进行对比，可以计算出经济增长率；将一个地区的国内生产总值与另一个地区的国内生产总值进行对比，可以反映两个地区经济发展水平的差异，等等。

二、品质数据的图示

用频数分布图比用频数分布表能更形象和直观地表示数据的频数分布。一张好的统计图表往往胜过冗长的文字表述。适用于定性数据的图形主要有条形图、饼图等。如果有两个样本（或总体）的分类相同，且问题可比时，还可以绘制环形图。

（一）条形图

条形图（bar chart）是用宽度相同的条形的高度或长短来表示数据多少的图形。绘制时，各类别可以放在纵轴，也可以放在横轴。图 3－12 分别给出了例 3.2 中饮料类型和顾客性别的条形图。

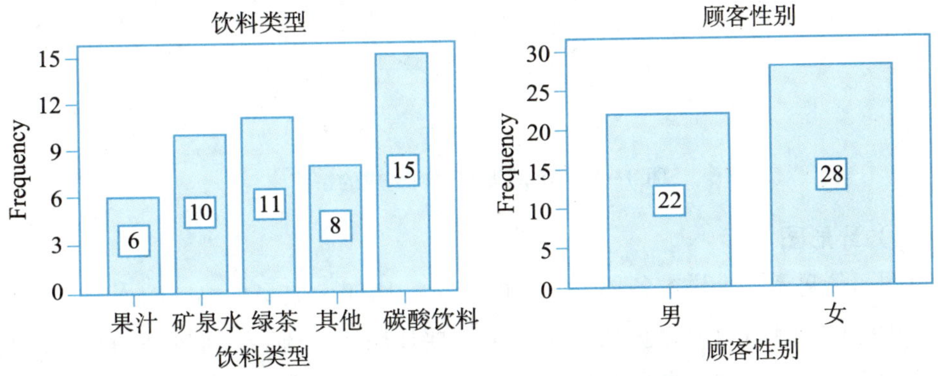

图 3－12　饮料类型和顾客性别的条形图

图 3－12 的两张图也可以绘制在一张图里，形成复式条形图，从而便于比较。图 3－13 给出了根据图 3－11 绘制的饮料类型和顾客性别的两种不同形式的复式条形图。

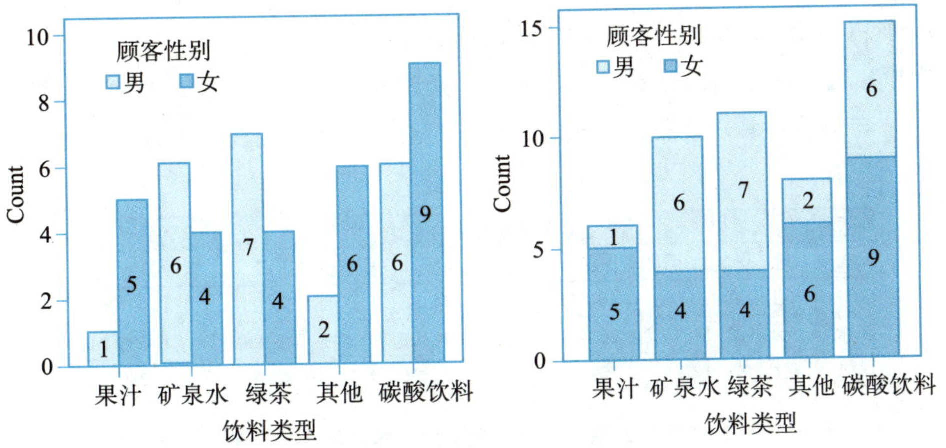

图 3－13　饮料类型和顾客性别的复式条形图

（二）饼图

饼图（pie chart）是用圆形及圆内扇形的角度来表示数值大小的图形，它主要用于表示一个样本（或总体）中各组成部分的数据占全部数据的比例，对于研究结构性问题十分有用。例如，根据图 3－11 中饮料类型的频数分布数据绘制的饼图如图 3－14 所示。

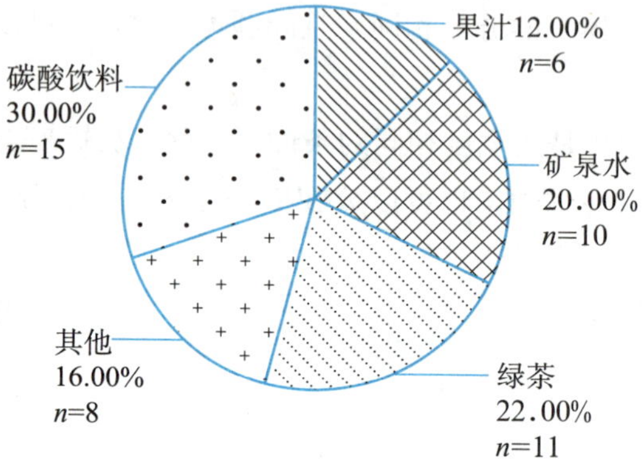

图 3－14　不同类型饮料构成的饼图

（三）环形图

饼图只能显示一个样本各部分所占的比例。比如，把 5 个地区的人口分别按高收入、中等收入和低收入划分成 3 部分，则要比较 5 个地区不同收入的人口构成，需要绘制 5 个饼图，这种做法既不经济也不便于比较。能否用一个图形比较出 5 个地区不同收入的人口构成呢？把饼图叠在一起，挖去中间的部分就可以了，这就是环形图（doughnut chart）。

环形图与饼图类似，但又有区别。环形图中间有一个“空洞”，每个样本用一个环来表示，样本中的每一部分数据用环中的一段表示。因此环形图可显示多个样本各部分所占的比例，从而有利于构成的比较研究。

【例 3.3】 图 3－15 是 20××年北京、天津和上海按收入法计算的地区生产总值（按当年价格计算）数据的 Excel 表截图。绘制环形图比较三个地区的生产总值构成。

	A	B	C	D	E
1	地　区	劳动者报酬	生产税净额	固定资产折旧	营业盈余
2	北　京	3 496.57	1 161.55	1 251.09	1 961.07
3	天　津	1 383.36	775.09	595.09	1 605.61
4	上　海	3 756.56	1 623.36	1 730.51	3 255.94

图 3－15　20××年北京、天津、上海生产总值的构成（单位：亿元）

资料来源：www.stats.gov.cn。

解：根据图 3－15 的数据，使用 Excel 绘制的环形图如图 3－16 所示。

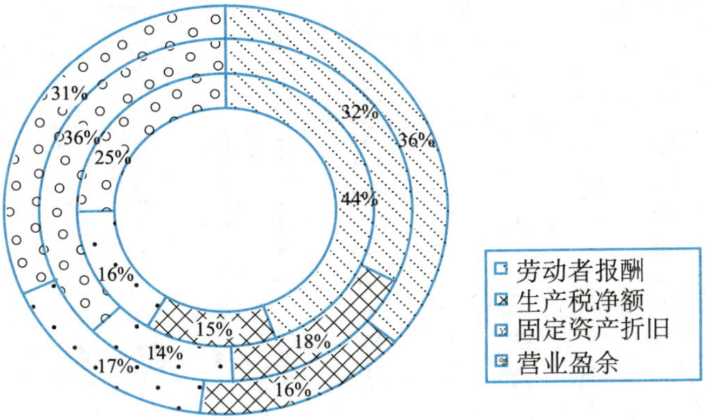

图 3－16　北京、天津、上海收入法生产总值构成的环形图

图 3－16 中最里边的环为北京地区的生产总值构成，向外依次是天津和上海。

3.3 数值型数据的整理与展示

上一节介绍的品质数据的整理与图示方法，也都适用于数值型数据的整理与展示。但数值型数据还有一些特定的整理和图示方法，它们并不适用于品质数据。

一、数据分组

数值型数据表现为数字，在整理时通常是对其进行分组。数据分组的主要目的是观察数据的分布特征。

定义 3.6　根据统计分析的需要，将原始数据按照某种标准划分成不同的组别，称为数据分组。

数据分组后再计算出各组中数据出现的频数，就形成了一张频数分布表。

定义 3.7　在组距分组中，一个组的最小值称为下限（low limit），一个组的最大值称为上限（upper limit）。

下面结合具体的例子说明数据分组的过程和频数分布表的编制过程。

【例 3.4】　图 3－17 是某电脑公司 2019 年前 4 个月的销售额的 Excel 表截图。

试对数据进行分组。

	A	B	C	D	E	F	G	H	I	J
1	234	159	187	155	172	183	182	177	163	158
2	143	198	141	167	194	225	177	189	196	203
3	187	160	214	168	173	178	184	209	176	188
4	161	152	149	211	196	234	185	189	196	206
5	150	161	178	168	174	153	186	190	160	171
6	228	162	223	170	165	179	186	175	197	208
7	153	163	218	180	175	144	178	191	197	192
8	166	196	179	171	233	179	187	173	174	210
9	154	164	215	233	175	188	237	194	198	168
10	174	226	180	172	190	172	187	189	200	211
11	156	165	175	210	207	181	205	195	201	172
12	203	165	196	172	176	182	188	195	202	213

图 3-17　某电脑公司 2019 年前 4 个月的销售额（单位：万元）

解：首先，确定组数。一组数据分多少组合适，一般与数据本身的特点及数据的多少有关。由于分组的主要目的是观察数据的分布特征，因此组数的多少应以能够适当观察数据的分布特征为准。一般情况下，一组数据所分的组数 K 应不少于 5 组且不多于 15 组，即 $5 \leqslant K \leqslant 15$。本例中由于数据较多，可考虑分为 10 组。

其次，确定各组的组距。组距可根据全部数据的最大值和最小值及所分的组数来确定，即组距＝（最大值－最小值）÷ 组数。例如，对于本例数据，最大值为 237，最小值为 141，则组距＝（237－141）÷10＝9.6。为便于计算，组距宜取 5 或 10 的倍数，而且第一组的下限应低于最小变量值，最后一组的上限应高于最大变量值，因此组距可取 10。

最后，统计出各组的频数，绘制频数分布表。在统计各组频数时，恰好等于某一组上限的变量值不算在本组内，而算在下一组，即一个组的变量值 x 满足 $a \leqslant x < b$。

使用 Excel 来生成定量数据的频数分布表时，可以使用“数据分析”工具中的“直方图”命令来完成。注意：用 Excel 生成频数分布表时，每一组的频数包括一个组的上限值，即 $a < x \leqslant b$。因此，为满足通常的统计要求，需要单独输入一列各组的上限值 149，159，…，229，239 作为“接收区域”，然后按下列步骤操作。

用 Excel 生成定量数据的频数分布表

第 1 步：选择“数据”并点击“数据分析”命令。

第 2 步：在“数据分析”对话框中选择“直方图”命令，单击“确定”按钮。

第 3 步：当出现对话框时，在“输入区域”方框内输入原始数据所在的区域；在“接收区域”方框内输入上限值所在的区域；在“输出区域”方框内输入结果输出的位置；选择“图表输出”命令，单击“确定”按钮。

图 3－18 是利用 Excel 生成的频数分布表的截图。

	A	B	C
1	按销售额分组（万元）	频数（天）	频率（%）
2	140～150	4	3.33
3	150～160	9	7.50
4	160～170	16	13.33
5	170～180	27	22.50
6	180～190	20	16.67
7	190～200	17	14.17
8	200～210	10	8.33
9	210～220	8	6.67
10	220～230	4	3.33
11	230～240	5	4.17
12	**合计**	**120**	**100**

图 3－18　某电脑公司销售额的频数分布

数据分组后掩盖了各组内的数据分布状况，为反映各组数据的一般水平，我们通常用组中值作为该组数据的一个代表值。

定义 3.8　每一组的下限和上限之间的中点值，称为组中值（class midpoint），即：组中值＝（下限值＋上限值）÷2。

使用组中值代表一组数据时有一个必要的假定条件，即各组数据在本组内呈均匀分布或在组中值两侧对称分布。如果实际数据的分布不符合这一假定，那么用组中值作为一组数据的代表值会有一定的误差。

二、数值型数据的图示

上面介绍的条形图、饼图、环形图等都可适用于展示定量数据。此外，定量数据还有下面的一些图示方法，但这些方法并不适用于定性数据。

（一）分组数据看分布：直方图

直方图（histogram）是用于展示定量数据分布的一种常用图形，它是用矩形的宽度和高度（即面积）来表示频数分布的。通过直方图可以观察数据分布的大体形状，如分布是否对称等。根据图 3－18 所示的分组数据绘制的直方图如图 3－19 所示。

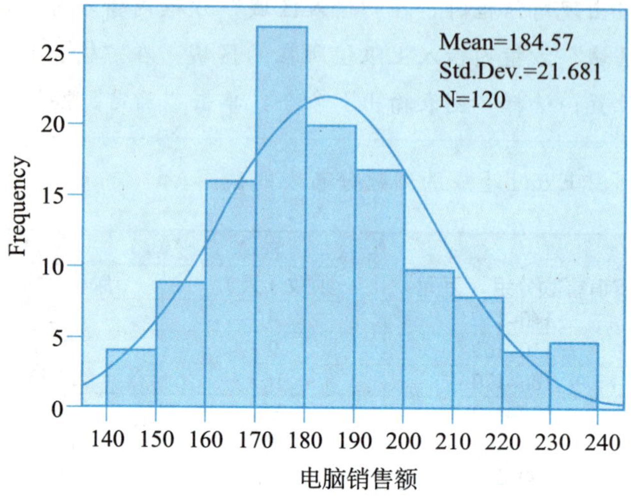

图 3-19　某公司电脑销售额分布的直方图

从图 3-19 可以直观地看出，电脑销售额的分布基本上是对称的，右边的尾部比左边的尾部稍长一些。

注意：直方图与条形图不同。首先，条形图中的每一矩形表示一个类别，其宽度没有意义，而直方图的宽度则表示各组的组距。其次，由于分组数据具有连续性，直方图的各矩形通常是连续排列的，而条形图则是分开排列的。最后，条形图主要用于展示定性数据，而直方图主要用于展示定量数据。

（二）未分组数据看分布：茎叶图和箱线图

1. 茎叶图（stem-and-leaf plot）

直方图看数据的分布很方便，但原始数据看不到了。茎叶图则不同，它不仅可以看出数据的分布，又能给出每一个原始数值，即保留了原始数据的信息。制作茎叶图不需要对数据进行分组，特别是当数据量较少时，用茎叶图更容易观察数据的分布。茎叶图由“茎”和“叶”两部分构成，绘制时，首先把一个数字分成两部分，通常以该组数据的高位数值作为树茎，而且叶上只保留该数值的最后一个数字。例如，125 分成 12｜5，12 分成 1｜2，1.25 分成 12｜5（单位：0.01）等，前部分是树茎，后部分是树叶。树茎一经确定，树叶就自然地长在相应的树茎上了，叶子的长短代表了数据的分布。

下面的图 3-20 就是用图 3-17 中的数据制作的茎叶图。

茎叶图类似于横置的直方图。与直方图相比，茎叶图既能给出数据的分布状况，又能给出每一个原始数值，即保留了原始数据的信息。直方图虽然能很好地展示数据的分布，但不能保留原始的数据信息。在应用方面，直方图一般适于展示大批量数据，茎叶图通常适于展示小批量数据。

树茎	树叶	数据个数
14	1349	4
15	023345689	9
16	0011233455567888	16
17	011222223344455556677888999	27
18	00122345667777888999	20
19	00124455666667788	17
20	0123356789	10
21	00113458	8
22	3568	4
23	33447	5

图 3-20 某电脑公司销售额数据的茎叶图

2. 箱线图（box plot）

箱线图不仅可用于反映一组数据分布的特征，比如，分布是否对称、是否存在离群点（outlier）等，还可以对多组数据的分布特征进行比较，这也是箱线图的主要用途。绘制箱线图的步骤大致如下：

首先，找出一组数据的中位数（median）和两个四分位数①（quartiles），并画出箱子。中位数是一组数据排序后处在 50%位置上的数值。四分位数是一组数据排序后处在 25%位置和 75%位置上的两个分位数值，分别用 $Q_{25\%}$ 和 $Q_{75\%}$ 表示。$Q_{75\%}-Q_{25\%}$ 称为四分位差或四分位距（quartile deviation），用 IQR 表示。用两个四分位数画出箱子（四分位差的范围），并画出中位数在箱子里面的位置。

其次，计算出内围栏和相邻值，并画出须线。内围栏（inter fence）是与 $Q_{25\%}$ 和 $Q_{75\%}$ 的距离等于 1.5 倍四分位差的两个点，其中 $Q_{25\%}-1.5\times IQR$ 称为下内围栏，$Q_{75\%}+1.5\times IQR$ 称为上内围栏。上下内围栏一般不在箱线图中显示，只是作为确定离群点的界限②。然后找出上下内围栏之间的最大值和最小值（即非离群点的最大值和最小值），称为相邻值（adjacent value），其中 $Q_{25\%}-1.5\times IQR$ 范围内的最小值称为下相邻值，$Q_{75\%}+1.5\times IQR$ 范围内的最大值称为上相邻值。用直线将上下相邻值分别与箱子连接，称为须线（whiskers）。

最后，找出离群点，并在图中单独标出。离群点是大于上内围栏或小于下内围栏的数值，也称外部点（outside value），在图中用“○”单独标出。

箱线图的示意图如图 3-21 所示。

① 这些统计量将在第 4 章详细介绍。

② 也可以设定 3 倍的四分位差作为围栏，称为外围栏（outer fence），其中 $Q_{25\%}-3\times IQR$ 称为下外围栏，$Q_{75\%}+3\times IQR$ 称为上外围栏。外围栏也不在箱线图中显示。在外围栏之外的数据也称为极值（extreme），在 SPSS 中用“*”单独标出。

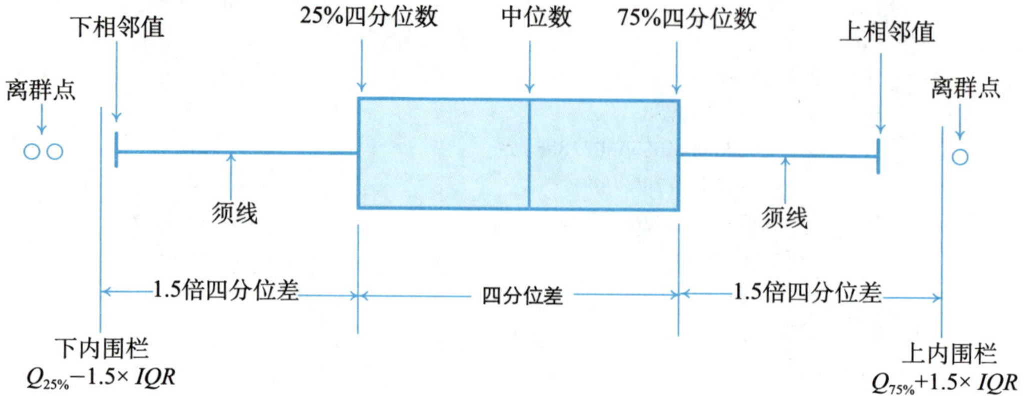

图 3－21　箱线图的示意图

通过箱线图的形状可以看出数据分布的特征。图 3－22 显示了几种不同的箱线图与其所对应的分布形状。

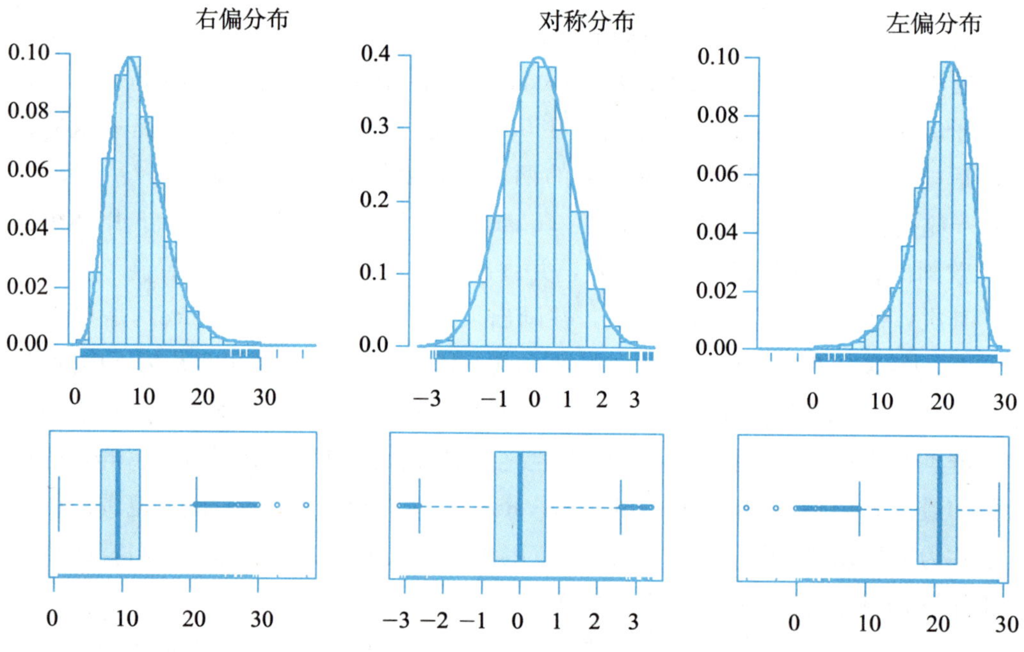

图 3－22　不同分布对应的箱线图

对于多批数据，可以将各批数据的箱线图并列起来，从而进行分布特征的比较。下面我们举例说明。

【例 3.5】 从某大学经济管理专业二年级学生中随机抽取 11 人，对 8 门主要课程的考试成绩进行调查，所得的结果如图 3－23 所示。分别绘制各科考试成绩和 11 名学生考试成绩的箱线图，并分析它们的分布特征。

	B	C	D	E	F	G	H	I	J	K	L	M
1		学生编号										
2	课程名称	1	2	3	4	5	6	7	8	9	10	11
3	英语	76	90	97	71	70	93	86	83	78	85	81
4	经济数学	65	95	51	74	78	63	91	82	75	71	55
5	西方经济学	93	81	76	88	66	79	83	92	78	86	78
6	市场营销学	74	87	85	69	90	80	77	84	91	74	70
7	财务管理	68	75	70	84	73	60	76	81	88	68	75
8	基础会计学	70	73	92	65	78	87	90	70	66	79	68
9	统计学	55	91	68	73	84	81	70	69	94	62	71
10	计算机应用基础	85	78	81	95	70	67	82	72	80	81	77

图 3－23　11 名学生 8 门课程的考试成绩数据

解：根据 8 门课程数据绘制的箱线图如图 3－24 所示。

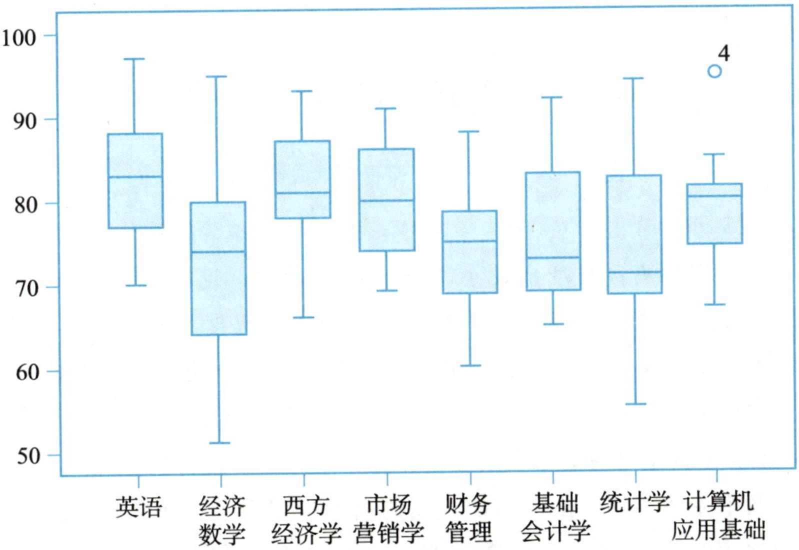

图 3－24　8 门课程考试成绩的箱线图

从图 3－24 可以看出，在 8 门课程中，平均考试成绩较高的是英语和西方经济学（中位数较高），较低的是经济数学和统计学；从考试成绩的离散程度来看，英语、西方经济学、财务管理和计算机应用基础的考试成绩比较集中（箱子较短），而经济数学、基础会计学和统计学的考试成绩则比较分散；从分布形状来看，英语、市场营销学的成绩分布大体上为对称分布（中位数在箱子的中间位置）。图中用“○”标出的点是 4 号学生在计算机应用基础课程中的最高分，被视为所有计算机成绩中的离群点①。

当我们关心每个学生考试成绩的分布时，可以把每个学生作为所关心的变量来作箱线图，如图 3－25 所示。

① 在 SPSS 绘制的箱线图中，把超过四分位差（75%四分位数与 25%四分位数之差）1.5 倍距离的数值定义为离群点，在图中用“○”表示；把超过四分位差 3 倍距离的数值定义为极端值（extremes），用“＊”表示。

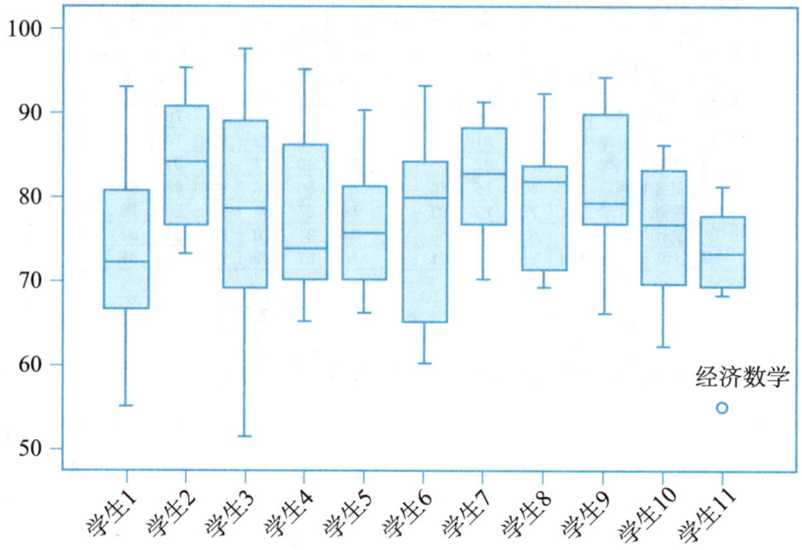

图 3-25 11 名学生课程考试成绩的箱线图

从图 3-25 可以看出，在 11 名学生中，2 号学生各科的平均考试成绩最高，而且各学科成绩之间的离散程度也较小，分布也较对称，说明该学生没有偏科；1 号学生的平均考试成绩最低，而且各科考试成绩的离散程度也较大；各科考试成绩之间离散程度最大的是第 3 号学生；分布不对称的有 4 号学生、6 号学生、8 号学生和 9 号学生，表明这些学生有偏科倾向。图中用“○”标出的经济数学点是 11 号学生 8 门课程考试成绩的最低分，被视为 11 号学生考试成绩的离群点。

在上面两个箱线图中，由于考试成绩的离散程度不大，所以箱线图很容易比较。股票分析中常用的 *K* 线图与箱线图类似，只不过 *K* 线图是用开盘价、收盘价、最高价、最低价这 4 个数据绘制而成的。

箱线图的绘制可以利用计算机来实现，例如，图 3-24 和图 3-25 就是由 SPSS 软件绘制而成的。

（三）多变量数据的图示：雷达图

上面介绍的一些图形描述的都是单变量数据。当有两个或两个以上变量时，利用一般的点图方法就很难做到了。为此，人们研究了多变量的图示方法，其中有散点图、三维散点图、气泡图、雷达图、脸谱图、星座图、连接向量图等。在此我们主要介绍雷达图的绘制方法。

假定一个集团公司在 3 个地区有销售分公司，每个分公司都有销售人员数、销售额、销售利润、所在地区的人口数、当地的人均收入等数据。如果想知道 3 家销售分公司在上述几个变量上的差异或相似程度，该用什么图形进行展示呢？这里涉及 3 个样本的 5 个变量，显然无法用二维坐标进行图示了。利用雷达图（radar chart）则可以做到这一点。

从一个点出发，用每一条射线代表一个变量，多个变量的数据点连接成线，即围成一个区域，多个样本即围成多个区域，这就是雷达图，利用它可以研究多个样本之间的相似程度。

【例 3.6】 20××年我国东部、中部、西部及东北地区城镇居民的生活消费支出数据的 Excel 表截图如图 3－26 所示。绘制雷达图，比较不同地区的消费支出构成。

	A	B	C	D	E
1	项　　目	东部地区	中部地区	西部地区	东北地区
2	食　品	3761.92	2703.10	2770.24	2651.22
3	衣　着	970.11	880.03	818.14	903.12
4	家庭设备用品及服务	629.04	420.57	460.85	337.41
5	医疗保健	737.53	509.87	513.88	699.79
6	交通通信	1678.46	787.84	900.74	757.40
7	教育文化娱乐服务	1597.07	962.60	1021.43	859.26
8	居住	1103.77	763.63	756.42	875.89
9	杂项商品与服务	392.60	232.79	262.70	305.75

图 3－26　20××年我国东、中、西部及东北地区城镇居民生活消费支出（单位：元）

资料来源：www.stats.gov.cn。

根据图 3－26 的数据，由 Excel 绘制的雷达图如图 3－27 所示。

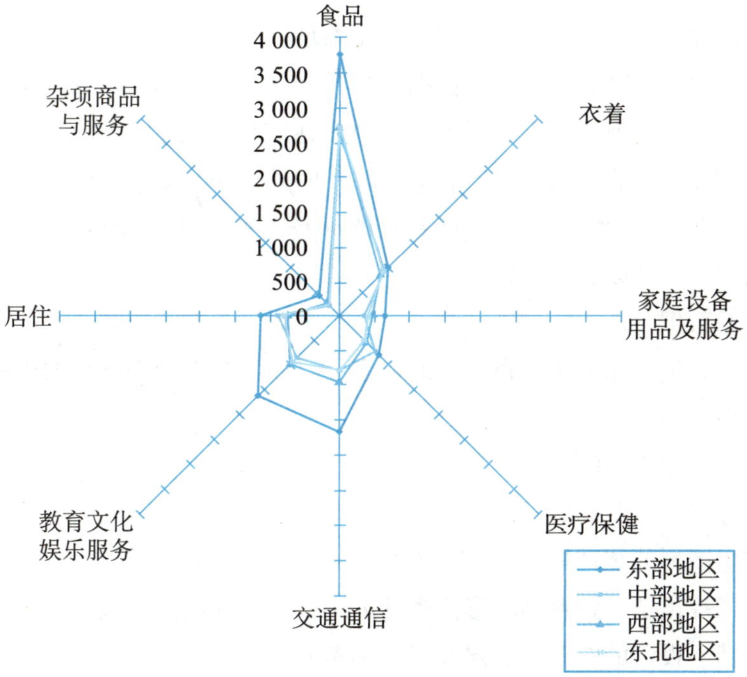

图 3－27　东、中、西部及东北地区城镇居民生活消费支出的雷达图

从图 3-16 中可以得到以下几点结论：在四个地区城镇居民的消费支出中，食品支出额都是最多的，杂项商品与服务的支出额则是最少的；东部地区城镇居民的各项支出额普遍高于其他三个地区，而中部、西部和东北地区的各项支出则相差不大；四个地区各项支出额的结构具有很大的相似性。

3.4 使用图表的注意事项

统计图表是展示数据的有效方式。在日常生活中，阅读报纸杂志，或者在看电视、上网时都能看到大量的统计图表。统计表把杂乱的数据有条理地组织在一张简明的表格内，统计图则把数据形象地展示出来。显然，看统计图表要比看那些枯燥的数字更有趣，也更容易理解。合理使用统计图表是做好统计分析的最基本技能。

使用图表的目的是让别人更容易看懂和理解数据。一张精心设计的图表可以有效地把数据呈现出来。使用计算机可以很容易地绘制出漂亮的图表，但需要注意的是，初学者往往会在图形的修饰上花费太多的时间和精力，而忽视对数据的表达。这样做得不偿失，也未必合理，甚至会画蛇添足。

精心设计的图表可以准确表达数据所要传递的信息。设计图表时，应绘制得尽可能简洁，以能够清晰地显示数据、合理地表达统计目的为目标。爱德华·塔夫特（Edward R. Tufte）在其著作 *The Visual Display of Quantitative Information*（1983）中使用“图优性（graphical excellency）”来描述一个好图。塔夫特指出，一张好的图形应包括以下基本特征：

（1）显示数据。

（2）让读者把注意力集中在图形的内容上，而不是在制作图形的程序上。

（3）避免歪曲。

（4）强调数据之间的比较。

（5）服务于一个明确的目的。

（6）有对图形的统计描述和文字说明。

塔夫特还提出了 5 种鉴别图形优劣的准则。一张好的图形应当：

（1）是精心设计的，有助于洞察问题的实质。

（2）使复杂的观点得到简明、确切、高效的阐述。

（3）能在最短的时间内，以最少的笔墨给读者提供最大量的信息。

（4）是多维的。

（5）表述了数据的真实情况。

在绘制图形时，应避免一切不必要的修饰。过于花哨的修饰往往会使人注重图形本身，而忽略了图形所要表达的信息。图形大小要成比例，一般绘制成 4∶3 的矩形，不适当的比例有可能歪曲数据，给人留下错误的印象。

此外，图表应有编号和标题。编号一般使用阿拉伯数字，如表 1、表 2 等。图表的标题应明示出表中数据所属的时间（When）、地点（Where）和内容（What），即通常所说的“3W 准则”。表的标题通常放在表的上方，图的标题可放在图的上方，也可放在图的下方。

本章小结

本章介绍了数据整理和展示的基本方法和技术，这些方法和技术能帮助我们初步了解数据的特征和规律。在数据的预处理中介绍了数据的审核、筛选与排序等方法。数据的审核是为了纠正数据的错误，数据筛选是为了找出符合某些条件的数据，数据排序是为了找出数据的初步特征和规律。

品质数据的结果均表现为类别。这类数据本身就是分类的，因此整理时主要是在分类的基础上计算各类别的频数、比例、比率以及百分比等，同时给出频数分布。常用的图示方法有条形图和饼图等。

数值型数据的整理主要是进行分组。分组的第一步是确定组数，也就是要确定分几组，其次是确定各组的组距，最后是整理成一张频数分布表。对于分组后的数据，我们通常用直方图来展示数据分布的特征；对于未经分组的原始数据，则通常是用茎叶图和箱线图来展示数据分布的特征。对于多变量数据，则可以用雷达图来对不同总体或样本的相似性进行比较研究。这些图形基本上都可以使用 Excel 来绘制。

图表的使用体现了统计的基本技能，要正确使用图表，合理地安排图表的比例，以便更好地展示统计数据。

思考与练习

一、思考题

1. 数据的预处理包括哪些内容？

2. 直方图与条形图有什么区别？

3. 饼图与环形图有什么不同？

4. 茎叶图与直方图相比有什么优点？

5. 使用图表应注意哪些问题？

二、练习题

1. 为评价家电行业售后服务的质量，随机抽取由 100 个家庭构成的一个样本。服务质量的等级分别表示为：A. 好；B. 较好；C. 一般；D. 较差；E. 差。调查结果如下：

B	E	C	C	A	D	C	B	A	E
D	A	C	B	C	D	E	C	E	E
A	D	B	C	C	A	E	D	C	B
B	A	C	D	E	A	B	D	D	C
C	B	C	E	D	B	C	C	B	C
D	A	C	B	C	D	E	C	E	B
B	E	C	C	A	D	C	B	A	E
B	A	C	D	E	A	B	D	D	C
A	D	B	C	C	A	E	D	C	B
C	B	C	E	D	B	C	C	B	C

（1）上面的数据属于什么类型？

（2）用 Excel 制作一张频数分布表。

（3）绘制一张条形图，反映评价等级的分布。

2. 某行业管理局所属 40 家企业 2015 年的产品销售收入数据如下（单位：万元）：

152	124	129	116	100	103	92	95	127	104
105	119	114	115	87	103	118	142	135	125
117	108	105	110	107	137	120	136	117	108
97	88	123	115	119	138	112	146	113	126

（1）根据上面的数据进行适当分组，编制频数分布表。

（2）若规定：销售收入在 125 万元以上的企业为先进企业，115 万元～125 万元的企业为良好企业，105 万元～115 万元的企业为一般企业，105 万元以下的企业为落后企业。请按先进企业、良好企业、一般企业、落后企业的标准对 40 家企业进行分组。

3. 为了确定灯泡的使用寿命（小时），在一批灯泡中随机抽取 100 只进行测试，所得结果如下：

700	716	728	719	685	709	691	684	705	718
706	715	712	722	691	708	690	692	707	701
708	729	694	681	695	685	706	661	735	665
668	710	693	697	674	658	698	666	696	698
706	692	691	747	699	682	698	700	710	722
694	690	736	689	696	651	673	749	708	727
688	689	683	685	702	741	698	713	676	702
701	671	718	707	683	717	733	712	683	692
693	697	664	681	721	720	677	679	695	691
713	699	725	726	704	729	703	696	717	688

（1）以组距为 10 进行分组，整理成频数分布表，并绘制直方图，说明数据分布的特征。

（2）制作茎叶图，并与直方图做比较。

4. 下面是北方某城市 1～2 月份各天气温的记录数据（单位:℃）：

−3	2	−4	−7	−11	−1	7	8	9	−6	−7
−14	−18	−15	−9	−6	−1	0	5	−4	−9	−3
−6	−8	−12	−16	−19	−15	−22	−25	−24	−19	−21
−8	−6	−15	−11	−12	−19	−25	−24	−18	−17	−24
−14	−22	−13	−9	−6	0	−1	5	−4	−9	−3
−3	2	−4	−4	−16	−1	7	5	−6	−5	

（1）指出上面的数据属于什么类型?

（2）对上面的数据进行适当的分组。

（3）绘制直方图，说明该城市气温分布的特点。

5. 下面是某考试管理中心对 2015 年参加成人自学考试的 12 000 名学生的年龄分组数据：

年龄	18～19	21～21	22～24	25～29	30～34	35～39	40～44	45～59
%	1.9	34.7	34.1	17.2	6.4	2.7	1.8	1.2

（1）对这个年龄分布作直方图。

（2）根据直方图分析成人自学考试人员年龄分布的特点。

6. 下面是 A、B 两个班学生的数学考试成绩数据：

A 班：

44	57	59	60	61	61	62	63	63	65
66	66	67	69	70	70	71	72	73	73
73	74	74	74	75	75	75	75	75	76
76	77	77	77	78	78	79	80	80	82
85	85	86	86	90	92	92	92	93	96

B班：

35	39	40	44	44	48	51	52	52	54
55	56	56	57	57	57	58	59	60	61
61	62	63	64	66	68	68	70	70	71
71	73	74	74	79	81	82	83	83	84
85	90	91	91	94	95	96	100	100	100

（1）将两个班的考试成绩用一个公共的茎制成茎叶图。

（2）比较两个班考试成绩分布的特点。

7. 甲、乙两个班各有 40 名学生，期末统计学的考试成绩分布如下：

考试成绩	人数	
	甲班	乙班
优	3	6
良	6	15
中	18	9
及格	9	8
不及格	4	2

（1）根据上面的数据，画出两个班考试成绩的环形图，比较它们的构成。

（2）画出雷达图，比较两个班考试成绩的分布是否相似。

8. 下表是我国 10 个城市 2015 年各月份的气温数据（单位：℃）：

月份	北京	沈阳	上海	南昌	郑州	武汉	广州	海口	重庆	昆明
1月	−1.9	−12.7	5.7	6.6	0.3	4.2	15.8	18.5	7.8	10.8
2月	−0.9	−8.1	5.6	6.5	3.9	5.8	17.3	20.5	9.0	13.2
3月	8.0	0.5	11.1	12.7	11.5	12.8	17.9	21.8	13.3	15.9
4月	13.5	8.0	16.6	19.3	17.1	19.0	23.6	26.7	19.2	18.0
5月	20.4	18.3	20.8	22.7	21.8	23.9	25.3	28.3	22.9	18.0
6月	25.9	21.6	25.6	26.0	27.8	28.4	27.8	29.4	25.4	20.4
7月	25.9	24.2	29.4	30.0	27.1	30.2	29.8	30.0	31.0	21.3

续表

月份	北京	沈阳	上海	南昌	郑州	武汉	广州	海口	重庆	昆明
8 月	26.4	24.3	30.2	30.0	26.1	29.7	29.4	28.5	32.4	20.6
9 月	21.8	17.5	23.9	24.3	21.2	24.0	27.0	27.4	24.8	18.3
10 月	16.1	11.6	22.1	22.1	19.0	21.0	26.4	27.1	20.6	16.9
11 月	6.7	0.8	15.7	15.0	10.8	14.0	21.9	25.3	14.6	13.2
12 月	−1.0	−6.7	8.2	8.1	3.0	6.8	16.0	20.8	9.4	9.8

要求：绘制各城市月气温的箱线图，并比较各城市气温分布的特点。

第 4 章

数据分布特征的测度

内容提要

数据分布的特征主要从三个方面进行测度和描述：一是分布的集中趋势，反映各数据向其中心值靠拢或聚集的程度；二是分布的离散程度，反映各数据远离其中心值的趋势；三是分布的形状，反映数据分布偏斜程度和峰度。这三个方面分别反映了数据分布特征的不同侧面。本章将重点讨论数据分布特征各测度值的计算方法、特点及应用场合。具体内容包括：(1) 集中趋势的度量，介绍数据分布集中趋势的各统计量，包括平均数、中位数、四分位数和众数的计算方法、特点和应用场合。(2) 离散程度的度量，介绍测度数据离散程度的常用统计量，包括极差、四分位差、方差、标准差以及离散系数等。(3) 偏态和峰态的度量，介绍偏态系数和峰态系数等。

4.1 集中趋势的度量

集中趋势（central tendency）是指一组数据向某一中心值靠拢的程度，它反映了一组数据中心点的位置所在。描述数据集中趋势的统计量主要有平均数、中位数、分位数以及众数等。

一、平均数

定义 4.1　*一组数据相加后除以数据的个数所得到的结果，称为平均数，也称均值（mean）。*

平均数是度量数据水平的常用统计量，在参数估计及假设检验中经常用到。

设一组样本数据为 x_1，x_2，…，x_n，样本量（样本数据的个数）为 n，则样本平均数用 $\bar{x}$（读作 *x-bar*）表示，计算公式为①

$$\bar{x}=\frac{x_1+x_2+\cdots+x_n}{n}=\frac{\sum_{i=1}^{n}x_i}{n} \tag{4.1}$$

式（4.1）也被称为简单平均数（simple mean）。

【例 4.1】 在一个企业中随机抽取 9 名员工，得到每个员工的月工资收入数据如下（单位：元）：

1 500　750　780　1 080　850　960　2 000　1 250　1 630

计算 9 名员工的平均月工资收入。

解：根据式（4.1）有：

$$\bar{x}=\frac{1\,500+750+\cdots+1\,250+1\,630}{9}=1\,200\text{（元）}$$

如果原始数据被分成 k 组，各组的组中值（一个组中的中间值，是组的下限值与上限值的简单平均）分别用 M_1，M_2，…，M_k 表示，各组的频数分别用 f_1，f_2，…，f_k 表示，则样本平均数的计算公式为：

---

①如果总体的全部数据为 x_1，x_2，…，x_N，总体均数用 μ 表示，那么总体均数的计算公式为：$\mu=\frac{x_1+x_2+\cdots+x_N}{N}=\frac{\sum_{i=1}^{N}x_i}{N}$。

$$\bar{x}=\frac{M_1 f_1+M_2 f_2+\cdots+M_k f_k}{f_1+f_2+\cdots+f_k}=\frac{\sum_{i=1}^{k} M_i f_i}{n} \qquad (4.2)$$

式（4.2）也被称为加权平均数（weighted mean）①。

【例 4.2】 根据第 3 章图 3-18 中的数据，计算电脑销售额的平均数。

解：计算过程如图 4-1 所示。

	A	B	C	D
1	按销售额分组（万元）	组中值 M_i	频数 f_i	$M_i f_i$
2	140~150	145	4	580
3	150~160	155	9	1 395
4	160~170	165	16	2 640
5	170~180	175	27	4 725
6	180~190	185	20	3 700
7	190~200	195	17	3 315
8	200~210	205	10	2 050
9	210~220	215	8	1 720
10	220~230	225	4	900
11	230~240	235	5	1 175
12	合计	—	120	22 200

图 4-1 某电脑公司销售额平均数计算过程

根据式（4.2）得：

$$\bar{x}=\frac{\sum_{i=1}^{k} M_i f_i}{n}=\frac{22\ 200}{120}=185\text{（万元）}$$

二、中位数和分位数

在一组数据中，可以找出处在某个位置上的数值，用该数值代表数据的集中趋势。这些位置上的数值就是相应的分位数，其中有中位数、四分位数、十分位数、百分位数等。

（一）中位数

定义 4.2 一组数据排序后处于中间位置上的变量值，称为中位数（median），用 M_e 表示。

中位数将全部数据等分成两部分，每部分包含 50%的数据，一部分数据比中位

① 如果总体数据被分成 k 组，各组的组中值分别用 M_1，M_2，…，M_k 表示，各组数据出现的频数分别用 f_1，f_2，…，f_k 表示，则总体加权平均数的计算公式为：$\mu=\frac{M_1 f_1+M_2 f_2+\cdots+M_k f_k}{f_1+f_2+\cdots+f_k}=\frac{\sum_{i=1}^{k} M_i f_i}{N}$。

数大，另一部分则比中位数小。中位数是用中间位置上的值代表数据的水平，其特点是不受极端值的影响，在研究收入分配时很有用。

计算中位数时，要先对 n 个数据进行排序，然后确定中位数的位置，最后确定中位数的具体数值。设一组数据 x_1，x_2，…，x_n 按从小到大排序后为 $x_{(1)}$，$x_{(2)}$，…，$x_{(n)}$，则中位数的计算公式为：

$$M_e=\begin{cases} x_{\left(\frac{n+1}{2}\right)} & n \text{ 为奇数} \\ \frac{1}{2}\left[x_{\left(\frac{n}{2}\right)}+x_{\left(\frac{n}{2}+1\right)}\right] & n \text{ 为偶数} \end{cases} \tag{4.3}$$

【例 4.3】 根据例 4.1 的数据，计算 9 名员工月工资收入的中位数。

解：先将例 4.1 中的数据排序，然后确定中位数的位置：(9＋1)÷2＝5，中位数是排序后的第 5 个数值，即 M_e＝1 080（元）。

假定在例 4.1 中抽取了 10 名员工，每个员工的月工资收入数据排序后为：

750　780　850　960　1 080　1 250　1 500　1 630　2 000　2 800

中位数的位置是（10＋1）÷2＝5.5，中位数为：

$$M_e=\frac{1\,080+1\,250}{2}=1\,165\text{（元）}$$

（二）分位数

与中位数类似的还有四分位数（quartile）、十分位数（decile）和百分位数（percentile）等。它们分别是用 3 个点、9 个点和 99 个点将数据 4 等分、10 等分和 100 等分后各分位点上的值。

定义 4.3 一组数据排序后处于 25%和 75%位置上的值，称为四分位数，也称四分位点。

四分位数是通过 3 个点将全部数据等分为 4 部分，其中每部分包含 25%的数据。很显然，中间的四分位数就是中位数，因此通常所说的四分位数是指处在 25%位置上的数值（下四分位数）和处在 75%位置上的数值（上四分位数）。

与中位数的计算方法类似，根据原始数据计算四分位数时，首先对数据进行排序，然后确定四分位数所在的位置，该位置上的数值就是四分位数。与中位数不同的是，四分位数位置的确定方法有多种，每种方法得到的结果会有一定差异，但差异不会很大。由于不同的统计软件使用的计算方法可能不一样①，因此，对同一组数据用不同软件得到的四分位数结果也可能会有所差异，但不会影响对问题的分析。

---

①SPSS 软件给出的四分位数位置的确定方法是：$Q_{25\%}$ 位置$=\frac{n+1}{4}$，$Q_{75\%}$ 位置$=\frac{3(n+1)}{4}$。Excel 给出的四分位数位置的确定方法是：$Q_{25\%}$ 位置$=\frac{n+3}{4}$，$Q_{75\%}$ 位置$=\frac{3n+1}{4}$。

下面给出 25%和 75%位置上的四分位数位置的确定方法。

设 25%四分位数为 $Q_{25\%}$，75%四分位数为 $Q_{75\%}$，根据四分位数的定义有：

$$Q_{25\%}\text{位置}=\frac{n}{4}；Q_{75\%}\text{位置}=\frac{3n}{4} \tag{4.4}$$

如果位置是整数，四分位数就是该位置对应的值；如果是在整数加 0.5 的位置上，则四分位数取该位置两侧值的平均数；如果位置是在整数加 0.25 或 0.75 的位置上，则四分位数等于该位置前面的值加上按比例分摊位置两侧数值的差值。

【例 4.4】 根据例 4.1 的数据，计算 9 名员工月工资收入的四分位数。

解：先对数据进行排序，然后计算出四分位数的位置，再计算出四分位数的值。

$Q_{25\%}$位置$=\frac{n}{4}=\frac{9}{4}=2.25$，即 $Q_{25\%}$在排序后第 2 个数值（780）和第 3 个数值（850）之间 0.25 的位置上，因此，$Q_{25\%}=780+(850-780)\times 0.25=797.5$（元）。

$Q_{75\%}$位置$=\frac{3n}{4}=\frac{3\times 9}{4}=6.75$，即 $Q_{75\%}$在第 6 个数值（1 250）和第 7 个数值（1 500）之间 0.75 的位置上，因此，$Q_{75\%}=1\ 250+(1\ 500-1\ 250)\times 0.75=1\ 437.5$（元）。

四分位数的结果表明，至少有 25%的数据小于或等于 $Q_{25\%}$，至少有 25%的数据大于或等于 $Q_{75\%}$。由于 $Q_{25\%}$和 $Q_{75\%}$之间包含了 50%的数据，就上面的例子而言，可以说大约有一半的员工月工资收入在 797.5 元和 1 437.5 元之间。

三、众数

除平均数、中位数和四分位数外，有些时候也会使用众数作为数据水平的度量。众数（mode）是一组数据中出现频数最多的数值，用 M_o 表示。一般情况下，只有在数据量较大时众数才有意义。从分布的角度看，众数是一组数据分布的最高峰点所对应的数值。如果数据的分布没有明显的最高峰点，众数也可能不存在；如果有两个或多个最高峰点，也可以有两个或多个众数。

四、各度量值的比较

平均数、中位数和众数是描述数据集中趋势的三个主要统计量，要理解它们并不困难，但要合理使用则需要了解它们的不同特点和应用场合。平均数易被多数人理解和接受，实际中用得也较多，其主要缺点是易受极端值的影响，对于严重偏态分布的数据，平均数的代表性较差。中位数和众数提供的信息不像平均数那样多，但它们也有优点，比如不受极端值的影响，具有统计上的稳健性，当数据为偏态分布，特别是偏斜程度较大时，可以考虑选择中位数或众数，这时它们的代表性要比平均数好。

从分布角度看，平均数是全部数据的算术平均，中位数是处于一组数据中间位置上的值，而众数则始终是一组数据分布的最高峰值。因此，对于具有单峰分布的大多数数据而言，如果数据的分布是对称的，平均数（$\bar{x}$）、中位数（M_e）和众数（M_o）必定相等；如果数据是明显的左偏分布，说明数据存在极小值，必然拉动平均数向极小值一方靠，而众数和中位数是位置代表值，不受极值的影响，此时有 $\bar{x}<M_e<M_o$；如果数据是明显的右偏分布，说明数据存在极大值，必然拉动平均数向极大值一方靠，则有 $M_o<M_e<\bar{x}$。一般来说，数据分布对称或接近对称时，建议使用平均数；数据分布明显偏态时，可考虑使用中位数或众数。

4.2 离散程度的度量

集中趋势只是数据分布的一个特征，它所反映的是各变量值向其中心值聚集的程度。而各变量值之间的差异状况如何呢？这就需要考察数据的分散程度。数据的分散程度是数据分布的另一个重要特征，它所反映的是各变量值远离其中心值的程度，因此也称为离中趋势。集中趋势的各测度值是对数据水平的一个概括性度量，它对一组数据的代表程度取决于该组数据的离散水平。数据的离散程度越大，集中趋势的测度值对该组数据的代表性就越差；离散程度越小，其代表性就越好。而离中趋势的各测度值就是对数据离散程度所作的描述。

描述数据离散程度采用的测度值，主要有极差、四分位差、平均差、方差、标准差以及测度相对离散程度的离散系数等。

一、极差和四分位差

（一）极差

定义 4.4　*一组数据的最大值与最小值之差，称为极差（range），也称全距，用 R 表示。*

极差的计算公式为：

$$R=\max(x_i)-\min(x_i) \tag{4.5}$$

比如，根据例 4.1 中的数据，计算 9 名员工月工资收入的极差为：$R=2\,000-750=1\,250$（元）。

极差是描述数据离散程度的最简单测度值，计算简单，易于理解，但它容易受极端值的影响。由于极差只是利用了一组数据两端的信息，不能反映出中间数据的分散状况，因而不能准确地描述出数据的分散程度。在实际应用中，通常把极差作为数据离散程度的一个参考值。

（二）四分位差

定义 4.5 上四分位数与下四分位数之差，称为四分位差（quartile deviation），也称为内距或四分间距（inter-quartile range），用 Q_d 表示。

四分位差的计算公式为：

$$Q_d=Q_{75\%}-Q_{25\%} \tag{4.6}$$

四分位差反映了中间 50%数据的离散程度。其数值越小，说明中间的数据越集中；数值越大，说明中间的数据越分散。四分位差不受极值的影响。此外，由于中位数处于数据的中间位置，因此，四分位差的大小在一定程度上也说明了中位数对一组数据的代表程度。例如，根据例 4.4 计算的 9 名员工的月工资收入的四分位数，有 $Q_d=1\,437.5-797.5=640$（元）。

二、平均差

如果考虑每个数据 x_i 与平均数 $\bar{x}$ 之间的差异（离差），以此作为一组数据差异水平的度量，那么结果就要比极差和四分位差更为全面和准确。这就需要求出每个数据 x_i 与平均数 $\bar{x}$ 离差的平均数。但由于 $(x_i-\bar{x})$ 之和等于 0，因而需要对其进行一定的处理。一般是将离差取绝对值，求和后再平均，这一结果称为平均差。

定义 4.6 各变量值与其平均数离差绝对值的平均数，称为平均差（mean deviation），也称平均绝对离差（mean absolute deviation），用 M_d 表示。

根据未分组数据计算平均差的公式为：

$$M_d=\frac{\sum_{i=1}^{n}|x_i-\bar{x}|}{n} \tag{4.7}$$

根据分组数据计算平均差的公式为：

$$M_d=\frac{\sum_{i=1}^{k}|M_i-\bar{x}|f_i}{n} \tag{4.8}$$

【例 4.5】 根据第 3 章图 3－18 中的数据，计算电脑销售量的平均差。

解：已知 $\bar{x}=185$，计算过程如图 4－2 所示。

	A	B	C	D	E
1 2	按销售额分组（万元）	组中值 M_i	频数 f_i	$\lvert M_i-\bar{x}\rvert$	$\lvert M_i-\bar{x}\rvert f_i$
3	140~150	145	4	40	160
4	150~160	155	9	30	270
5	160~170	165	16	20	320
6	170~180	175	27	10	270
7	180~190	185	20	0	0
8	190~200	195	17	10	170
9	200~210	205	10	20	200
10	210~220	215	8	30	240
11	220~230	225	4	40	160
12	230~240	235	5	50	250
13	合计	—	120	—	2040

图 4－2　某电脑公司销售额平均差计算过程

根据式（4.8）得：

$$M_d=\frac{\sum_{i=1}^{k}|M_i-\bar{x}|f_i}{n}=\frac{2\ 040}{120}=17\text{（万元）}$$

平均差以平均数为中心，反映了每个数据与平均数的平均差异程度，它能全面准确地反映一组数据的离散状况。平均差越大，说明数据的离散程度越大；反之，则说明数据的离散程度越小。为了避免离差之和等于 0 而无法计算平均差这一问题，平均差在计算时对离差取了绝对值，以离差的绝对值来表示总离差，这就给计算带来了不便，因而实际中应用较少。但平均差的实际意义比较清楚，容易理解。

三、方差和标准差

（一）样本方差和标准差

平均差在数学处理上是通过绝对值来消去离差的正负号的，如果用平方的办法消去离差的正负号，则更便于数学上的处理，这样计算的离差平均数称为方差。方差（或标准差）是实际中应用最广泛的离散程度测度值，它能准确地反映出数据的离散程度。

定义 4.7　各变量值与其平均数离差平方的平均数，称为方差（variance）。

设样本方差为 s^2，根据未分组数据和分组数据计算样本方差的公式分别为①：

① 对于总体数据，总体方差（population variance）用 σ^2 表示，计算公式为 $\sigma^2=\frac{\sum_{i=1}^{N}(x_i-\mu)^2}{N}$。对于分组数据，总体方差的计算公式为 $\sigma^2=\frac{\sum_{i=1}^{k}(M_i-\mu)^2 f_i}{N}$。开平方后即得到总体的标准差。注意：总体方差通常是不知道的，都是用样本方差 s^2 来推断的。

未分组数据：$s^2=\frac{\sum_{i=1}^{n}(x_i-\bar{x})^2}{n-1}$ (4.9)

分组数据：$s^2=\frac{\sum_{i=1}^{k}(M_i-\bar{x})^2 f_i}{n-1}$ (4.10)

定义 4.8 方差的平方根，称为标准差（standard deviation）。

与方差不同的是，标准差是具有量纲的，它与变量值的计量单位相同，其实际意义要比方差清楚。因此，在对实际问题进行分析时更多地使用标准差。未分组数据与分组数据的标准差的计算公式分别为：

未分组数据：$s=\sqrt{\frac{\sum_{i=1}^{n}(x_i-\bar{x})^2}{n-1}}$ (4.11)

分组数据：$s=\sqrt{\frac{\sum_{i=1}^{k}(M_i-\bar{x})^2 f_i}{n-1}}$ (4.12)

【例 4.6】 根据例 4.1 的数据，计算 9 名员工月工资收入的方差和标准差。

解：根据式（4.9）得：

$$s^2=\frac{(1\ 500-1\ 200)^2+(7\ 500-1200)^2+\cdots+(1\ 630-1\ 200)^2}{9-1}$$

$$=186\ 350\text{（元）}$$

根据式（4.11）得标准差为：

$$s=\sqrt{186\ 350}=431.683\text{（元）}$$

【例 4.7】 根据第 3 章图 3－18 中的数据，计算电脑销售额的标准差。

解：已知 $\bar{x}=185$，计算过程如图 4－3 所示。

	A	B	C	D	E
1 2	按销售额分组（万元）	组中值 M_i	频数 f_i	$(M_i-\bar{x})^2$	$(M_i-\bar{x})^2 f_i$
3	140~150	145	4	1600	6 400
4	150~160	155	9	900	8 100
5	160~170	165	16	400	6 400
6	170~180	175	27	100	2 700
7	180~190	185	20	0	0
8	190~200	195	17	100	1 700
9	200~210	205	10	400	4 000
10	210~220	215	8	900	7 200
11	220~230	225	4	1600	6 400
12	230~240	235	5	2500	12 500
13	合计	—	120	—	55 400

图 4－3　某电脑公司销售额标准差计算过程

根据式（4.12）得样本标准差为：

$$s=\sqrt{\frac{\sum_{i=1}^{k}(M_i-\bar{x})^2 f_i}{n-1}}=\sqrt{\frac{55\ 400}{120-1}}=21.58\text{（万元）}$$

统计软件中的描述统计部分都有方差和标准差的输出选项。使用 Excel 中的统计函数“STDEV”可以计算样本标准差。

（二）标准分数

有了平均数和标准差之后，可以计算一组数据中每个数值的标准分数，以测度每个数值在该组数据中的相对位置，并可以用它来判断一组数据是否有离群点。比如，全班的平均考试分数为 80 分，标准差为 10 分，而你的考试分数是 90 分，问距离平均分数有多远？显然是 1 个标准差的距离。这里的 1 就是你考试成绩的标准分数。标准分数说的是某个数据与平均数相比相差多少个标准差。

定义 4.9　变量值与其平均数的离差除以标准差后的值，称为标准分数（standard score），也称标准化值或 z 分数。

设标准分数为 z，计算公式为：

$$z_i=\frac{x_i-\bar{x}}{s} \tag{4.13}$$

式（4.13）也就是统计上常用的标准化公式，在对多个具有不同量纲的变量进行处理时，常常需要对各变量的数据进行标准化处理，也就是把一组数据转化成平均数为 0、标准差为 1 的新的数据。实际上，标准分数只是将原始数据进行了线性变换，它并没有改变某个数值在该组数据中的位置，也没有改变该组数据分布的形状。

【例 4.8】 根据例 4.1 的数据，计算 9 名员工月工资收入的标准分数。

解：根据已知数据计算得：$\bar{x}=1\ 200$，$s=431.68$。由式（4.13）得每个员工人均月收入的标准分数如图 4-4 所示。

	A	B	C
1	员工编号	人均月收入（元）	标准分数 z
2	1	1 500	0.695
3	2	750	-1.042
4	3	780	-0.973
5	4	1 080	-0.278
6	5	850	-0.811
7	6	960	-0.556
8	7	2 000	1.853
9	8	1 250	0.116
10	9	1 630	0.996

图 4-4　9 个员工人均月收入的标准分数

由图 4-4 可知，收入最低的员工的月工资收入与平均数相比低 1.042 个标准差；而收入最高的员工的月工资收入比平均数高 1.853 个标准差。

根据标准分数，可以判断一组数据中是否存在离群点。经验表明：当一组数据对称分布时，约有 68%的数据在平均数加减 1 个标准差的范围之内；约有 95%的数据在平均数加减 2 个标准差的范围之内；约有 99%的数据在平均数加减 3 个标准差的范围之内。可以想象，一组数据中低于或高于平均数 3 倍标准差之外的数值是很少的，也就是说，在平均数加减 3 个标准差的范围内几乎包含了全部数据，而在 3 个标准差之外的数据在统计上也称为异常值或离群点。不同倍数标准差内的数据分布如图 4-5 所示。

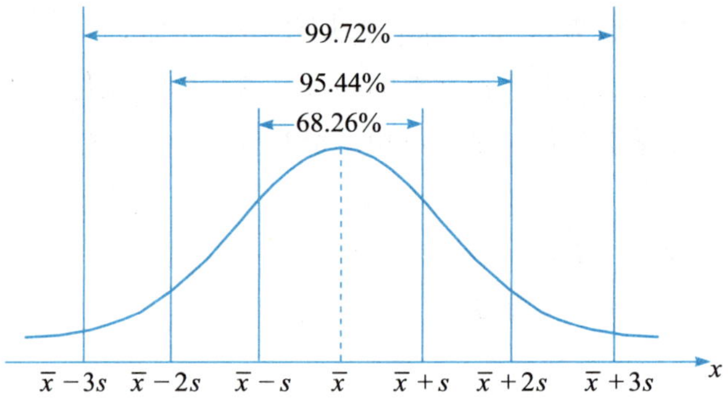

图 4-5　不同倍数标准差内的数据分布

例如，由图 4-4 可知，9 名员工的月工资收入都在平均数±2 个标准差的范围内，没有离群点。

四、离散系数

标准差是反映数据差异水平的绝对值。一方面，标准差数值的大小受原始数据绝对值大小的影响，绝对值大的，标准差的值自然也就大，绝对值小的，标准差的值自然也就小；另一方面，标准差与原始数据的计量单位相同，采用不同计量单位计量的数据，其标准差的值也就不同。因此，对于不同组别的数据，如果原始数据的绝对值相差较大或计量单位不同时，就不能用标准差直接比较其离散程度，这时需要计算离散系数。

定义 4.10　一组数据的标准差与其相应的平均数之比，称为离散系数（coefficient of variation），也称为变异系数。

离散系数的计算公式为：

$$v_s=\frac{s}{\bar{x}} \tag{4.14}$$

离散系数主要用于比较不同样本数据的离散程度。离散系数大说明数据的离散程度大，离散系数小说明数据的离散程度小①。

【例 4.9】 在奥运会女子 10 米气手枪比赛中，每个运动员首先进行每组 10 枪共 4 组的预赛，然后根据预赛总成绩确定进入决赛的 8 名运动员。决赛时 8 名运动员再进行 10 枪射击，然后用预赛成绩加上决赛成绩确定最后的名次。在 2008 年 8 月 10 日举行的第 29 届北京奥运会女子 10 米气手枪决赛中，进入决赛的 8 名运动员的预赛成绩和最后 10 枪的决赛成绩如表 4 - 1 所示，评价哪名运动员的发挥更稳定。

表 4 - 1　8 名运动员 10 米气手枪决赛的成绩

姓名	国家	预赛成绩	决赛 10 枪成绩（环）									
纳塔利娅・帕杰林娜	俄罗斯	391	10.0	8.5	10.0	10.2	10.6	10.5	9.8	9.7	9.5	9.3
郭文珺	中国	390	10.0	10.5	10.4	10.4	10.1	10.3	9.4	10.7	10.8	9.7
卓格巴德拉赫・蒙赫珠勒	蒙古	387	9.3	10.0	8.7	8.3	9.2	9.5	8.5	10.7	9.2	9.2
妮诺・萨卢克瓦泽	格鲁吉亚	386	9.8	10.3	10.0	9.5	10.2	10.7	10.4	10.6	9.1	10.8
维多利亚・柴卡	白俄罗斯	384	9.3	9.4	10.4	10.1	10.2	10.5	9.2	10.5	9.8	8.6
莱万多夫斯卡・萨贡	波兰	384	8.1	10.3	9.2	9.9	9.8	10.4	9.9	9.4	10.7	9.8
亚斯娜・舍卡里奇	塞尔维亚	384	10.2	9.6	9.9	9.9	9.3	9.1	9.7	10.0	9.3	9.9
米拉・内万苏	芬兰	384	8.7	9.3	9.2	10.3	9.8	10.0	9.7	9.9	9.9	9.7

解：如果各运动员决赛 10 枪的平均成绩差异不大，可以直接比较标准差的大小，否则需要计算离散系数。8 名运动员最后 10 枪决赛的平均成绩、标准差和离散系数如图 4 - 6 所示。

	A	B	C	D	E
1	运动员	国家	平均环数	标准差	离散系数
2	纳塔利娅·帕杰林娜	俄罗斯	9.81	0.615 4	0.062 7
3	郭文珺	中国	10.23	0.437 3	0.042 7
4	卓格巴德拉赫·蒙赫珠勒	蒙古	9.26	0.707 4	0.076 4
5	妮诺·萨卢克瓦泽	格鲁吉亚	10.14	0.546 1	0.053 9
6	维多利亚·柴卡	白俄罗斯	9.8	0.649 8	0.066 3
7	莱万多夫斯卡·萨贡	波兰	9.73	0.733 4	0.075 4
8	亚斯娜·舍卡里奇	塞尔维亚	9.69	0.357 3	0.036 9
9	米拉·内万苏	芬兰	9.65	0.462 5	0.047 9

图 4 - 6　8 名运动员 10 枪决赛的平均成绩、标准差和离散系数

从离散系数可以看出，在最后 10 枪的决赛中，发挥比较稳定的运动员是塞尔维亚的亚斯娜・舍卡里奇和中国的郭文珺，发挥不稳定的运动员是蒙古的卓格巴德拉赫・蒙赫珠勒和波兰的莱万多夫斯卡・萨贡。

① 当平均数接近 0 时，离散系数的值趋于无穷大，此时必须慎重解释。

4.3 偏态与峰态的度量

通过直方图和茎叶图等就可以知道数据的分布是否对称。对于不对称的分布，要想知道不对称的程度，则需要计算相应的描述统计量。偏态系数和峰态系数就是对分布对称程度和峰值高低的一种度量。

一、偏态及其测度

“偏态”一词是由统计学家卡尔·皮尔逊（Karl Pearson）于 1895 年首次提出的。它是对数据分布对称性的测度。

定义 4.11 数据分布的不对称性，称为偏态（skewness）。

判别偏态的方向并不困难，但要测度偏斜的程度则需要计算偏态系数（coefficient of skewness）。

根据未分组的原始数据计算偏态系数时，通常采用下面的计算公式：

$$SK=\frac{n}{(n-1)(n-2)}\sum\left(\frac{x_i-\bar{x}}{s}\right)^3 \tag{4.15}$$

偏态系数测度了数据分布的非对称性程度。如果一组数据的分布是对称的，则偏态系数等于 0；如果偏态系数不等于 0，表明数据的分布是非对称的。若偏态系数大于 1 或小于−1，被认为是高度偏态分布；若偏态系数在 0.5～1 或−0.5～−1，则被认为是中等偏态分布；偏态系数越接近 0，偏斜程度就越低。其中负值表示左偏分布（在分布的左侧有长尾），正值则表示右偏分布（在分布的右侧有长尾）。例如，根据第 3 章例 3.4 中的原始数据，计算的偏态系数为 0.4，表明电脑销售额的分布有一定的偏斜，且为右偏，但偏斜程度不大。

二、峰态及其测度

“峰态”一词也是由统计学家卡尔·皮尔逊于 1905 年首次提出的。它是对数据分布平峰或尖峰程度的测度。

定义 4.12 数据分布的平峰或尖峰程度，称为峰态（kurtosis）。

对峰态的测度则需要计算峰态系数（coefficient of kurtosis）。设峰态系数为 K，根据未分组数据计算峰态系数时，通常采用下面的公式：

$$K=\frac{n(n+1)}{(n-1)(n-2)(n-3)}\sum\left(\frac{x_i-\bar{x}}{s}\right)^4-\frac{3(n-1)^2}{(n-2)(n-3)} \tag{4.16}$$

例如，根据第 3 章例 3.4 中的原始数据，由式（4.16）计算的峰态系数为－0.18。

峰态通常是与标准正态分布相比较而言的。如果一组数据服从标准正态分布，则峰态系数的值等于 0；若峰态系数的值不等于 0，表明分布比正态分布更平或更尖。由峰态系数的结果可知，电脑销售量的分布与正态分布相比略有一些平峰。

本章介绍的描述统计量都可以通过统计软件中的描述统计程序直接得出，也可以使用软件中的统计函数。下面给出用 Excel 的“数据分析”工具计算描述统计量的操作步骤。

用 Excel 计算描述统计量

第 1 步：选择“数据”并点击“数据分析”命令。

第 2 步：在分析工具中选择“描述统计”，然后单击“确定”按钮。

第 3 步：在所出现的对话框中，将原始数据所在的区域输入“输入区域”；在“输出选项”中选择结果的输出位置，选择“汇总统计”，单击“确定”按钮。

例如，根据例 4.1 中的数据计算的描述统计量如图 4－7 所示。

	A	B
1	9名员工月工资收入的描述统计量	
2	平均	1 200
3	标准误差	143.894 3
4	中位数	1 080
5	众数	#N/A
6	标准差	431.682 8
7	方差	186 350
8	峰度	-0.386 5
9	偏度	0.789 1
10	极差	1 250
11	最小值	750
12	最大值	2 000
13	求和	10 800
14	观测数	9
15	置信度(95.0%)	331.820 7

图 4－7　Excel 输出的描述统计量

表 4－2 给出了用 Excel 计算描述统计量的几个主要函数。

表 4-2　Excel 中的描述统计函数

函数名	语法	功能
AVEDEV	AVEDEV (number1, number2, ...)	计算平均差
AVERAGE	AVERAGE (number1, number2, ...)	计算平均数
GEOMEAN	GEOMEAN (number1, number2, ...)	计算几何平均数
HARMEAN	HARMEAN (number1, number2, ...)	计算简单调和平均数
KURT	KURT (number1, number2, ...)	计算峰态系数
MODE	MODE (number1, number2, ...)	计算众数
MEDIAN	MEDIAN (number1, number2, ...)	计算中位数
QUARTILE	QUARTILE (array, quart)	计算四分位数
SKEW	SKEW (number1, number2, ...)	计算偏态系数
STDEV	STDEV (number1, number2, ...)	计算样本标准差
STDEVP	STDEVP (number1, number2, ...)	计算总体标准差
TRIMMEAN	TRIMMEAN (array, percent)	计算切尾均值

本章小结

本章介绍了数据集中趋势和离散程度的一些主要测度值。在集中趋势中，介绍了平均数、中位数、分位数和众数。平均数是全部数据的算术平均，它是集中趋势的最常用统计量，其缺点是易受极端值的影响。中位数是一组数据经排序后处于中间位置上的变量值，与之类似的还有四分位数，它是处于25%和75%位置上的变量值，它们都不受极端值的影响。众数是一组数据中出现次数最多的变量值，其特点是不受极端值的影响，但实际中应用较少。

测度数据离散程度的统计量主要有极差、四分位差、平均差、方差、标准差和离散系数等。极差是一组数据的最大值与最小值之差；四分位差是第3个四分位数与第1个四分位数之差；平均差是各变量值与其平均数离差绝对值的平均数；方差是一组数据各变量值与其平均数离差平方和的平均数，其平方根称为标准差，它们是测度数据离散程度的最常用测度值。离散系数是一组数据的标准差与其相应的均值之比，它测度了一组数据的相对离散程度，主要用于对不同组别数据离散程度的比较。偏态和峰态是对一组数据分布形状的测度，它可以帮助我们进一步了解数据分布的特征。此外，本章还介绍了标准分数的计算，它是变量值与其平均数的离差除以标准差后的值，是对每个数据在该组数据中相对位置的测量。

本章介绍的这些统计量各自具有不同的特点和应用场合，实际应用时需要注意。

思考与练习

一、思考题

1. 一组数据的分布特征可以从哪几个方面进行测度？

2. 简述四分位数的计算方法。

3. 简述众数、中位数和平均数的特点和应用场合。

4. 简述四分位差、方差或标准差的适用场合。

5. 标准分数有哪些用途？

6. 为什么要计算离散系数？

二、练习题

1. 一家汽车零售店的 10 名销售人员 5 月份销售的汽车数量（单位：台）排序如下：

2　4　7　10　10　10　12　12　14　15

（1）计算汽车销售量的众数、中位数和平均数。

（2）根据定义公式计算四分位数。

（3）计算销售量的标准差。

2. 随机抽取 25 个网络用户，得到他们的年龄数据如下（单位：周岁）：

19	15	29	25	24
23	21	38	22	18
30	20	19	19	16
23	27	22	34	24
41	20	31	17	23

（1）计算众数、中位数。

（2）根据定义公式计算四分位数。

（3）计算平均数和标准差。

（4）计算偏态系数和峰态系数。

（5）对网民年龄的分布特征进行综合分析。

3. 某银行为缩短顾客到银行办理业务等待的时间，准备对两种排队方式进行试验：一种是所有顾客都进入一个等待队列；另一种是顾客在 3 个业务窗口处列队 3 排等待。为比较哪种排队方式使顾客等待的时间更短，两种排队方式各随机抽取 9 名顾客，得到第一种排队方式的平均等待时间为 7.2min，标准差为 1.97min，第二种排队方式的等待时间（单位：min）如下：

5.5　6.6　6.7　6.8　7.1　7.3　7.4　7.8　7.8

（1）画出第二种排队方式等待时间的茎叶图。

（2）计算第二种排队方式等待时间的平均数和标准差。

（3）比较两种排队方式等待时间的离散程度。

（4）如果让你选择一种排队方式，你会选择哪一种？试说明理由。

4. 甲、乙两家企业生产三种产品的单位成本和总成本资料如下：

产品（名称）	单位成本（元）	总成本（元）	
		甲企业	乙企业
A	15	2 100	3 255
B	20	3 000	1 500
C	30	1 500	1 500

比较哪个企业的总平均成本高，并分析其原因。

5. 对某地区抽取的120家企业按利润额进行分组，结果如下：

按利润额分组（万元）	企业数（家）
200～300	19
300～400	30
400～500	42
500～600	18
600以上	11
合计	120

计算120家企业利润额的平均数和标准差。

6. 为研究少年儿童的成长发育状况，某研究所的一位调查人员在某城市抽取100名7～17岁的少年儿童作为样本，另一位调查人员则抽取了1 000名7～17岁的少年儿童作为样本。请回答下面的问题，并解释其原因。

（1）哪一位调查研究人员在其所抽取的样本中得到的少年儿童的平均身高较高？或者这两组样本的平均身高相同？

（2）哪一位调查研究人员在其所抽取的样本中得到的少年儿童的身高的标准差较大？或者这两组样本的标准差相同？

（3）哪一位调查研究人员有可能得到这1 100名少年儿童身高的最高值或最低值？或者对两位调查研究人员来说，这种机会是相同的？

7. 一项关于大学生体重状况的研究发现，男生的平均体重为60kg，标准差为5kg；女生的平均体重为50kg，标准差为5kg。请回答下面的问题。

（1）是男生的体重差异大还是女生的体重差异大？为什么？

（2）以磅为单位（1kg＝2.2b），求体重的平均数和标准差。

(3) 粗略地估计一下，男生中有百分之几的人体重在 55kg 到 65kg 之间？

(4) 粗略地估计一下，女生中有百分之几的人体重在 40kg 到 60kg 之间？

8. 一家公司在招收职员时，首先要进行两项能力测试。在 A 项测试中，其平均分数是 100 分，标准差是 15 分；在 B 项测试中，其平均分数是 400 分，标准差是 50 分。一位应试者在 A 项测试中得了 115 分，在 B 项测试中得了 425 分。与平均分数相比，该应试者哪一项测试更为理想？

9. 一条成品生产线平均每天的产量为 3 700 件，标准差为 50 件。如果某一天的产量低于或高于平均产量，并落入正负两个标准差的范围之外，那么就认为该生产线“失去控制”。下面是一周各天的产量，该生产线哪几天失去了控制？

时间	周一	周二	周三	周四	周五	周六	周日
产量（件）	3 850	3 670	3 690	3 720	3 610	3 590	3 700

10. 对 10 名成年人和 10 名幼儿的身高（单位：cm）进行抽样调查，结果如下：

成年组	166	169	172	177	180	170	172	174	168	173
幼儿组	68	69	68	70	71	73	72	73	74	75

(1) 要比较成年组和幼儿组的身高差异，你会采用什么样的统计量？为什么？

(2) 比较分析哪一组的身高差异大。

11. 一种产品需要人工组装，现有 3 种可供选择的组装方法。为检验哪种方法更好，随机抽取 15 名工人，让他们分别用 3 种方法组装。下面是 15 名工人分别用 3 种方法在相同的时间内组装的产品数量（单位：个）。

方法 A	方法 B	方法 C
164	129	125
167	130	126
168	129	126
165	130	127
170	131	126
165	130	128
164	129	127
168	127	126
164	128	127
162	128	127
163	127	125
166	128	126
167	128	116
166	125	126
165	132	125

（1）你准备采用什么方法来评价组装方法的优劣？

（2）如果让你选择一种方法，你会怎样选择？试说明理由。

12. 在金融证券领域，一项投资的预期收益率的变化通常用该项投资的风险来衡量。预期收益率的变化越小，投资风险越低；预期收益率的变化越大，投资风险就越高。在股票市场上，高收益率往往伴随着高风险。但投资于哪类股票，往往与投资者的类型有一定关系。下面两个直方图分别反映了 200 种商业类股票和 200 种高科技类股票的收益率分布。

（1）你认为该用什么样的统计量来反映投资的风险？

（2）如果选择风险小的股票进行投资，应该选择商业类股票还是高科技类股票？

（3）如果进行股票投资，你会选择商业类股票还是高科技类股票？

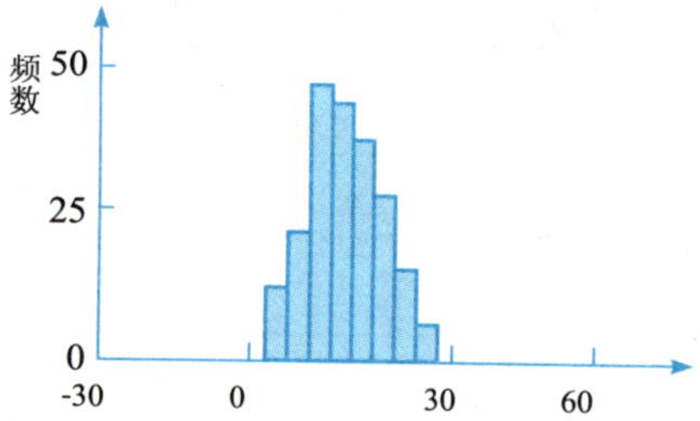

商业类股票的收益率分布

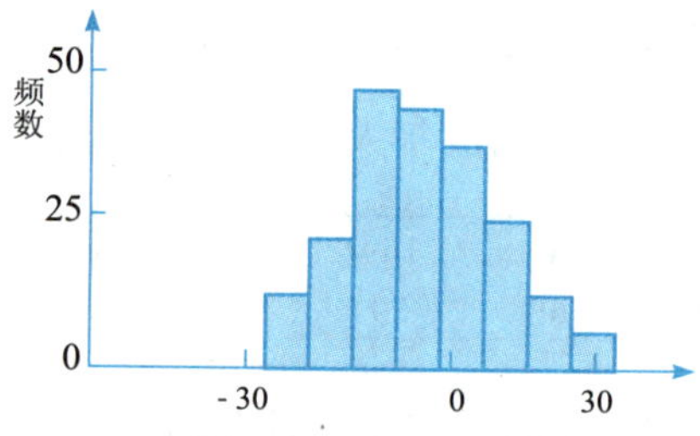

高科技类股票的收益率分布

第5章 抽样与参数估计

■ 内容提要

抽样是一种常用的统计技术，其目的在于推断我们所关心的总体特征。本章首先介绍常用的一些抽样方法，然后介绍抽样分布的一些知识，最后介绍参数估计以及样本量的确定方法，具体内容包括：(1) 抽样与抽样分布。抽样分布是统计推断中的一个重要概念，是我们进行参数估计的基础。(2) 参数估计的基本思想和原理，主要介绍点估计和区间估计的基本思想和原理。(3) 总体均值和总体比例的区间估计，包括大样本和小样本条件下总体均值的区间估计，正态总体方差未知条件下总体均值的区间估计，以及大样本重复抽样条件下总体比例的区间估计。(4) 样本量的确定，主要介绍了估计总体均值和总体比例时样本量的确定方法。

5.1 抽样与抽样分布

一、概率抽样方法

如果我们掌握了所研究的总体的全部数据，那么只需要做一些简单的统计描述，就可以得到有关总体的数量特征，比如，总体的均值、方差、比例等。但现实的情况则比较复杂，有些现象的范围比较广，不可能对总体中的每个单位都进行测定，或者有些总体的单位数很多，不可能、也没有必要进行一一测定。这就需要从总体中抽取一部分单位进行调查，进而利用样本提供的信息来推断总体的数量特征。

一般的抽样推断都建立在概率抽样的基础上。概率抽样是根据一个已知的概率来抽取样本单位，也就是说，哪个单位会被抽中不是取决于研究人员的主观意愿，而是取决于客观的机会——概率。因此，各个单位被抽中与否完全是随机的。常用的概率抽样方法主要有以下几种。

（一）简单随机抽样

定义 5.1 从含有 N 个元素的总体中，抽取 n 个元素作为样本，使得每一个容量为 n 的样本都有相同的机会（概率）被抽中，这样的抽样方式称为简单随机抽样（simple random sampling），也称纯随机抽样。

简单随机抽样是其他抽样方法的基础。简单随机抽样有两种抽取元素的方法：重复抽样和不重复抽样。

定义 5.2 从总体中抽取一个元素后，把这个元素放回到总体中再抽取第二个元素，直至抽取 n 个元素为止。这样的抽样方法称为重复抽样（sampling without replacement）。

由于一个元素有可能被重复抽中，所以称为重复抽样。

定义 5.3 一个元素被抽中后不再放回总体，然后再从所剩下的元素中抽取第二个元素，直到抽取 n 个元素为止，这样的抽样方法称为不重复抽样（sampling with replacement）。

不重复抽样时，每个总体元素不可能被重复抽中，所以称为不重复抽样。

（二）分层抽样

定义 5.4 在抽样之前先将总体的元素划分为若干层（类），然后从各个层中抽取一定数量的元素组成一个样本，这样的抽样方式称为分层抽样，也称分类抽样（stratified sampling）。

在分层或分类时，应使层内各元素的差异尽可能小，而使层与层之间的差异尽可能大。各层的划分可根据研究者的判断或研究的需要进行。比如，研究的对象为人时，可按性别、年龄等分层；研究收入的差异时，可按城乡分层，等等。

分层抽样是一种常用的抽样方式。它具有以下优点：

（1）分层抽样除了可以对总体进行估计外，还可以对各层的子总体进行估计。

（2）分层抽样按自然区域或行政区域进行分层，可以使抽样的组织和实施都比较方便。

（3）分层抽样的样本分布在各个层内，从而使样本在总体中的分布比较均匀。

（4）分层抽样可以提高估计的精度。

例如，假定某大学的商学院想对今年的毕业生进行一次调查，以便了解他们的就业倾向。该学院有 5 个专业：会计、金融、市场营销、营销管理、信息系统。今年共有 1 500 名毕业生，其中会计专业 500 名，金融专业 350 名，市场营销专业 300 名，营销管理专业 150 名，信息系统专业 200 名。假定要选取 180 人作为样本，各专业应抽取的人数分别为：会计专业 45 人，金融专业 40 人，市场营销专业 35 人，营销管理专业 30 人，信息系统专业 30 人。

（三）系统抽样

定义 5.5　先将总体各元素按某种顺序排列，并按某种规则确定一个随机起点，然后，每隔一定的间隔抽取一个元素，直至抽取 n 个元素形成一个样本。这样的抽样方式称为系统抽样（systematic sampling），也称等距抽样或机械抽样。

系统抽样具有以下优点：

（1）简便易行。当抽样容量很大时，简单随机抽样逐个使用随机数字表抽选是相当麻烦的，而系统抽样有了总体元素的排序，只要确定出抽样的起点和间隔后，样本元素也就随之确定，而且可以利用现有的排列顺序，如抽选学生时利用学校的花名册，抽选居民时可利用居委会的户口本等，方便操作。因此系统抽样常用来代替简单随机抽样。

（2）系统抽样的样本在总体中的分布一般也比较均匀，由此估计的误差通常要小于简单随机抽样。如果掌握了总体的有关信息，将总体各元素按有关标志排列，就可以提高估计的精度。

（四）整群抽样

定义 5.6　先将总体划分成若干群，然后以群作为抽样单位从中抽取部分群，再对抽中的各个群中所包含的所有元素进行观察，这样的抽样方式称为整群抽样

(cluster sampling)。

整群抽样时，对群的划分可以按自然的或行政的区域进行，也可以人为地组成群。比如，在抽选地区时，可以将一个地区作为一群，在抽取居民户时，可以将一个居民区作为一群。

整群抽样的优点是：不需要有总体元素的具体名单，只要有群的名单就可以进行抽样，而群的名单比较容易得到。此外，整群抽样时，群内各元素比较集中，对样本进行调查比较方便，节约费用。当群内的各元素存在差异时，整群抽样可以提供较好的结果，理想的情况是每一群都是整个总体的一个缩影。在这种情况下，抽取很少的群就可以提供有关总体特征的信息。如果实际情况不是这样，整群抽样的误差会很大，效果也就很差。

二、抽样分布

根据样本统计量去估计总体的参数时，必须知道样本统计量的分布。

定义 5.7 重复选取容量为 n 的样本时，由每一个样本算出的统计量数值的相对频数分布或概率分布，称为样本统计量的抽样分布（sampling distribution）。

由于现实中我们不可能将所有的样本都抽出来，因此，统计量的抽样分布实际上是一种理论分布。

（一）样本均值的抽样分布

从总体的 N 个元素中抽取一个容量为 n 的随机样本，在重复抽样条件下，共有 N^n 个可能的样本，在不重复抽样条件下，共有 $C_N^n=\dfrac{N!}{n!\ (N-n)!}$ 个可能的样本。对于每一个样本，我们都可以计算出一个样本均值 $\bar{x}$（同样也可以计算出每一个样本的方差、比例等），因此样本均值是一个随机变量。所有的样本均值形成的分布就是样本均值的抽样分布。为了更好地理解抽样分布的概念，下面通过一个简单的例子说明样本均值抽样分布的形成过程。

【例 5.1】设一个总体含有 4 个元素（个体），即总体元素个数 $N=4$，4 个元素的取值分别为：$x_1=1$，$x_1=2$，$x_1=3$，$x_1=4$。从总体中采取重复抽样方法抽取容量为 $n=2$ 的随机样本，写出样本均值 $\bar{x}$ 的抽样分布。

解：先来看看总体的分布状况，如图 5－1 所示。

总体为均匀分布，即 x_i 取每一个值的概率都相同。总体的均值和方差分别为：

$$\mu=\frac{\sum_{i=1}^{4}x_i}{N}=\frac{10}{4}=2.5，\sigma^2=\frac{\sum_{i=1}^{4}(x_i-\mu)^2}{4}=\frac{5}{4}=1.25$$

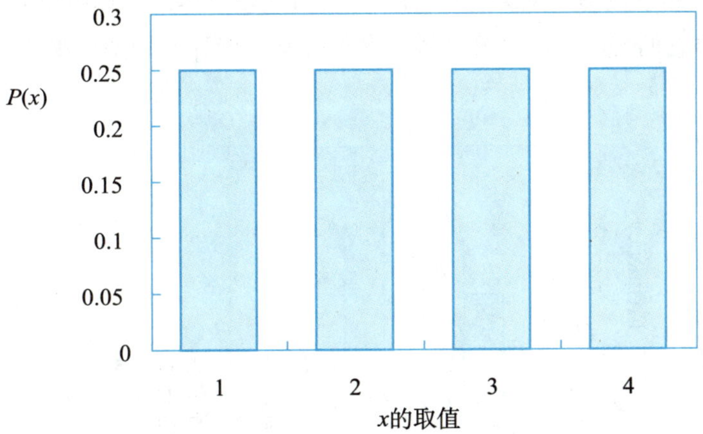

图 5-1　总体的分布

从总体中采取重复抽样方法抽取容量为 $n=2$ 的随机样本，共有 $4^2=16$ 个可能的样本。计算出每一个样本的均值 $\bar{x}_i$，结果如表 5-1 所示。

表 5-1　16 个可能的样本及其均值 $\bar{x}$

样本编号	样本中的元素	样本均值 $\bar{x}$
1	1，1	1.0
2	1，2	1.5
3	1，3	2.0
4	1，4	2.5
5	2，1	1.5
6	2，2	2.0
7	2，3	2.5
8	2，4	3.0
9	3，1	2.0
10	3，2	2.5
11	3，3	3.0
12	3，4	3.5
13	4，1	2.5
14	4，2	3.0
15	4，3	3.5
16	4，4	4.0

每个样本被抽中的概率相同，均为 1/16。样本均值经整理后如表 5-2 所示。

表 5-2　样本均值 $\bar{x}$ 的分布

$\bar{x}$ 的取值	$\bar{x}$ 的个数	$\bar{x}$ 取值的概率 $P(\bar{x})$
1.0	1	1/16
1.5	2	2/16
2.0	3	3/16
2.5	4	4/16
3.0	3	3/16
3.5	2	2/16
4.0	1	1/16

将 $\bar{x}$ 的分布绘成图，如图 5－2 所示。通过比较总体的分布和样本均值的概率分布，不难看出它们的区别。尽管总体为均匀分布，但样本均值的概率分布在形状上却是对称的。

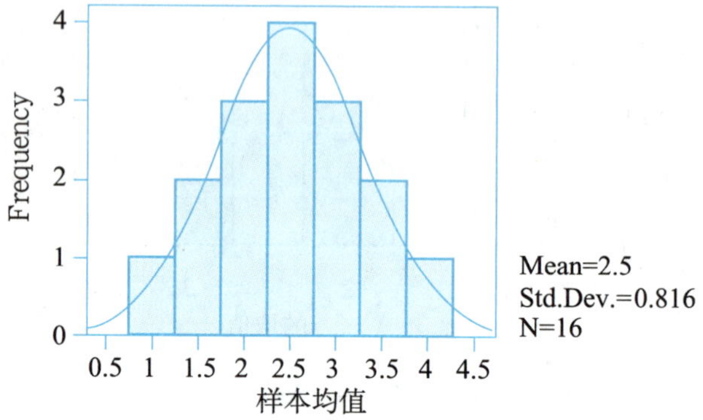

图 5－2　样本均值的概率分布

样本均值的分布与抽样所依据的总体的分布和样本量 n 的大小有关。统计证明，如果总体是正态分布，那么，无论样本量的大小，样本均值的分布都服从正态分布。如果总体不是正态分布，就要看样本量的大小了。随着样本量 n 的增大（通常要求 $n\geqslant30$），不论原来的总体是否服从正态分布，样本均值的概率分布都将趋于正态分布，其分布的期望值为总体均值 μ，方差为总体方差的 $1/n$。这就是统计上著名的中心极限定理（central limit theorem）。这一定理可以表述为：从均值为 μ、方差为 σ^2 的总体中，抽取样本量为 n 的随机样本，当 n 充分大时（通常要求 $n\geqslant30$），样本均值的分布近似服从均值为 μ、方差为 σ^2/n 的正态分布。

如果总体不是正态分布，当 n 为小样本时（通常 $n<30$），样本均值的分布则不服从正态分布。样本均值的分布与总体分布的关系可以用图 5－3 来描述。

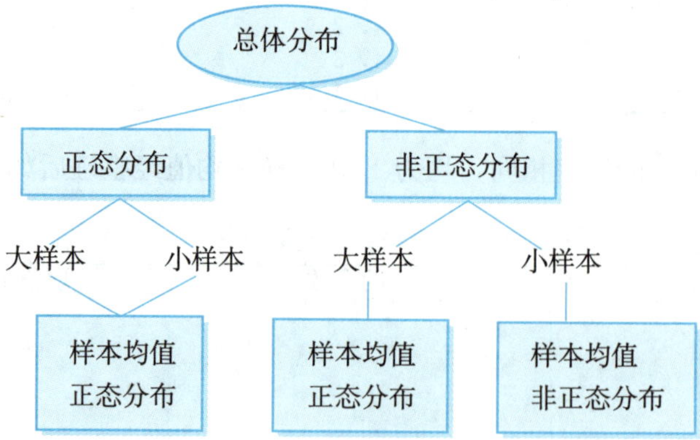

图 5－3　抽样均值的分布与总体分布的关系

由此可见，对于正态总体或非正态总体，从中抽取样本量为 n 的所有可能样本，样本均值服从期望值为 $E(\bar{x})=\mu$，方差为 $\sigma_{\bar{x}}^2=\frac{\sigma^2}{n}$ 的正态分布，即 $\bar{x}\sim N\left(\mu,\ \frac{\sigma^2}{n}\right)$。等价有 $\frac{\bar{x}-\mu}{\sigma/\sqrt{n}}\sim N(0,\ 1)$。

（二）样本比例的抽样分布

在商务与经济管理中，许多情况下要用到比例估计，也就是用样本比例 p 去推断总体的比例 π。所谓比例，是指总体（或样本）中具有某种属性的单位与全部单位总数之比。比如，一个班级的学生按性别分为男、女两类，男生人数与全班总人数之比就是比例，女生人数与全班人数之比也是一个比例。再如，产品可分为合格品与不合格品，合格品（或不合格品）与全部产品总数之比就是比例。

就一个具有 N 个元素的总体而言，具有某种属性的元素个数为 N_0，具有另一种属性的元素个数为 N_1，我们将具有某种属性的单位数与全部单位总数之比用 π 表示，则有 $N_0/N=\pi$，而具有另一种属性的单位数与全部单位总数之比则为 $N_1/N=1-\pi$。相应的样本比例我们用 p 表示，同样有 $n_0/n=p$，$n_1/n=1-p$。

为了用样本比例 p 去估计总体比例 π，我们也必须知道样本比例 p 的抽样分布。p 的抽样分布是指样本比例 p 的所有可能取值的抽样分布。当样本量很大时①，样本比例 p 的抽样分布可用正态分布近似。可以证明，p 的期望值 $E(p)$ 等于总体的比例 π，即：$E(p)=\pi$，p 的抽样方差为 $\sigma_p^2=\frac{\pi(1-\pi)}{n}$，$p\sim N\left(\pi,\ \frac{\pi(1-\pi)}{n}\right)$。

5.2 参数估计的基本原理

一、估计量与估计值

参数估计也就是用样本统计量去估计总体的参数。比如，用样本均值 $\bar{x}$ 估计总体均值 μ，用样本比例 p 估计总体比例 π，用样本方差 s^2 估计总体方差 σ^2，等等。如果我们将总体参数笼统地用一个符号 θ 来表示，那么参数估计也就是如何用样本

① 对于样本比例 p，若 $np\geqslant 5$，就可以认为样本量足够大。

统计量来估计总体参数 θ。

定义 5.8 用来估计总体参数的统计量的名称，称为估计量（estimator），用符号 $\hat{\theta}$ 表示。

样本均值、样本比例、样本方差等都可以是一个估计量。

定义 5.9 估计总体参数时计算出来的估计量的具体数值，称为估计值（estimate）。

比如，我们要估计一个班学生考试的平均分数，从中抽出一个样本，全班的平均分数是不知道的，称为参数，用 θ 表示，根据样本计算的平均分数 $\bar{x}$ 就是一个估计量，用 $\hat{\theta}$ 表示，假定计算出来的样本平均分数为 80 分，这个 80 分就是估计量的具体数值，称为估计值。

二、点估计与区间估计

参数估计的方法有点估计和区间估计两种。

（一）点估计

定义 5.10 用样本估计量 $\hat{\theta}$ 的值作为总体参数 θ 的估计值，称为参数的点估计（point estimate）。

比如，用样本均值 $\bar{x}$ 直接作为总体均值 μ 的估计值，用样本比例 p 直接作为总体比例 π 的估计值，用样本方差 s^2 直接作为总体方差 σ^2 的估计值，等等。假定我们要估计一个班学生考试成绩的平均分数，根据一个随机抽出的样本计算的平均分数为 80 分，我们用 80 分作为全班考试成绩的平均分数的一个估计值，这就是点估计。再如，我们要估计一批产品的合格率，根据抽样结果合格率为 96%，并将 96%直接作为这批产品合格率的估计值，这也是一个点估计。

（二）区间估计

点估计无法知道估计值与总体参数的真实值的接近程度。因此，需要做区间估计。

定义 5.11 在点估计的基础上，给出总体参数估计的一个范围，称为参数的区间估计（interval estimate）。

总体参数的估计区间通常是由样本统计量加减抽样误差而得到的。与点估计不同，进行区间估计时，根据样本统计量的抽样分布，我们能够对样本统计量与总体参数的接近程度给出一个概率度量。下面我们以总体均值的区间估计为例来说明区间估计的基本原理。

由样本均值的抽样分布可知，在重复抽样或无限总体抽样的情况下，样本均值的期望值等于总体均值，即 $E(\bar{x})=\mu$，样本均值的标准误差为 $\sigma_{\bar{x}}=\sigma/\sqrt{n}$。由此可知，样本均值 $\bar{x}$ 落在总体均值 μ 的两侧各 1 个标准误差范围内的概率为 0.682 7；落在 2 个标准误差范围内的概率为 0.954 5；落在 3 个标准误差范围内的概率为 0.997 3。实际上，可以求出样本均值 $\bar{x}$ 落在总体均值 μ 的两侧任何倍数的标准误差范围内的概率。比如，样本均值 $\bar{x}$ 落在总体均值 μ 的两侧 1.65 倍的标准误差、1.96 倍的标准误差和 2.58 倍的标准误差范围内的概率分别为 90%、95%和 99%。这意味着，约有 90%、95%和 99%的样本均值会落在 μ 的两侧各 1.65 个标准误差、1.96 个标准误差和 2.58 个标准误差的范围之内。

但实际估计时，情况恰好相反。$\bar{x}$ 是已知的，而 μ 是未知的，正是将要估计的。由于 $\bar{x}$ 与 μ 的距离是对称的，如果某个 $\bar{x}$ 落在 μ 的 1.96 个标准差范围之内，反过来，μ 也被包括在以 $\bar{x}$ 为中心的两侧各 1.96 个标准误差的范围之内。这意味着，约有 95%的样本均值所构造的 1.96 个标准误差的区间会包括 μ。举例来说，如果抽取 100 个样本来估计总体的均值，由 100 个样本均值所构造的 100 个区间中，约有 95 个区间包含总体均值，而另外 5 个区间则不包含总体均值。图 5-4 给出了区间估计的示意图。

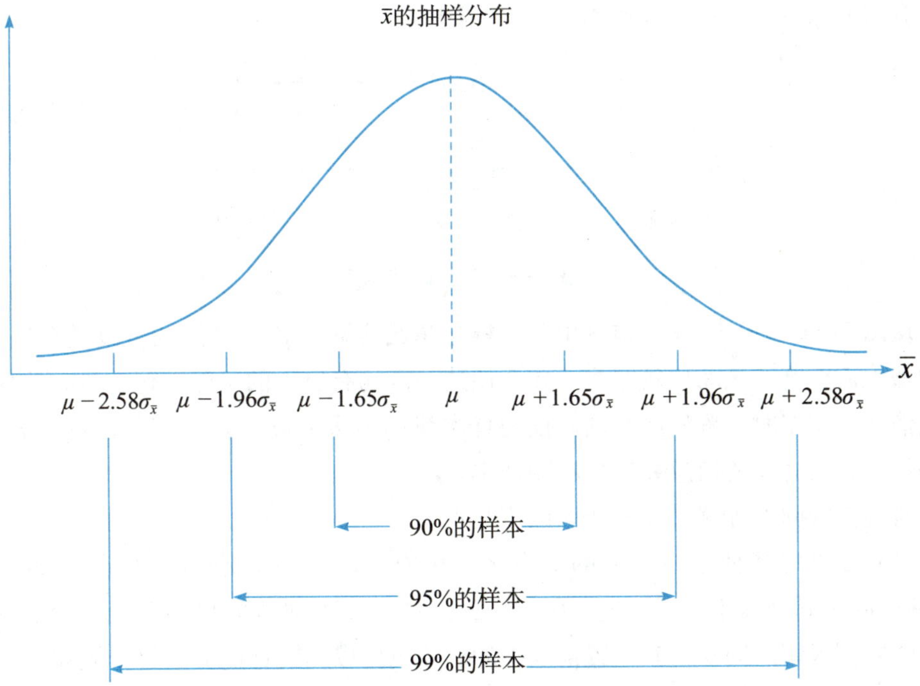

图 5-4　区间估计示意

定义 5.12　由样本统计量所构造的总体参数的估计区间，称为置信区间（confidence interval)，其中区间的最小值称为置信下限，最大值称为置信上限。

由于统计学家在某种程度上确信这个区间会包含真正的总体参数，所以给它取名为置信区间。原因是：如果我们抽取了许多不同的样本，比如说抽取 100 个样本，根据每一个样本构造一个置信区间，这样，由 100 个样本构造的总体参数的 100 个置信区间中，有 95%的区间包含了总体参数的真值，而 5%则没有包含，则 95%这个值被称为置信水平。

定义 5.13 将构造置信区间的步骤重复多次，置信区间中包含总体参数真值的次数所占的比率，称为置信水平（confidence level），或称为置信系数（confidence coefficient）。

在构造置信区间时，我们可以用所希望的值作为置信水平。比较常用的置信水平及正态分布曲线下右侧面积为 $\alpha/2$ 时的 z 值（$z_{\alpha/2}$）如表 5-3 所示。

表 5-3 常用置信水平和 $z_{\alpha/2}$ 值

置信水平	α	$\alpha/2$	$z_{\alpha/2}$
90%	0.10	0.05	1.645
95%	0.05	0.025	1.96
99%	0.01	0.005	2.58

有关置信区间的概念可用图 5-5 来表示。

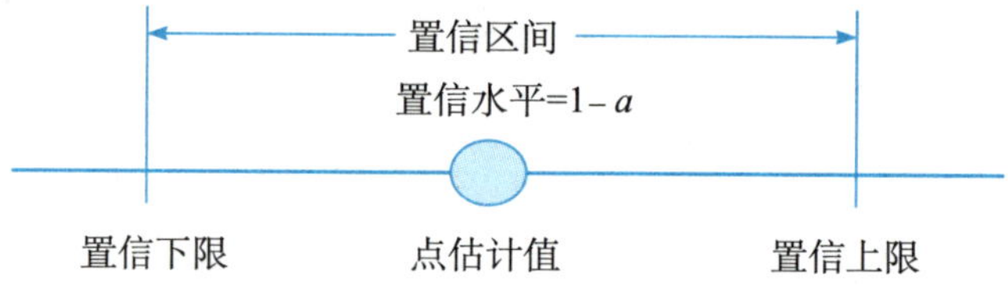

图 5-5 置信区间示意

从图 5-4 和图 5-5 不难看出，当样本量给定时，置信区间的宽度随着置信水平的增大而变宽。区间比较宽时，才会使这一区间有更大的可能性包含参数的真值；当置信水平固定时，置信区间的宽度随样本量的增大而减小，换言之，较大的样本所提供的有关总体的信息要比较小的样本多。

对置信区间的理解，需要注意以下几点：

(1) 如果用某种方法构造的所有区间中有 95%的区间包含总体参数的真值，5%的区间不包含总体参数的真值，那么，用该方法构造的区间称为置信水平为 95%的置信区间。同样，其他置信水平的区间也可以用类似的方式进行表述。

(2) 总体参数的真值是固定的，而用样本构造的区间则是不固定的，因此置信区间是一个随机区间，它会因样本的不同而变化，而且不是所有的区间都包含总体参数的真值。一个置信区间就像是为捕获未知参数而撒出去的网，不是所有撒网的地点都能捕获到参数。在实际问题中，估计时往往只抽取一个样本，此时所构造的是与该样本相联系的一定置信水平（比如 95%）下的置信区间。我们只能希望这个区间是大量包含总体参数真值的区间中的一个，但它也可能是少数几个不包含参数真值的区间中的一个。

（3）使用一个较大的置信水平会得到一个比较宽的置信区间，而使用一个较大的样本则会得到一个较准确（较窄）的区间。也就是说，较宽的区间会有更大的可能性包含参数，但实际应用中，过宽的区间往往没有实际意义。比如，天气预报说“在一年内会下一场雨”，虽然这很有把握，但有什么意义呢？要求过于准确（过窄）的区间同样不一定有意义，因为过窄的区间虽然看上去很准确，但把握性就会降低，除非无限制地增加样本量，而现实中样本量总是有限的。由此可见，区间估计总是要给结论留有余地。

5.3 总体均值的区间估计

在对总体均值进行区间估计时，需要考虑总体是否为正态分布，总体方差是否已知，用于估计的样本是大样本（$n\geqslant30$）还是小样本（$n<30$），等等。但不管哪种情况，总体均值的置信区间都是由样本均值加减估计误差得到的。那么，怎样计算估计误差呢？估计误差由两部分组成：一是点估计量的标准误差，它取决于样本统计量的抽样分布。二是置信水平为 $1-\alpha$ 时，统计量分布两侧面积各为 $\alpha/2$ 时的分位数值，它取决于事先所要求的可靠程度。因此，总体均值在 $1-\alpha$ 置信水平下的置信区间可一般性地表达为：

$$\bar{x}\pm(\text{分位数值}\times\bar{x}\text{ 的标准误差}) \tag{5.1}$$

一、大样本的估计

在大样本（$n\geqslant30$）情况下，由中心极限定理可知，样本均值 $\bar{x}$ 近似服从期望值为 μ、方差为 σ^2/n 的正态分布。而样本均值经过标准化后则服从标准正态分布，即 $z=\dfrac{\bar{x}-\mu}{\sigma/\sqrt{n}}\sim N(0,1)$。当总体标准差 σ 已知时，标准化时使用 σ；当 σ 未知时，则用样本标准差 s 代替。因此，可以由正态分布构建总体均值在 $1-\alpha$ 置信水平下的置信区间。

当总体方差 σ^2 已知时，总体均值 μ 在 $1-\alpha$ 置信水平下的置信区间为：

$$\bar{x}\pm z_{\alpha/2}\frac{\sigma}{\sqrt{n}} \tag{5.2}$$

式中：$\bar{x}-z_{\alpha/2}\frac{\sigma}{\sqrt{n}}$称为置信下限，$\bar{x}+z_{\alpha/2}\frac{\sigma}{\sqrt{n}}$称为置信上限；$\alpha$ 是事先所确定的一个概率值，它是总体均值不包括在置信区间的概率；$z_{\alpha/2}$是标准正态分布上侧面积为 $\alpha/2$时的 z 值；$z_{\alpha/2}\frac{\sigma}{\sqrt{n}}$是估计误差。

当总体方差 σ^2 未知时，式（5.2）中的 σ^2 可以用样本方差 s^2 代替，这时总体均值 μ 在 $1-\alpha$ 置信水平下的置信区间为：

$$\bar{x}\pm z_{\alpha/2}\frac{s}{\sqrt{n}} \tag{5.3}$$

【例 5.2】 一家保险公司收集到由 36 位投保个人组成的随机样本，得到每位投保人的年龄（单位：周岁）如表 5－4 所示。试确定投保人平均年龄的 90％的置信区间。

表 5－4　36 个投保人的年龄数据

23	35	39	27	36	44
36	42	46	43	31	33
42	53	45	54	47	24
34	28	39	36	44	40
39	49	38	34	48	50
34	39	45	48	45	32

解：已知 $n=36$，$1-\alpha=90\%$，根据 Excel 中的“NORM. S. INV”函数得$z_{\alpha/2}=1.645$。由于总体方差未知，但为大样本，可用样本方差来代替总体方差。根据样本数据计算的样本均值和标准差分别为：$\bar{x}=39.5$，$s=7.77$。根据式（5.3）得：

$$39.5\pm 1.645\times\frac{7.77}{\sqrt{36}}=39.5\pm 2.13$$

即（37.4，41.6），投保人平均年龄的 90％的置信区间为 37.4 岁～41.6 岁。

二、小样本的估计

在小样本（$n<30$）情况下，对总体均值的估计都建立在总体服从正态分布的假定前提下。如果正态总体的 σ 已知，样本均值经过标准化后仍然服从标准正态分布，此时可根据正态分布使用式（5.2）建立总体均值的置信区间。如果正态总体的 σ 未知，

样本均值经过标准化后则服从自由度为 $n-1$ 的 t 分布，即 $t=\frac{\bar{x}-\mu}{s/\sqrt{n}}\sim t(n-1)$。这时需要使用 t 分布构建总体均值的置信区间。在 $1-\alpha$ 置信水平下，总体均值的置信区间为：

$$\bar{x}\pm t_{\alpha/2}\frac{s}{\sqrt{n}} \tag{5.4}$$

【例 5.3】 一家食品生产企业以生产袋装食品为主，按规定每袋的标准重量应为 100 克。为检查每袋重量是否符合要求，企业质检部门从某天生产的一批食品中随机抽取 25 袋，测得每袋重量如表 5-5 所示。假定食品重量服从正态分布，且总体标准差为 10 克。估计该天生产的食品平均重量的置信区间（置信水平为 95%）。

表 5-5　25 袋食品的重量　（单位：克）

112.5	101.0	103.0	102.0	100.5
102.6	107.5	95.0	108.8	115.6
100.0	123.5	102.0	101.6	102.2
116.6	95.4	97.8	108.6	105.0
136.8	102.8	101.5	98.4	93.3

解：由于总体服从正态分布，且已知 $\sigma=10$，虽然是小样本，但样本均值经标准化后服从标准正态分布，因此可按式（5.2）来建立置信区间。由 Excel 中的 "NORM. S. INV" 函数得 $z_{\alpha/2}=1.96$。由样本数据计算的样本均值 $\bar{x}=105.36$。根据式（5.2）得：

$$105.36\pm1.96\times\frac{10}{\sqrt{25}}=105.36\pm3.92$$

即（101.44，109.28），该批食品平均重量的 95% 的置信区间为 101.44 克～109.28 克。（该天生产的食品的平均重量是否在 101.44 克～109.28 克？请读者自己思考。）

【例 5.4】 已知某种灯泡的使用寿命服从正态分布，现从一批灯泡中随机抽取 16 只，测得其使用寿命（单位：小时）如下：

1 510　1 450　1 480　1 460　1 520　1 480　1 490　1 460

1 480　1 510　1 530　1 470　1 500　1 520　1 510　1 470

建立该批灯泡平均使用寿命的 95% 的置信区间。

解：由于总体服从正态分布但 σ 为未知，且为小样本，因此需要用 t 分布来建立总体均值的置信区间。根据样本数据计算得 $\bar{x}=1\,490$（小时），$s=24.77$（小时）。由 Excel 中的 "T. INV" 函数计算得 $t_{\alpha/2}(n-1)=t_{0.025}(16-1)=2.131$，由式（5.4）得平均使用寿命的 95% 的置信区间为：

$$1\,490 \pm 2.131 \times \frac{24.77}{\sqrt{16}} = 1\,490 \pm 13.2$$

即（1 476.8，1 503.2），该批灯泡平均使用寿命的95%的置信区间为1 476.8小时～1 503.2小时。

5.4 总体比例的区间估计

由样本比例 p 的抽样分布可知，当样本量足够大时，比例 p 近似服从期望值 $E(p)=\pi$、方差 $\sigma_p^2=\frac{\pi(1-\pi)}{n}$ 的正态分布。而样本比例经标准化后则服从标准正态分布，即 $z=\frac{p-\pi}{\sqrt{\pi(1-\pi)/n}} \sim N(0,1)$。因此，可由正态分布建立总体比例的置信区间。与总体均值的区间估计类似，总体比例的置信区间是 π 的点估计值 $p\pm$估计误差得到的，π 在 $1-\alpha$ 置信水平下的置信区间可一般地表达为：

$$p\pm（分位数值\times p 的标准误差） \tag{5.5}$$

式中：（分位数值×p 的标准误差）是估计误差。因此，总体比例 π 在 $1-\alpha$ 置信水平下的置信区间为：

$$p \pm z_{\alpha/2}\sqrt{\frac{p(1-p)}{n}} \tag{5.6}$$

式中：$z_{\alpha/2}$是标准正态分布上侧面积为 $\alpha/2$ 时的 z 值；$z_{\alpha/2}\sqrt{\frac{p(1-p)}{n}}$ 是估计误差。

【例 5.5】 某城市想估计下岗职工中女性所占的比例，随机抽取 100 名下岗职工，其中 65 人为女性。用 95%的置信水平估计该城市下岗职工中女性比例的置信区间。

解：已知 $n=100$，由 Excel 中的“NORM.S.INV”函数得 $z_{\alpha/2}=1.96$。由抽样结果计算的样本比例 $p=65\div100=65\%$。根据式（5.6）得：

$$65\% \pm 1.96 \times \sqrt{\frac{65\% \times (1-65\%)}{100}} = 65\% \pm 9.35\%$$

即（55.65%，74.35%），该城市下岗职工中女性比例的 95%的置信区间为 55.65%～74.35%。

5.5 样本量的确定

在进行估计时，我们总是希望提高估计的可靠程度（置信度）。但在一定的样本量下，要提高估计的可靠程度，就应扩大置信区间，而过宽的置信区间在实际估计中往往是没有意义的。比如，我们要说出某一天会下雨，置信区间并不宽，但可靠性相对较低；如果我们说第三季度会下一场雨，尽管很可靠，但准确性又太差，也就是置信区间太宽了，这样的估计是没有意义的。如果想要缩小置信区间，又不降低置信度，就需要增加样本量，但样本量的增加也会受到许多限制，比如会增加调查的费用和工作量。因此，如何确定一个适当的样本量，也是抽样估计中需要考虑的一个问题。

一、估计总体均值时样本量的确定

总体均值的置信区间由样本均值 $\bar{x}$ 和估计误差两部分组成。在重复抽样或无限总体抽样条件下，估计误差为 $z_{\alpha/2}\frac{\sigma}{\sqrt{n}}$。$z_{\alpha/2}$ 的值和样本量 n 共同确定了估计误差的大小。一旦确定了置信水平 $1-\alpha$，$z_{\alpha/2}$ 的值就确定了。对于给定的 $z_{\alpha/2}$ 的值和总体标准差 σ，可以确定任一允许的估计误差所需要的样本量。令 E 代表允许的估计误差，可以推导出所需样本量的计算公式如下：

$$n=\frac{(z_{\alpha/2})^2\sigma^2}{E^2} \tag{5.7}$$

式中的 E 值是使用者在给定的置信水平下可以接受的估计误差。如果能求出 σ 的具体值，就可以用式（5.7）计算所需的样本量。如果 σ 的值不知道，可以用以前相同或类似的样本的标准差来代替，也可以用试验调查的办法，选择一个初始样本，以该样本的样本标准差作为 σ 的估计值。

从式（5.7）可以看出，样本量与置信水平成正比，在其他条件不变的情况下，置信水平越大，所需的样本量也就越大；样本量与总体方差成正比，总体的差异越大，所要求的样本量也越大；样本量与估计误差的平方成反比，即允许的估计误差的平方越大，所需的样本量就越小。简言之，要求一个很有把握或精度很高的估计，就需要很大的样本量。

注意：根据式（5.7）计算出的样本量不一定是整数，一般将样本量取成较大的整数，也就是将小数点后面的数值一律进位成整数，如 24.68 取 25，24.32 也取 25。

【例 5.6】 拥有工商管理学士学位的大学毕业生的年薪的标准差为 2 000 元，假定想要估计年薪 95%的置信区间，允许的估计误差不超过 400 元，应抽取多大的样本量？

解：已知 $\sigma=2\,000$，$E=400$，$z_{\alpha/2}=1.96$。根据式（5.7）得：

$$n=\frac{(1.96)^2\times 2\,000^2}{400^2}=96.04\approx 97$$

即应抽取 97 人作为样本。

二、估计总体比例时样本量的确定

与估计总体均值时样本量的确定方法类似，在重复抽样或无限总体抽样条件下，估计总体比例置信区间的估计误差为 $z_{\alpha/2}\sqrt{\frac{\pi(1-\pi)}{n}}$，$z_{\alpha/2}$的值、总体比例 π 和样本量 n 共同确定了估计误差的大小。由于总体比例的值是固定的，所以估计误差由样本量来确定，样本量越大，估计误差就越小，估计的精度就越好。因此，对于给定的 $z_{\alpha/2}$ 的值，可以计算出一定的允许估计误差条件下所需要的样本量。令 E 代表允许的估计误差，可以推导估计总体比例为 π 时所需的样本量，计算公式如下：

$$n=\frac{(z_{\alpha/2})^2\cdot\pi(1-\pi)}{E^2} \tag{5.8}$$

式中的估计误差 E 由使用者事先确定。大多数情况下，E 的取值一般应小于 0.10。如果能够求出 π 的具体值，就可以用式（5.8）计算所需的样本量。如果 π 的值不知道，可以用类似的样本比例来代替，也可以用试验调查的办法，选择一个初始样本，以该样本的比例作为 π 的估计值。当 π 的值无法知道时，通常取使 $\pi(1-\pi)$ 最大的值 0.5。

【例 5.7】 根据以往的生产统计，某种产品的合格率约为 90%，现要求估计误差为 5%，在求 95%的置信区间时，应抽取多少个产品作为样本？

解：已知 $\pi=90\%$，$E=5\%$，$z_{\alpha/2}=1.96$。根据式（5.8）得：

$$n=\frac{1.96^2\times 0.9(1-0.9)}{0.05^2}=138.3\approx 139$$

即应抽取 139 个产品作为样本。

本章小结

本章介绍了常用的一些概率抽样方法，包括简单随机抽样、分层抽样、系统抽样和整群抽样等。本章所介绍的参数估计方法都是以简单随机抽样为基础的。

抽样分布是参数估计中的一个重要概念，它是我们所进行抽样估计的基础。抽样分布是指样本统计量的分布，比如样本均值的分布、样本比例的分布等。当总体服从正态分布或非正态总体大样本时，样本均值的分布服从正态分布，其数学期望等于总体均值，方差为总体方差的 $1/n$。这些结论十分重要，它为我们进行参数估计奠定了理论基础。

参数估计的方法有点估计和区间估计。点估计是指用样本估计量直接作为总体参数的估计值。区间估计则是在点估计的基础上，给出总体参数的一个置信区间，并给出总体参数落在这一区间的概率。实际中我们主要采用区间估计。

总体均值的区间由样本均值 $\bar{x}$ 和估计误差两部分组成。在重复抽样条件下，估计误差为 $z_{\alpha/2}\frac{\sigma}{\sqrt{n}}$。估计时有两种情况：一是当总体服从正态分布且方差已知，或者总体不是正态分布且方差未知但是大样本时，总体均值的置信区间为 $\bar{x}\pm z_{\alpha/2}\frac{\sigma}{\sqrt{n}}$；二是如果总体的方差 σ^2 未知，则需要用样本方差 s^2 代替 σ^2，这时应采用 t 分布来建立总体均值 μ 的置信区间，这时总体均值的置信区间为 $\bar{x}\pm t_{\alpha/2}\frac{s}{\sqrt{n}}$。

总体比例的区间估计通常在大样本的情况下，需要考虑重复抽样和不重复抽样两种情况。在重复抽样条件下，总体比例的置信区间为 $p\pm z_{\alpha/2}\sqrt{\frac{p(1-p)}{n}}$。

确定样本量也是实际应用中需要考虑的一个重要问题。在估计总体均值时，样本量的确定公式为 $n=\frac{(z_{\alpha/2})^2\sigma^2}{E^2}$。在估计总体比例时，样本量的确定公式为 $n=\frac{(z_{\alpha/2})^2\cdot\pi(1-\pi)}{E^2}$。

思考与练习

一、思考题

1. 解释抽样推断的含义。

2. 解释简单随机抽样、分层抽样、系统抽样和整群抽样的含义。

3. 比较简单随机抽样、分层抽样、系统抽样和整群抽样的特点。

4. 什么是重复抽样和不重复抽样？

5. 什么是抽样分布？

6. 样本统计量的分布与总体分布的关系是什么？

7. 样本均值抽样分布的两个主要特征值是什么？它们与总体参数有什么关系？

8. $z_{\alpha/2}\frac{\sigma}{\sqrt{n}}$的含义是什么？

二、练习题

1. 从一个标准差为 5 的总体中采用重复抽样方式抽出一个样本量为 40 的样本，样本均值为 25。

（1）样本均值的抽样标准差 $\sigma_{\bar{x}}$ 等于多少？

（2）在 95%的置信水平下，估计误差是多少？

2. 某快餐店想要估计每位顾客午餐的平均花费金额，在为期 3 周的时间里选取 49 名顾客组成了一个简单随机样本。

（1）假定总体标准差为 15 元，求样本均值的抽样标准误差。

（2）在 95%的置信水平下，求估计误差。

（3）如果样本均值为 120 元，求总体均值 μ 的 95%的置信区间。

3. 从一个总体中随机抽取 $n=100$ 的随机样本，得到 $\bar{x}=104\ 560$，假定总体标准差 $\sigma=85\ 414$，构建总体均值 μ 的 95%的置信区间。

4. 从总体中抽取一个 $n=100$ 的简单随机样本，得到 $\bar{x}=81$，$s=12$。

（1）构建 μ 的 90%的置信区间。

（2）构建 μ 的 95%的置信区间。

（3）构建 μ 的 99%的置信区间。

5. 利用下面的信息，构建总体均值 μ 的置信区间。

（1）总体服从正态分布，且已知 $\sigma=500$，$n=15$，$\bar{x}=8\ 900$，置信水平为 95%。

（2）总体不服从正态分布，且已知 $\sigma=500$，$n=15$，$\bar{x}=8\ 900$，置信水平为 95%。

（3）总体不服从正态分布，σ 未知，$n=35$，$\bar{x}=8\ 900$，$s=500$，置信水平为 90%。

（4）总体不服从正态分布，σ 未知，$n=35$，$\bar{x}=8\ 900$，$s=500$，置信水平为 99%。

6. 某大学为了解学生每天上网的时长，在全校 7 500 名学生中采取重复抽样方法随机抽取 36 人，调查他们每天上网的时长，得到下面的数据（单位：小时）：

3.3	3.1	6.2	5.8	2.3	4.1	5.4	4.5	3.2
4.4	2.0	5.4	2.6	6.4	1.8	3.5	5.7	2.3
2.1	1.9	1.2	5.1	4.3	4.2	3.6	0.8	1.5
4.7	1.4	1.2	2.9	3.5	2.4	0.5	3.6	2.5

求该校大学生平均上网时长的置信区间，置信水平分别为 90%、95%和 99%。

7. 某居民小区为研究职工上班从家里到单位的距离，抽取了由 16 个人组成的一个随机样本，他们到单位的距离（单位：km）分别是：

10 3 14 8 6 9 12 11 7 5 10 15 9 16 13 2

假定总体服从正态分布，求职工上班从家里到单位平均距离的 95%的置信区间。

8. 从一批零件中随机抽取 36 个，测得其平均长度为 149.5cm，标准差为 1.93cm。

(1) 试确定该种零件平均长度的 95%的置信区间。

(2) 在上面的估计中，你使用了统计中的哪一个重要定理？请简要解释这一定理。

9. 某企业生产的袋装食品采用自动打包机包装，每袋标准重量为 100g。现从某天生产的一批产品中按重复抽样方式随机抽取 50 包进行检查，测得每包重量如下：

每包重量（g）	包数
96～98	2
98～100	3
100～102	34
102～104	7
104～106	4
合计	50

已知食品重量服从正态分布，要求：

(1) 确定该种食品平均重量的 95%的置信区间。

(2) 若规定食品重量低于 100g 属于不合格，请确定该批食品合格率的 95%的置信区间。

10. 一家研究机构想估计在网络公司工作的员工每周加班的平均时长，为此随机抽取了 18 个员工，得到他们每周加班的时长数据如下（单位：小时）：

6	21	17	20	7	0	8	16	29
3	8	12	11	9	21	25	15	16

假定员工每周加班的时长服从正态分布，估计网络公司员工平均每周加班时长的 90%的置信区间。

11. 利用下面的样本数据构建总体比例 π 的置信区间。

（1）$n=44$，$p=0.51$，置信水平为 99%。

（2）$n=300$，$p=0.82$，置信水平为 95%。

（3）$n=1\ 150$，$p=0.48$，置信水平为 90%。

12. 在一项家电市场调查中，随机抽取了 200 个居民户，调查他们是否拥有某一品牌的电视机。其中拥有该品牌电视机的家庭占 23%。求总体比例的置信区间，置信水平分别为 90%和 95%。

13. 一位银行的管理人员想估计每位顾客在该银行的月平均存款额。他假设所有顾客月存款额的标准差为 1 000 元，要求的估计误差在 200 元以内，置信水平为 99%，应选取多大的样本？

14. 要估计总体比例 π，计算下列个体所需的样本量。

（1）$E=0.02$，$\pi=0.40$，置信水平为 96%。

（2）$E=0.04$，π 未知，置信水平为 95%。

（3）$E=0.05$，$\pi=0.55$，置信水平为 90%。

15. 某居民小区共有居民 500 户，小区管理者准备更换一种新的供水设施，想了解居民是否赞成，于是采取重复抽样方法随机抽取了 50 户进行调查，其中有 32 户赞成，18 户反对。

（1）求总体中赞成更换的户数比例的置信区间，置信水平为 95%。

（2）如果小区管理者预计赞成的比例能达到 80%，估计误差不超过 10%，应抽取多少户进行调查？

第 6 章

假设检验

内容提要

假设检验是推断统计的另一项重要内容，它与参数估计类似，但角度不同。参数估计是利用样本信息推断未知的总体参数，而假设检验则是先对总体参数提出一个假设值，然后利用样本信息判断这一假设是否成立。假设检验方法在许多领域都有应用，比如，药品生产公司通常要利用药物筛选技术对多种化合物进行检验，以确定少数几种可能有效的化合物。本章首先介绍有关假设检验的一些基本问题，然后介绍总体均值和总体比例的检验方法，具体内容包括：(1) 假设检验的基本原理，介绍假设的陈述、两类错误和显著性水平、检验统计量和拒绝域以及利用 P 值进行决策等问题。(2) 总体均值的检验，介绍不同条件下总体均值的检验方法和步骤。(3) 总体比例检验，主要介绍大样本情形下总体比例的检验问题。

6.1 假设检验的基本原理

一、假设的陈述

在现实生活中，人们经常要对某个“假设”作出判断，确定它是真的还是假的。在研究领域，研究者在检验一种新的理论时，首先要提出一种自己认为是正确的看法，即假设。用统计语言来说，“假设”就是对总体参数的一种事先猜想，我们可以将其定义如下：

定义 6.1 对总体参数的具体数值所作的陈述，称为假设（hypothesis），或称统计假设。

一个假设的提出总是以一定的理由为基础的，但这些理由通常又是不完全充分的，因而产生了“检验”的需求，也就是要进行判断。比如，在某种新药的开发研究中，研究人员需要判断新药是否比原有药物更有效；在对某一品牌洗衣粉的抽检中，抽检人员需要判断其净含量是否达到了说明书中所声明的重量；公司在收到一批货物时，质检人员需要判断该批货物的属性是否与合同中规定的一致，等等。假设检验就是利用样本信息判断假设是否成立的过程。

定义 6.2 先对总体参数提出某种假设，然后利用样本信息判断假设是否成立的过程，称为假设检验（hypothesis test）。

在假设检验中，首先需要提出两种假设，即原假设和备择假设。

定义 6.3 通常将研究者想收集证据予以反对的假设称为原假设（null hypothesis），或称零假设，用 H_0 表示。

原假设所表达的含义总是指参数没有变化或变量之间没有关系。

定义 6.4 通常将研究者想收集证据予以支持的假设称为备择假设（alternative hypothesis），或称研究假设，用 H_1 或 H_a 表示。

备择假设所表达的含义是总体参数发生了变化或变量之间有某种关系。备择假设通常用于支持你自己的看法。比如你正在做一项研究，并想使用假设检验来支持你的说法，就应该把你认为正确的看法作为备择假设。假如你开发了一种新药以提高疗效，你想要提供这种药物疗效有显著提高的证据（这是你自然想要支持的），就应该把你想要支持的说法作为备择假设。

确定原假设和备择假设在假设检验中十分重要，它直接关系到检验的结论。下面通过几个例子来说明原假设和备择假设的建立方法。

【例 6.1】 一种零件的生产标准是直径应为 10cm，为对生产过程进行控制，质量监测人员定期对一台加工机床进行检查，确定这台机床生产的零件是否符合标准要求。如果零件的平均直径大于或小于 10cm，则表明生产过程不正常，必须进行调整。试陈述用来检验生产过程是否正常的原假设和备择假设。

解：设这台机床生产的所有零件的平均直径的真值为 μ。如果 $\mu=10$，表明生产过程正常，如果 $\mu>10$ 或 $\mu<10$，则表明机床的生产过程不正常，研究者要检测这两种可能情况中的任何一种。根据原假设和备择假设的定义，研究者想收集证据予以证明的假设应该是“生产过程不正常”，因为如果研究者事先认为生产过程正常，他也就没有必要去进行检验了。所以建立的原假设和备择假设应为：

H_0：$\mu=10$ （生产过程正常）

H_1：$\mu\neq10$ （生产过程不正常）

【例 6.2】 某品牌洗涤剂在它的产品说明书中声称：平均净含量不少于 500 克。为保障消费者的利益，有关研究人员要通过抽检其中的一批产品来验证该产品制造商的说明是否属实。试陈述用于检验的原假设与备择假设。

解：设该品牌洗涤剂平均净含量的真值为 μ。如果抽检的结果发现 $\mu<500$，则表明该产品说明书中关于其净含量的内容是不真实的，有关部门应对其采取相应的措施。一般来说，研究者抽检的意图是倾向于证实这种洗涤剂的平均净含量并不符合说明书中的陈述，因为这会损害消费者的利益，如果研究者对产品说明丝毫没有质疑，也就没有抽检的必要了，所以 $\mu<500$ 是研究者想要收集证据支持的观点。建立的原假设与备择假设应为：

H_0：$\mu\geqslant500$ （净含量符合说明书）

H_1：$\mu<500$ （净含量不符合说明书）

【例 6.3】 一家研究机构估计某城市中家庭拥有汽车的比例超过 30%。为验证这一估计是否正确，该研究机构随机抽取了一个样本进行检验。试陈述用于检验的原假设与备择假设。

解：设该城市中家庭拥有汽车的比例真值为 π。显然，研究者想收集证据予以支持的假设是“该城市中家庭拥有汽车的比例超过 30%”。因此建立的原假设与备择假设应为：

H_0：$\pi\leqslant30\%$ （家庭拥有汽车的比例不超过 30%）

H_1：$\pi>30\%$ （家庭拥有汽车的比例超过 30%）

通过上面几个例子我们可以得到建立假设的几点认识：

第一，原假设和备择假设是一个完备的事件组，而且相互对立。这意味着，在一项假设检验中，原假设和备择假设必有一个成立，而且只有一个成立。

第二，在建立假设时，通常是先确定备择假设，然后再确定原假设。这样做的原因是备择假设是我们所关心的，是想予以支持或证实的，因而比较清楚，容易确定。由于原假设和备择假设是对立的，因而只要确定了备择假设，原假设就很容易确定出来。

第三，在假设检验中，等号总是放在原假设上。比如假设的总体真值为 μ_0，原假设总是 H_0：$\mu=\mu_0$，H_0：$\mu\geqslant\mu_0$ 或 H_0：$\mu\leqslant\mu_0$。而相应的备择假设则为 H_1：$\mu\neq\mu_0$，H_1：$\mu<\mu_0$ 或 H_1：$\mu>\mu_0$。将等号放在原假设上是因为我们想涵盖备择假设 H_1 不出现的所有情况。假设检验的惯例是在原假设 H_0 中只写“=”，所以也可以将上面的例 6.3 写成 H_0：$\mu=30\%$。因为我们感兴趣的备择假设是 H_1：$\mu>30\%$。如果你作出拒绝原假设 H_0：$\mu=30\%$ 而倾向于备择假设 H_1：$\mu>30\%$的决策，同样也就意味着你拒绝了 H_0：$\mu<30\%$。换句话说，如果实际上备择假设不正确的话，那么 H_0：$\mu=30\%$就代表了可能有的最坏情况。这样，为数学表述上的方便，我们就将与 H_1 对立的所有可能情况放进了只含一个等号的原假设之中。

第四，尽管我们已经给出了原假设与备择假设的定义，依据这样的定义通常就能确定两个假设的内容，但它们本质上是带有一定的主观色彩的，因为所谓的“研究者想收集证据予以支持的假设”和“研究者想要收集证据予以反对的假设”显然最终仍都取决于研究者本人的意志。所以，在面对某一实际问题时，由于不同的研究者有不同的研究目的，即使对同一问题也可能提出截然相反的原假设和备择假设，这是十分正常的，也并不违背我们关于原假设与备择假设的最初定义。无论怎样确定假设的形式，只要它们符合研究者的最终目的，便是合理的。

在假设检验中，研究者感兴趣的备择假设的内容，可以是原假设 H_0某一特定方向的变化，也可以是没有特定方向的变化。比如，在上面的例 6.2 中，研究者感兴趣的是洗涤剂的净含量是否低于 500 克。同样，在例 6.3 中，研究者感兴趣的是家庭拥有汽车的比例是否高于 30%。这种具有方向性的假设称为单侧检验（或称单尾检验）。相反，在例 6.1 中，研究者感兴趣的备择假设没有特定的方向，只是关心备择假设 H_1 是否不同于原假设 H_0，并不关心是大于还是小于，这种没有特定方向的假设称为双侧检验（或双尾检验）。

定义 6.5 备择假设具有特定的方向性，并含有符号“>”或“<”的假设检验，称为单侧检验或单尾检验（one-tailed test）。

定义 6.6 备择假设没有特定的方向性，并含有符号“≠”的假设检验，称为双侧检验或双尾检验（two-tailed test）。

在单侧检验中，由于研究者感兴趣的方向不同，又可分为左侧检验和右侧检验。如果研究者感兴趣的备择假设的方向为“$<$”，则称为左侧检验；如果研究者感兴趣的备择假设的方向为“$>$”，则称为右侧检验。比如，上面的例 6.2 属于左侧检验，而例 6.3 则属于右侧检验。

设 μ 为总体参数（这里代表总体均值），μ_0 为假设的参数的具体数值，我们可将假设检验的基本形式总结如下（见表 6-1）。

表 6-1　假设检验的基本形式

假设	双侧检验	单侧检验	
		左侧检验	右侧检验
原假设	H_0：$\mu=\mu_0$	H_0：$\mu\geqslant\mu_0$	H_0：$\mu\leqslant\mu_0$
备择假设	H_1：$\mu\neq\mu_0$	H_1：$\mu<\mu_0$	H_1：$\mu>\mu_0$

二、两类错误与显著性水平

假设检验的目的是根据样本信息作出决策，也就是作出是否拒绝原假设而倾向于备择假设的决策。显然，研究者总是希望能作出正确的决策，但由于决策是建立在样本信息的基础之上的，而样本又是随机的，因而就有可能犯错误。

如前所述，原假设与备择假设不能同时成立，我们要么拒绝原假设 H_0，要么不拒绝 H_0。我们所希望的情况是：当原假设 H_0 正确时没有拒绝它，当原假设 H_0 不正确时拒绝它。但我们无法保证不犯错误。假设检验过程中可能发生两类错误。

定义 6.7　当原假设为真时拒绝原假设，所犯的错误称为第Ⅰ类错误（type Ⅰ error），又称弃真错误。犯第Ⅰ类错误的概率通常记为 α。

定义 6.8　当原假设为假时没有拒绝原假设，所犯的错误称为第Ⅱ类错误（type Ⅱ error），又称取伪错误。犯第Ⅱ类错误的概率通常记为 β。

假设检验中的结论及其后果有以下四种情况，见表 6-2。

表 6-2　假设检验的结论与后果

决策结果	实际情况	
	H_0 为真	H_0 为假
未拒绝 H_0	正确决策	第Ⅱ类错误 β
拒绝 H_0	第Ⅰ类错误 α	正确决策

需要注意的是：只有当原假设被拒绝时，才会犯第Ⅰ类错误；只有当原假设未

被拒绝时，才会犯第Ⅱ类错误。因此，可以不犯第Ⅰ类错误或不犯第Ⅱ类错误，但难以保证两类错误都不犯。从直觉上说，这两类错误的概率之间存在这样的关系：在样本量不变的情况下，要减小 α 就会使 β 增大，而要增大 α 就会使 β 减小，两类错误就像一个跷跷板。人们自然希望犯两类错误的概率都尽可能小，但实际上难以做到，要使 α 和 β 同时减小的唯一办法是增加样本量，但样本量的增加又会受许多因素的限制，所以人们只能在两类错误的发生概率之间进行平衡，以使 α 与 β 控制在能够接受的范围内。至于假设检验中先控制哪类错误，一般来说，发生哪一类错误的后果更为严重，就应该首要控制哪类错误发生的概率。对于一个给定的样本，如果犯第Ⅰ类错误的代价比犯第Ⅱ类错误的代价相对较高，则将犯第Ⅰ类错误的概率定得低些较为合理；反之，如果犯第Ⅰ类错误的代价比犯第Ⅱ类错误的代价相对较低，则将犯第Ⅰ类错误的概率定得高些。但由于犯第Ⅰ类错误的概率是可以由研究者控制的，因此在假设检验中，人们往往先控制第Ⅰ类错误的发生概率。

发生第Ⅰ类错误的概率也常被用于检验结论的可靠性，并将这一概率称为显著性水平。

定义 6.9 假设检验中犯的第Ⅰ类错误的概率，称为显著性水平（level of significance），记为 α 。

显著性水平是人们事先指定的犯第Ⅰ类错误的概率 α 的最大允许值。显著性水平 α 越小，犯第Ⅰ类错误的可能性自然就越小，但犯第Ⅱ类错误的可能性则随之增大。在实际应用中，显著性水平是我们事先给出的一个值，但究竟确定一个多大的显著性水平值是合适的呢？一般情况下，人们认为犯第Ⅰ类错误的后果更严重一些，因此通常会取一个较小的 α 值。英国著名的统计学家罗纳德·费希尔（Ronald Fisher）在他的研究中把小概率的标准定为 0.05，所以作为一个普遍适用的原则，人们通常选择显著性水平为 0.05 或比 0.05 更小的概率。常用的显著性水平有 $\alpha=0.01$、$\alpha=0.05$、$\alpha=0.1$ 等，当然也可以取其他值。

确定了显著性水平 α 就等于控制了第Ⅰ类错误的概率，但犯第Ⅱ类错误的概率 β 却是不确定的。在拒绝原假设 H_0 时，我们犯错误的概率不超过给定的显著性水平 α，但当样本观测显示没有充分的理由拒绝原假设时，我们也无法确切知道第Ⅱ类错误发生的概率①。因此，在假设检验中我们采用“不拒绝 H_0”而不采用“接受 H_0”的表述方法，这种说法实质上并未作出明确结论，在多数场合下便避免了第Ⅱ类错误发生的风险。因为“接受 H_0”所得结论的可靠性将由第Ⅱ类错误的概率 β 来测量，而 β 的控制又相对复杂。

① 我们也能对第Ⅱ类错误进行控制，但这部分内容理论上相对复杂，本章没有将其纳入讨论，较为专业的统计学教材均有涉及，有兴趣的读者可以另作参考。

三、检验统计量与拒绝域

在提出具体的假设之后，研究者需要提供可靠的证据来支持他所提出的备择假设。在实际操作过程中，提出证据的信息主要来自所抽取的样本，假设检验也就是要凭借可能获得的样本观测结果帮助研究者作出最后的判断和决策。一个很自然的想法是，如果样本提供的证据能够证明原假设是不真实的，研究者就有理由拒绝它，而倾向于选择备择假设。

在一般的假设检验过程中，研究者都倾向于通过样本信息提供对备择假设的支持，从而倾向于作出“拒绝原假设”的结论。通常情况下，样本能够提供的信息十分丰富和繁杂，针对特定的研究问题，往往需要对这些信息进行压缩和提炼，检验统计量便是对样本信息进行压缩和概括的结果。

定义 6.10　*根据样本观测结果计算得到的，并据以对原假设和备择假设作出决策的某个样本统计量，称为检验统计量（test statistic）。*

检验统计量实际上是总体参数的点估计量（比如，样本均值 $\bar{x}$ 就是总体均值 μ 的一个点估计量），但点估计量并不能直接作为检验的统计量。只有将其标准化后，才能用于度量它与原假设的参数值之间的差异程度。对点估计量标准化的依据是：(1) 原假设 H_0 为真；(2) 点估计量的抽样分布。实际上，假设检验中所用的检验统计量都是标准化检验统计量，它反映了点估计量（比如样本均值）与假设的总体参数（比如假设的总体均值）相比相差多少个标准差。为叙述方便，人们通常将标准化检验统计量简称为检验统计量。对于总体均值和总体比例的检验，标准化的检验统计量可表示为：

$$\text{标准化的检验统计量}=\frac{\text{点估计量}-\text{假设值}}{\text{点估计量的抽样标准差}} \tag{6.1}$$

检验统计量是一个随机变量，随着样本观测结果的不同，它的具体数值也是不同的，但只要已知一组特定的样本观测结果，检验统计量的值也就唯一确定了。假设检验的基本原理就是根据检验统计量建立一个准则，依据这个准则和计算得到的检验统计量值，研究者就可以决定是否拒绝原假设。这就需要找出能够拒绝原假设的统计量的所有可能取值，这些取值的集合称为拒绝域。

定义 6.11　*能够拒绝原假设的检验统计量的所有可能取值的集合，称为拒绝域（rejection region）。*

拒绝域就是由显著性水平 α 所围成的区域。如果利用样本观测结果计算出来的检验统计量的具体数值落在了拒绝域内，就拒绝原假设，否则就不拒绝原假设。

拒绝域的大小与我们事先选定的显著性水平有一定关系。在确定了显著性水平

α 之后，就可以根据 α 值的大小确定出拒绝域的具体边界值。拒绝域的边界值称为临界值。

定义 6.12 根据给定的显著性水平确定的拒绝域的边界值，称为临界值（critical value）。

在给定显著性水平 α 后，查本书后所附的统计表就可以得到具体的临界值（也可以直接由 Excel 中的函数命令计算得到）。将检验统计量的值与临界值进行比较，就可作出拒绝或不拒绝原假设的决策。

当样本量固定时，拒绝域的面积随 α 的减小而减小。α 值越小，为拒绝原假设所需要的检验统计量的临界值与原假设的参数值就越远。拒绝域的位置则取决于检验是单侧检验还是双侧检验。双侧检验的拒绝域在抽样分布的两侧（所以被称为双侧检验）；而单侧检验中，若备择假设具有符号“<”，则拒绝域位于抽样分布的左侧，称为左侧检验，若备择假设具有符号“>”，则拒绝域位于抽样分布的右侧，称为右侧检验[①]。在给定显著性水平 α 条件下，拒绝域和临界值可用图 6-1 来表示。

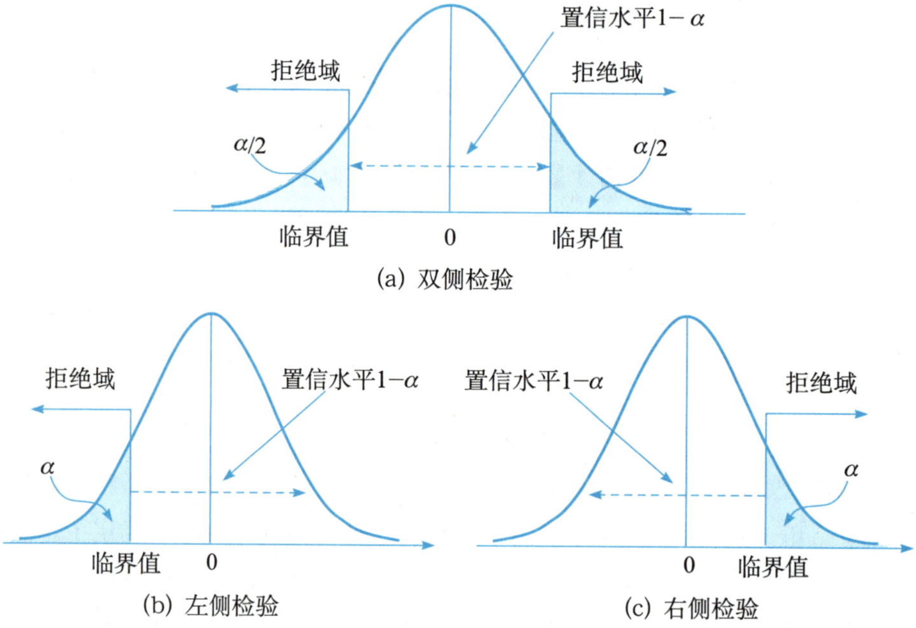

图 6-1 显著性水平、拒绝域和临界值

① 在左侧检验中，备择假设具有符号“<”。如果样本统计量的值大于或等于假设的总体参数的数值 μ_0，自然不会拒绝原假设。但由于样本是随机的，因而也会出现样本统计量的值小于假设的总体参数值 μ_0 的情况。我们允许它比假定的总体参数的数值小，但小到一定程度，到我们不能允许的程度，就可以怀疑原假设的真实性，也就是要拒绝原假设。而这种允许程度的界限就是给定的显著性水平 α 的临界值。右侧检验的道理是一样的，请读者自己领会。

四、利用 P 值进行决策

显著性水平 α 是在检验之前确定的，这也就意味着我们事先确定了拒绝域。这样，不论检验统计量的值是大还是小，只要它的值落入拒绝域就拒绝原假设 H_0，否则就不拒绝原假设 H_0。这种固定的显著性水平 α 对检验结果的可靠性起一种度量作用。但不足的是，α 是犯第Ⅰ类错误的上限控制值，它只能提供检验结论可靠性的一个大致范围，而对于一个特定的假设检验问题，却无法给出观测数据与原假设之间不一致程度的精确度量，也就是说，仅从显著性水平来比较，如选择的 α 值相同，则所有检验结论的可靠性都一样。要测量出样本观测数据与原假设中假设的值 μ_0 的偏离程度，则需要计算 P 值。

定义 6.13　*在原假设为真的条件下，检验统计量的观察值大于或等于其计算值的概率，称为 P 值（P-value），也称为观察到的显著性水平（observed significance level）。*

P 值是反映实际观测到的数据与原假设 H_0 之间不一致程度的一个概率值。P 值越小，说明实际观测到的数据与 H_0 之间不一致的程度越大，检验的结果也就越显著。

P 值也是用于确定是否拒绝原假设的另一个重要工具，它有效地补充了 α 提供的关于检验可靠性的有限信息。为便于理解，对于假设检验的三种基本形式，P 值的示意图如图 6－2 所示。

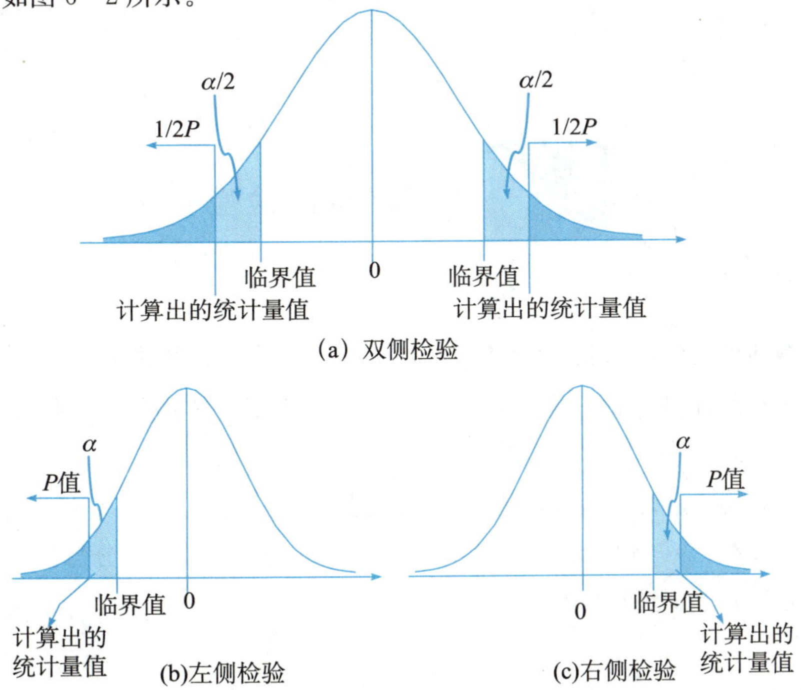

图 6－2　P 值示意图

需要注意的是：P 值与原假设的对或错的概率无关。实际上，P 值是关于数据的概率，它告诉我们，在某个总体的许多样本中，某一类数据出现的经常程度。也就是说，P 值是当原假设正确时，得到的所观测数据的概率。

利用 P 值进行决策的规则十分简单。在已知 P 值的条件下，将其与给定的显著性水平 α 值进行比较，就可以确定是否应该拒绝原假设。从图 6－2 中可以看出：单侧检验中，P 值位于抽样分布的一侧，而双侧检验 P 值则位于分布的两侧。通常情况下，我们将两侧面积的总和定义为 P 值，这样定义的好处是可以将 P 值直接与给定的显著性水平 α 进行比较①。因此，不论是单侧检验还是双侧检验，用 P 值进行决策的准则都是：如果 P 值 $<\alpha$，拒绝 H_0；如果 P 值 $>\alpha$，不拒绝 H_0。

P 值计算可以通过查表来求得，但毕竟很麻烦，幸运的是，计算机的应用使得 P 值的计算十分容易，多数统计软件都能够输出有关假设检验的主要计算结果，其中就包括 P 值。可以说，P 值的应用几乎取代了传统的统计量检验方法，它不仅能得到与统计量检验相同的结论，而且给出了统计量检验不能给出的信息。利用统计量根据显著性水平作出决策，如果我们拒绝原假设，也仅仅是知道我们犯错误的可能性是 α 那么大，但究竟是多少我们却不知道，而 P 值则是我们犯错误的实际概率。

本书中将使用 Excel 进行 P 值的计算，具体的计算方法及其应用将在后面进行介绍。

6.2 总体均值的检验

与参数估计类似，当我们研究一个总体时，要检验的参数主要是总体均值 μ、总体比例 π 和总体方差 σ^2。限于篇幅，本书主要介绍总体均值和总体比例的检验方法。

在对总体均值进行检验时，采用什么检验步骤和检验统计量取决于我们所抽取的样本是大样本（$n\geqslant30$）还是小样本（$n<30$），此外还需要区分总体是否服从正态分布、总体方差 σ^2 是否已知等情况。

① 在双侧检验中，如果将一侧的面积定义为 P 值，则需要将 P 值与 $\alpha/2$ 进行比较，若 P 值 $>\alpha/2$，则拒绝原假设。

一、大样本的检验方法

假设检验的重要一步是确定适当的检验统计量。根据第5章中抽样分布的知识可知，在大样本情况下，样本均值的抽样分布近似服从正态分布，其抽样标准差为 $\sigma/\sqrt{n}$。将样本均值 $\bar{x}$ 经过标准化后即可得到检验的统计量。可以证明，样本均值经标准化后服从标准正态分布，因而采用正态分布的检验统计量。设假设的总体均值为 μ_0，当总体方差 σ^2 已知时，总体均值检验的统计量为：

$$z=\frac{\bar{x}-\mu_0}{\sigma/\sqrt{n}} \tag{6.2}$$

当总体方差 σ^2 未知时，可以用样本方差 s^2 来近似代替总体方差，此时总体均值检验的统计量为：

$$z=\frac{\bar{x}-\mu_0}{s/\sqrt{n}} \tag{6.3}$$

【例6.4】 一种罐装饮料采用自动生产线生产，每罐的容量是255ml，标准差为5ml。为检验每罐容量是否符合要求，质检人员在某天生产的饮料中随机抽取了40罐进行检验，测得每罐平均容量为255.8ml。取显著性水平 $\alpha=0.05$，检验该天生产的饮料容量是否符合标准要求。

解：这里我们所关心的是饮料容量是否符合要求，也就是 μ 是否为255ml。大于或小于255ml都不符合要求，因而属于双侧检验问题。提出的原假设和备择假设为：

$$H_0: \mu=255 \quad H_1: \mu\neq 255$$

计算检验统计量的具体数值：

$$z=\frac{255.8-255}{5/\sqrt{40}}=1.01$$

检验统计量数值的含义是：样本均值与检验的总体均值相比，相差1.01个抽样标准差。

根据给定的显著性水平 $\alpha=0.05$，查书后所附的标准正态分布表得 $z_{\alpha/2}=z_{0.025}=1.96$。由于 $|z|=1.01<z_{\alpha/2}=1.96$，所以，不拒绝原假设。检验结果表明：样本提供的证据还不足以推翻原假设，没有证据表明该天生产的饮料不符合标准要求。

此题中的检验也可以利用 P 值进行。P 值可以利用Excel中的统计函数计算，具体的操作步骤如下：

用 Excel 计算正态分布 P 值的操作步骤

第 1 步：进入 Excel 表格界面，点击“公式”菜单下的“插入函数”图标。

第 2 步：在“选择类别”选项框中选择“统计”，并在下面的“选择函数”框中选择“NORM. S. DIST”函数，然后单击“确定”按钮。

第 3 步：将 z 的绝对值 1.01 录入，得到的函数值为0.843 752 345 5，该值表示的是在标准正态分布条件下 z 值为 1.01 左边的面积。

第 4 步：$z=1.01$ 右边和 $z=-1.01$ 左边的面积是一样的，所以双侧检验最后的 P 值为：$P=2\times(1-0.843\ 752\ 355)=0.312\ 495$。

由于 P 值$=0.312\ 495$ 远远大于 $\alpha=0.05$，所以不拒绝 H_0，得到的结论与前面相同。

【例 6.5】 一种机床加工的零件尺寸的绝对平均误差允许值为 1.35mm。生产厂家现采用一种新的机床进行加工以期进一步降低误差。为检验新机床加工的零件的平均误差与旧机床相比是否有显著降低，质检人员从某天生产的零件中随机抽取 50 个进行检验。50 个零件尺寸的误差数据如表 6－3 所示。

表 6－3　50 个零件尺寸的误差数据　　单位：mm

1.26	1.19	1.31	0.97	1.81
1.13	0.96	1.06	1.00	0.94
0.98	1.10	1.12	1.03	1.16
1.12	1.12	0.95	1.02	1.13
1.23	0.74	1.50	0.50	0.59
0.99	1.45	1.24	1.01	2.03
1.98	1.97	0.91	1.22	1.06
1.11	1.54	1.08	1.10	1.64
1.70	2.37	1.38	1.60	1.26
1.17	1.12	1.23	0.82	0.86

利用这些样本数据，检验新机床加工的零件尺寸的平均误差与旧机床相比是否有显著降低（$\alpha=0.01$）。

解：这里研究者所关心的是新机床加工的零件尺寸的平均误差与旧机床相比是否有显著降低，也就是 μ 是否<1.35。因此属于单侧检验问题，而且属于左侧检验。提出的假设如下：

$$H_0: \mu \geqslant 1.35 \qquad H_1: \mu < 1.35$$

根据样本数据计算得：$\bar{x}=1.215\ 2$，$s=0.365\ 749$。

计算检验统计量的具体数值：

$$z=\frac{1.2152-1.35}{0.365749/\sqrt{50}}=-2.6061$$

该检验统计量数值的含义是：样本均值与检验的总体均值相比，相差−2.606 1个抽样标准差。

根据给定的显著性水平 $\alpha=0.01$，查标准正态分布表得 $z_{\alpha}=z_{0.01}=-2.33$。由于 $z=-2.6061<z_{0.01}=-2.33$，所以拒绝原假设。检验结果表明：新机床加工的零件尺寸的平均误差与旧机床相比有显著降低。

如果用 P 值进行检验，当使用统计量计算 P 值时，与例 6.4 给出的步骤完全一致。若直接输入−2.606 1，即可得到 P 值为0.004 579（因为该命令给出的是分布的左侧面积，恰好就是 P 值；若输入2.606 1，给出的右侧面积为0.995 421，P 值则为 $1-0.995421=0.004579$）。

【例 6.6】 某一小麦品种的平均产量为5 200kg/hm²。一家研究机构对小麦品种进行了改良以期提高产量。为检验改良后的新品种产量是否有显著提高，随机抽取了36个地块进行试种，得到的样本平均产量为5 275kg/ hm²，标准差为 120kg/hm²。试检验改良后的新品种产量是否有显著提高（$\alpha=0.05$）。

解：研究机构自然希望新品种产量能提高，因而也就想收集证据支持“产量有显著提高”的假设，也就是 μ 是否>5 200。因此属于单侧检验问题，而且属于右侧检验。提出的假设如下：

$$H_0: \mu\leqslant 5200 \quad H_1: \mu>5200$$

计算检验统计量的具体数值：

$$z=\frac{5275-5200}{120/\sqrt{36}}=3.75$$

根据给定的显著性水平 $\alpha=0.05$，查标准正态分布表得 $z_{\alpha}=z_{0.05}=1.645$。由于 $z=3.75>z_{0.05}=1.645$，所以拒绝原假设。检验结果表明：改良后的新品种产量有显著提高。

计算 P 值为 $0.000088<\alpha=0.05$，同样拒绝原假设。

上面通过三个例子介绍了总体均值的检验方法和步骤，这些步骤对以后介绍的其他检验也普遍适用。下面我们对大样本总体均值的检验问题进行总结，具体见表 6-4。

表 6-4　大样本情况下总体均值的检验方法

步骤	双侧检验	左侧检验	右侧检验
提出假设	$H_0: \mu=\mu_0$ $H_1: \mu\neq\mu_0$	$H_0: \mu\geqslant\mu_0$ $H_1: \mu<\mu_0$	$H_0: \mu\leqslant\mu_0$ $H_1: \mu>\mu_0$

续表

步骤	双侧检验	左侧检验	右侧检验
检验统计量	σ 已知：$z=\dfrac{\bar{x}-\mu_0}{\sigma/\sqrt{n}}$；$\sigma$ 未知：$z=\dfrac{\bar{x}-\mu_0}{s/\sqrt{n}}$		
α 与拒绝域	$\lvert z\rvert>z_{\alpha/2}$	$z<-z_\alpha$	$z>z_\alpha$
P 值决策准则	$P<\alpha$，拒绝 H_0		

二、小样本的检验方法

在小样本（$n<30$）情形下，检验统计量的选择与总体是否服从正态分布、总体方差是否已知有着密切联系。本节的内容都是首先以总体服从正态分布为假定前提①，然后再依照总体方差是否已知来选择合适的检验统计量的。

当总体方差 σ^2 已知的时候，即使是在小样本情况下，计算的检验统计量由式（6.2）仍然服从标准正态分布，因而仍可按式（6.2）求出的检验统计量对总体均值进行检验，检验的程序与大样本时完全相同，不再赘述。这里着重介绍小样本情形下总体方差未知时总体均值的检验方法。

对于小样本，当总体方差 σ^2 未知的时候，需要用样本方差 s^2 代替总体方差 σ^2，此时式（6.2）求出的检验统计量不再服从标准正态分布，而是服从自由度为 $n-1$ 的 t 分布。因此需要采用 t 分布来检验总体均值，通常称之为"t 检验"。检验的统计量为：

$$t=\frac{\bar{x}-\mu_0}{s/\sqrt{n}} \tag{6.4}$$

表 6－5 总结了小样本情况下总体均值的检验方法。

表 6－5　小样本情况下总体均值的检验方法

步骤	双侧检验	左侧检验	右侧检验
提出假设	H_0：$\mu=\mu_0$ H_1：$\mu\neq\mu_0$	H_0：$\mu\geq\mu_0$ H_1：$\mu<\mu_0$	H_0：$\mu\leq\mu_0$ H_1：$\mu>\mu_0$
检验统计量	σ 未知：$t=\dfrac{\bar{x}-\mu_0}{s/\sqrt{n}}$；$\sigma$ 已知：$z=\dfrac{\bar{x}-\mu_0}{\sigma/\sqrt{n}}$		
α 与拒绝域	$\lvert t\rvert>t_{\alpha/2}(n-1)$	$t<-t_\alpha(n-1)$	$t>t_\alpha(n-1)$
P 值决策准则	$P<\alpha$，拒绝 H_0		

① 如果无法确定总体是否服从正态分布，可以考虑将样本容量增大到 30 以上，然后按大样本的方法进行检验。当然也可以考虑使用本书以外的其他检验方法，如非参数检验法，有关非参数检验的内容请参考相关书籍。

【例 6.7】 一种汽车配件的平均长度要求为 12cm，高于或低于该标准均被认为是不合格的。汽车生产企业在购进配件时，通常是经过招标，然后对中标的配件供应商提供的样品进行检验，以决定是否购进。现对一个配件供应商提供的 10 个样本进行了检验，结果如下：

12.2　10.8　12.0　11.8　11.9　12.4　11.3　12.2　12.0　12.3

假定该供应商生产的配件长度服从正态分布，在 0.05 的显著性水平下，检验该供应商提供的配件是否符合要求。

解：依题意建立如下原假设与备择假设：

H_0：$\mu=12$　H_1：$\mu\neq 12$

根据样本数据计算得：$\bar{x}=11.89$，$s=0.4932$。

由于 $n<30$ 为小样本，故而采用式（6.4）计算检验统计量：

$$t=\frac{11.89-12}{0.4932/\sqrt{10}}=-0.7053$$

根据自由度 $n-1=10-1=9$，查 t 分布表得：$t_{\alpha/2}(n-1)=t_{0.025}(9)=2.262$，由于 $|t|=0.7053<t_{0.025}(9)=2.262$，所以不拒绝原假设，样本提供的证据表明，该供应商提供的零件符合要求。

t 检验的 P 值同样可以利用 Excel 计算，具体操作步骤如下：

用 Excel 计算 t 检验 P 值的操作步骤

第 1 步：进入 Excel 表格界面，点击“公式”菜单下的“插入函数”图标。

第 2 步：在“选择类别”选项框中选择“统计”，并在下面的“选择函数”框中选择“T. DIST. ZT”函数，然后单击“确定”按钮。

第 3 步：在出现的对话框的“X”框中输入计算出的 t 的绝对值0.705 3，在“Deg-freedom”（自由度）框中，输入本例中的自由度“9”，点击“确定”。

Excel 计算的 P 值的结果为0.498 469 786，由于 P 值$=0.498469786>0.05$，所以不拒绝原假设。

上面讨论了总体均值的检验问题，在实际应用中，首先需要弄清各种方法的适用场合，比如，是大样本还是小样本，总体是否服从正态分布，总体方差是否已知，等等。对于无法确定总体是否服从正态分布的小样本情形，除了考虑选择其他检验方法（如非参数检验）之外，还可以通过增加样本量来达到大样本标准（一般要求超过 30），从而将小样本问题转换为大样本下的假设检验问题，当然这完全取决于实际条件是否允许。

图 6－3 给出了总体均值检验的基本流程，作为不同情况下检验统计量的选择形式的总结。

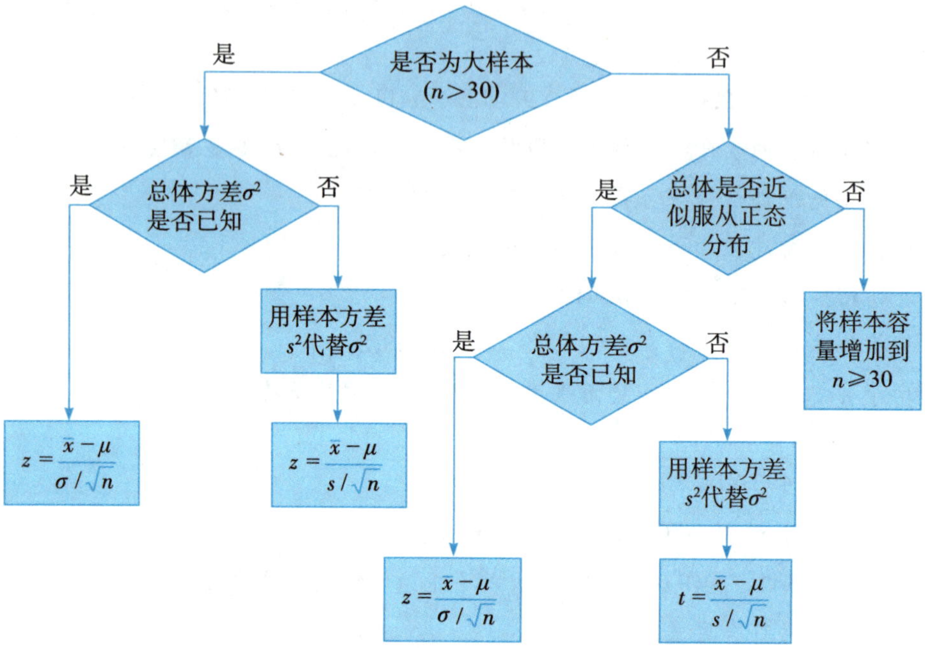

图 6－3　总体均值检验的基本流程

6.3 总体比例的检验

在第 3 章中我们曾介绍了比例的概念。总体比例是指总体中具有某种相同特征的个体所占的比例，这些特征可以是数值型的（如一定的重量、一定的厚度或一定的规格等），也可以是品质型的（如性别、学历层次、职称高低等）。通常用字母 π 表示总体比例，用 π_0 表示对总体比例的某一假设值，用 p 表示样本比例。总体比例的检验与上面介绍的总体均值的检验基本上是相同的，区别只在于参数和检验统计量的形式不同。所以总体均值检验的整个程序都可以作为总体比例检验的参考，甚至有很多内容可以完全“照搬”。因此，本节将尽可能全面介绍总体比例的检验方法，但是我们只考虑大样本情形下的总体比例检验①。

① 因为实践中较少对总体比例进行小样本检验，且其检验程序相对复杂。

总体比例检验的三种基本形式为：

双侧检验：H_0：$\pi=\pi_0$　H_1：$\pi\neq\pi_0$；

左侧检验：H_0：$\pi\geqslant\pi_0$　H_1：$\pi<\pi_0$；

右侧检验：H_0：$\pi\leqslant\pi_0$　H_1：$\pi>\pi_0$。

在构造检验统计量时，我们仍然利用样本比例 p 与总体比例 π 之间的距离等于多少个标准差 σ_p 来衡量，因为在大样本情形下，统计量 p 近似服从正态分布，而统计量 z 则近似服从标准正态分布。总体比例检验的统计量的计算公式如下：

$$z=\frac{p-\pi_0}{\sqrt{\frac{\pi_0(1-\pi_0)}{n}}} \tag{6.5}$$

表 6-6 总结了大样本情况下总体比例检验的一般方法。

表 6-6　大样本情况下总体比例的检验方法

步骤	双侧检验	左侧检验	右侧检验
提出假设	H_0：$\pi=\pi_0$ H_1：$\pi\neq\pi_0$	H_0：$\pi\geqslant\pi_0$ H_1：$\pi<\pi_0$	H_0：$\pi\leqslant\pi_0$ H_1：$\pi>\pi_0$
检验统计量	$z=\frac{p-\pi_0}{\sqrt{\frac{\pi_0(1-\pi_0)}{n}}}$		
α 与拒绝域	$\lvert z\rvert>z_{\alpha/2}$	$z<-z_\alpha$	$z>z_\alpha$
P 值决策准则	$P<\alpha$，拒绝 H_0		

【例 6.8】 一种以休闲和娱乐为主题的杂志声称其读者群中有 80%为女性。为验证这一说法是否属实，某研究部门抽取了由 200 人组成的一个随机样本，发现有 146 名女性经常阅读该杂志。分别取显著性水平 $\alpha=0.05$ 和 $\alpha=0.01$，检验该杂志读者群中女性的比例是否为 80%？它们的 P 值各是多少？

解：研究机构想证明的是杂志所声称的说法是否属实，也就是读者中女性比例是否等于 80%，因此提出的原假设和备择假设为：

H_0：$\pi=80\%$　H_1：$\pi\neq80\%$

根据抽样结果计算得：

$$p=\frac{146}{200}=73\%$$

检验统计量为：

$$z=\frac{0.73-0.8}{\sqrt{\frac{0.8(1-0.8)}{200}}}=-2.475$$

根据显著性水平 $\alpha=0.05$，查标准正态分布表得 $z_{\alpha/2}=z_{0.025}=1.96$。由于 $\lvert z\rvert=2.475>z_{\alpha/2}=1.96$，所以拒绝原假设。在显著性水平为 0.05 的条件下，样本提供的证

据表明该杂志的说法并不属实。

根据显著性水平 $\alpha=0.01$，查标准正态分布表得 $z_{\alpha/2}=z_{0.005}=2.58$。由于 $|z|=2.475<z_{\alpha/2}=2.58$，所以不拒绝原假设。在显著性水平为 0.01 的条件下，样本提供的证据表明该杂志的说法是属实的。

由 Excel 计算出的 P 值为0.013 328。显著性水平为 0.05 时，$P<\alpha=0.05$，拒绝 H_0；显著性水平为 0.01 时，$P>\alpha=0.01$，不能拒绝 H_0。结论与统计量检验一致。

从上面的例子可以看出，对于同一个检验，不同的显著性水平将会得出不同的结论。这是自然的，请读者自己领会其中的道理。

总体比例左侧检验和右侧检验中拒绝域的建立，读者可直接参照相应的大样本情形下总体均值的检验方法，这里就不再赘述了。

本章小结

本章首先介绍了关于假设检验的一些基本问题，引入了原假设、备择假设、检验统计量、两类错误、显著性水平、左侧检验、右侧检验、双侧检验等重要的相关概念，归纳了适当建立原假设与备择假设的原则。这些内容既为假设检验的具体方法的介绍奠定了基础，同时也通过假设检验的具体过程得到了更为深刻的体现。

本章后两节主要介绍了假设检验的具体应用，包括总体均值的检验和总体比例的检验。总体均值的检验主要有两种情形：一是大样本条件下，总体均值的检验采用正态分布统计量，二是小样本情形下，总体均值的检验采用 t 分布统计量。总体比例的检验主要介绍了大样本情形下的检验方法，采用的统计量是正态分布统计量。无论是总体均值的检验还是总体比例的检验，除可利用统计量检验外，还可以直接利用 P 值进行检验，P 值的计算可直接由 Excel 的统计函数完成。

思考与练习

一、思考题

1. 理解原假设与备择假设的含义。

2. 什么是检验统计量？什么是标准化检验统计量？

3. 第Ⅰ类错误和第Ⅱ类错误分别是指什么？它们发生的概率大小之间存在怎样的关系？

4. 什么是显著性水平？它对于假设检验决策的意义是什么？

5. 什么是 P 值？利用 P 值决策的准则是什么？

6. 比较单侧检验和双侧检验的区别。

7. 分别列出大样本情形下总体均值左侧检验、右侧检验及双侧检验的拒绝域。

8. 小样本情形下的总体均值检验应该构造什么检验统计量？应用前提是什么？

9. 分别列出小样本情形下总体均值左侧检验、右侧检验及双侧检验的拒绝域。

10. 假设检验的一般步骤是什么？

二、练习题

1. 某乐器厂以往生产的乐器采用的是一种镍合金弦线，这种弦线的平均抗拉强度不超过1 035MPa，现产品开发小组研究了一种新型弦线，他们认为其抗拉强度得到了提高。

（1）在对研究小组开发的产品进行检验时，应该采取以下哪种形式的假设？为什么？

H_0：$\mu \leqslant 1\,035$　H_1：$\mu > 1\,035$

H_0：$\mu \geqslant 1\,035$　H_1：$\mu < 1\,035$

H_0：$\mu = 1\,035$　H_1：$\mu \neq 1\,035$

（2）如果不能拒绝原假设，应该作出怎样的结论？

（3）如果有充足的理由拒绝原假设，结论又如何？

2. 一名汽车销售管理者声称他们每个月平均销售的汽车数量至少为 14 辆，有关组织想通过研究知道这一数量是否属实。

（1）为解决该组织的疑问，建立合适的原假设和备择假设。

（2）当不能拒绝原假设时，该组织会得到什么结论？

（3）当可以拒绝原假设时，该组织会得到什么结论？

3. 一条产品生产线用于生产玻璃纸，正常状态下要求玻璃纸的横向延伸率为 65，质量控制监督人员需要定期进行抽检，如果证实玻璃纸的横向延伸率不符合规格，该生产线就必须立即停产调整。

（1）建立适当的原假设和备择假设，帮助质量监控人员判断该生产线是否运转正常。

（2）样本数据表明应该拒绝原假设时意味着什么？

（3）样本数据无法支持拒绝原假设时意味着什么？

4. 某跨国公司的推销员每周平均销售8 000美元的产品，公司的董事长建议采取一种新的刺激销售的奖励计划，通过试行期的销售数据来决定该计划是否能够提高每个销售人员的平均销售额。

（1）在这种情形下，发生第Ⅰ类错误指的是什么？将会导致怎样的后果？

（2）在这种情形下，发生第Ⅱ类错误指的是什么？将会导致怎样的后果？

5. 某种纤维原有的平均强力不超过 6 克，现希望通过改进工艺来提高其平均强力。研究人员测得了 100 个关于新纤维的强力数据，发现其均值为 6.35。假定纤维强力的标准差仍保持为 1.19 不变，在 5%的显著性水平下对该问题进行假设检验。

（1）检验的临界值是多少？拒绝规则是什么？

（2）计算检验统计量的值，你的结论是什么？

6. 考虑如下的假设检验问题：

$$H_0: \mu \geqslant 25 \quad H_1: \mu < 25$$

取 $\alpha = 0.01$，总体标准差为 12，根据 100 项组成的样本的下列不同结果分别计算检验统计量的值，简述你的结论。

（1）$\bar{x} = 22.0$。

（2）$\bar{x} = 24.0$。

（3）$\bar{x} = 23.5$。

（4）$\bar{x} = 22.8$。

7. 考虑如下的假设检验问题：

$$H_0: \mu = 15 \quad H_1: \mu \neq 15$$

样本由 50 项组成，其样本均值为 14.2，样本标准差为 5。

（1）$\alpha = 0.05$ 时，拒绝规则是什么？

（2）计算检验统计量 z 的值。

（3）你能得出怎样的结论？

8. 某印刷厂旧机器每台每周的开工成本服从正态分布 $N(100, 25^2)$，现新安装了一台机器，观测到它在 9 周里平均每周的开工成本 $\bar{x} = 75$ 元，假定成本的标准差不变，试问在 $\alpha = 0.01$ 的水平上该厂机器的平均开工成本是否有所下降？

9. 经验表明，一个矩形的宽与长之比等于 0.618 的时候会给人们比较良好的感觉。某工艺品工厂生产的矩形工艺品框架的宽与长要求也按这一比例设计，假定其总体服从正态分布，现随机抽取了 20 个框架测得比值分别为：

0.699	0.749	0.654	0.670	0.612
0.672	0.615	0.606	0.690	0.628
0.668	0.611	0.606	0.609	0.601
0.553	0.570	0.844	0.576	0.933

在显著性水平 $\alpha = 0.05$ 时能否认为该厂生产的工艺品框架的宽与长的平均比例为 0.618？

10. 一般来说，如果能够证明某部电视连续剧在播出的头 13 周中观众的收视率超过了25%，则可以认为它获得了成功。现针对一部关于农村生活题材的电视剧抽选了400个家庭组成一个样本，发现头13周里有112个家庭看过这部电视剧。

（1）建立适当的原假设与备择假设。

（2）如果允许发生第Ⅰ类错误的最大概率为0.01，那么能否凭这些信息断定这部电视剧是成功的？

11. 一位著名的医生声称有75%的女性所穿的鞋子过小，为此美国的足部和踝部矫形协会对356名女性进行了研究，发现其中有313名女性所穿的鞋子的号码至少小一号。取$\alpha=0.01$，检验如下的假设：

H_0：$\pi=0.75$　H_1：$\pi\neq0.75$

对于这个医生的论断，你有什么看法？

第 7 章

相关与回归分析

■ 内容提要

相关与回归是处理变量与变量之间关系的一种统计方法。从所处理的变量多少来看，若研究的是两个变量之间的关系，则称为简单相关与简单回归分析；若研究的是两个以上变量之间的关系，则称为多元相关与多元回归分析。从变量之间的关系形态上看，有线性相关与线性回归分析及非线性相关与非线性回归分析。本章主要介绍以下内容：(1) 变量间关系的度量，包括变量间的关系、相关关系的描述与测度。(2) 一元线性回归分析，包括一元线性回归模型及其参数的最小二乘估计、回归方程的拟合优度、回归分析中的显著性检验等。(3) 利用回归方程进行预测，包括点估计和区间估计。

7.1 变量间关系的度量

一、变量间的关系

在生产和经营活动中，我们经常要对变量之间的关系进行分析。比如，在企业生产中，我们要对影响生产成本的各种因素进行分析，以达到控制成本的目的；在农业生产中，我们需要研究农作物产量与施肥量之间的关系，以便分析施肥量对产量的影响，进而确定合理的施肥量；在商业活动中，我们需要分析广告费支出与销售量之间的关系，进而通过广告费支出来预测销售量，等等。统计分析的目的在于如何根据统计数据确定变量之间的关系形态及关联的程度，并探索出其内在的数量规律性。人们在实践中发现，变量之间的关系形态可分为两种类型，即函数关系和相关关系。

函数关系是我们比较熟悉的。设有两个变量 x 和 y，变量 y 随变量 x 变化，并完全依赖于 x，当变量 x 取某个数值时，y 依确定的关系取相应的值，则称 y 是 x 的函数，记为 $y=f(x)$，其中 x 称为自变量，y 称为因变量。下面给出几个函数关系的例子。

【例 7.1】 设某种产品的销售额为 y，销售量为 x，销售价格为 p，则 x 与 y 之间的关系可表示为 $y=px$。这就是说，在销售价格不变的情况下，对于该商品的某一销售量，总有一个销售额与之对应，即销售额完全由销售量所确定，二者之间为线性函数关系。

【例 7.2】 企业的原材料消耗额 (y) 与产量 (x_1)、单位产品消耗 (x_2)、原材料价格 (x_3) 之间的关系可表示为 $y=x_1x_2x_3$。这里的 y 与 x_1、x_2、x_3 之间是一种确定的函数关系，但它们不是线性函数关系。

函数关系是一一对应的确定关系。但在实际问题中，变量之间的关系往往不那么简单。例如，我们考察居民储蓄与居民家庭收入这两个变量，它们之间就不存在完全确定的关系。也就是说，收入水平相同的家庭，它们的储蓄额往往不同。反之，储蓄额相同的家庭，它们的收入水平也可能不同。可见家庭储蓄并不能完全由家庭收入所确定，因为家庭收入尽管同家庭储蓄有密切的关系，但它并不是影响储蓄的唯一因素，还有银行利率、消费水平等其他因素的影响作用。正是由于影响一个变量的因素非常多，才造成了变量之间关系的不确定性。相关关系可以定义如下：

定义 7.1 变量之间存在的不确定的数量关系，称为相关关系（correlation）。

下面是相关关系的几个例子：

【例 7.3】 从遗传学角度看，子女的身高（y）与父母身高（x）有很大关系。一般来说，父母身高较高时，其子女的身高通常也比较高，父母身高较矮时，其子女的身高通常也较矮。但是实际情况并不完全是这样，因为它们之间并不是完全确定的关系。显然，子女的身高并不是完全由父母身高一个因素所决定的，还受其他许多因素的影响，因此二者之间属于相关关系。

【例 7.4】 考察一个人的收入水平（y）同他的受教育水平（x）这两个变量，它们之间就不存在确定的函数关系。也就是说，受教育水平相同的人，他们的收入水平往往不同。同样，收入水平相同的人，他们受教育的程度也可能相同。因为受教育水平尽管与一个人的收入多少有关系，但它并不是影响收入的唯一因素，还受其他因素（如职业、工作年限等）的影响。因此，我们说收入水平与受教育程度之间是一种相关关系。

【例 7.5】 我们知道，农作物的单位面积产量（y）与施肥量（x）之间有密切的关系。在一定条件下，施肥量越多，单位面积产量就越高。但产量并不是由施肥量一个因素决定的，还受许多其他因素的影响，如降雨量、温度、管理水平等。因此农作物的单位面积的产量与施肥量之间并不是函数关系，而是一种相关关系。

从上面的几个例子可以看出，相关关系的特点是：一个变量的取值不能由另一个变量唯一确定，当变量 x 取某个值时，变量 y 的取值可能有几个。对这种关系不确定的变量，显然不能用函数关系进行描述，但也不是无任何规律可循。通过对大量数据的观察与研究，我们就会发现许多变量之间确实存在着一定的客观规律。例如，平均来说，父亲身高较高时，其子女的身高一般也较高；收入水平高的家庭，其家庭储蓄一般也较多。相关与回归分析正是描述与探索这类变量之间关系及其规律的统计方法。

二、相关关系的描述与测度

相关分析是对两个变量之间线性关系的描述与度量，它要解决的问题包括：

（1）变量之间是否存在关系？

（2）如果存在关系，它们之间是什么样的关系？

（3）变量之间的关系强度如何？

（4）样本所反映的变量之间的关系能否代表总体变量之间的关系？

为解决这些问题，在进行相关分析时，对总体主要有以下两个假定：（1）两个变量之间是线性关系。（2）两个变量都是随机变量。

在进行相关分析时，首先需要绘制散点图来判断变量之间的关系形态，如果是线性关系，就可以利用相关系数来测度两个变量之间的关系强度，最后对相关系数进行显著性检验，以判断样本所反映的关系能否用来代表两个变量总体上的关系。

（一）散点图

相关分析就是对两个变量之间线性关系的描述与度量。对于两个变量 x 和 y，通过观察或试验，我们可以得到若干组数据，记为（x_i，y_i）（$i=1, 2, \cdots, n$）。相关分析所要解决的问题是，根据这些数据确定变量之间是否存在相关关系，如果存在的话，如何描述出它们之间的关系并对其关系强度进行测度？

定义 7.2 用坐标的水平轴代表自变量 x，纵轴代表因变量 y，每组数据（x_i，y_i）在坐标系中用一个点表示，n 组数据在坐标系中形成的 n 个点称为散点，由坐标及散点形成的二维数据图称为散点图（scatter diagram）。

散点图描述了两个变量之间的大致关系，从中可以直观地看出变量之间的关系形态及关系强度。图 7-1 就是不同形态的散点图。

从图 7-1 可以看出，相关关系的表现形态大体上可分为线性相关、非线性相关、完全相关和不完全相关等几种。就两个变量而言，如果变量之间的关系近似地表现为一条直线，则称为线性相关，如图 7-1（a）、（b）所示；如果一个变量的取值完全依赖与另一个变量，各观测点落在一条直线上，则称为完全相关，如图 7-1（c）、（d）所示，这实际上就是函数关系；如果变量之间的关系近似地表现为一条曲线，则称为非线性相关或曲线相关，如图7-1（e）所示；如果两个变量的观测点很分散，无任何规律，则表示变量之间没有相关关系，如图 7-1（f）所示。

在线性相关中，若两个变量的变动方向相同，一个变量的数值增加，另一个变量的数值也随之增加，或一个变量的数值减少，另一个变量的数值也随之减少，则称为正相关，如图 7-1（a）所示；若两个变量的变动方向相反，一个变量的数值增加，另一个变量的数值随之减少，或一个变量的数值减少，另一个变量的数值随之增加，则称为负相关，如图 7-1（b）所示。

【例 7.6】 一家大型商业银行在多个地区设有分行，其业务主要是进行基础设施建设、国家重点项目建设、固定资产投资等项目的贷款。近年来，该银行的贷款

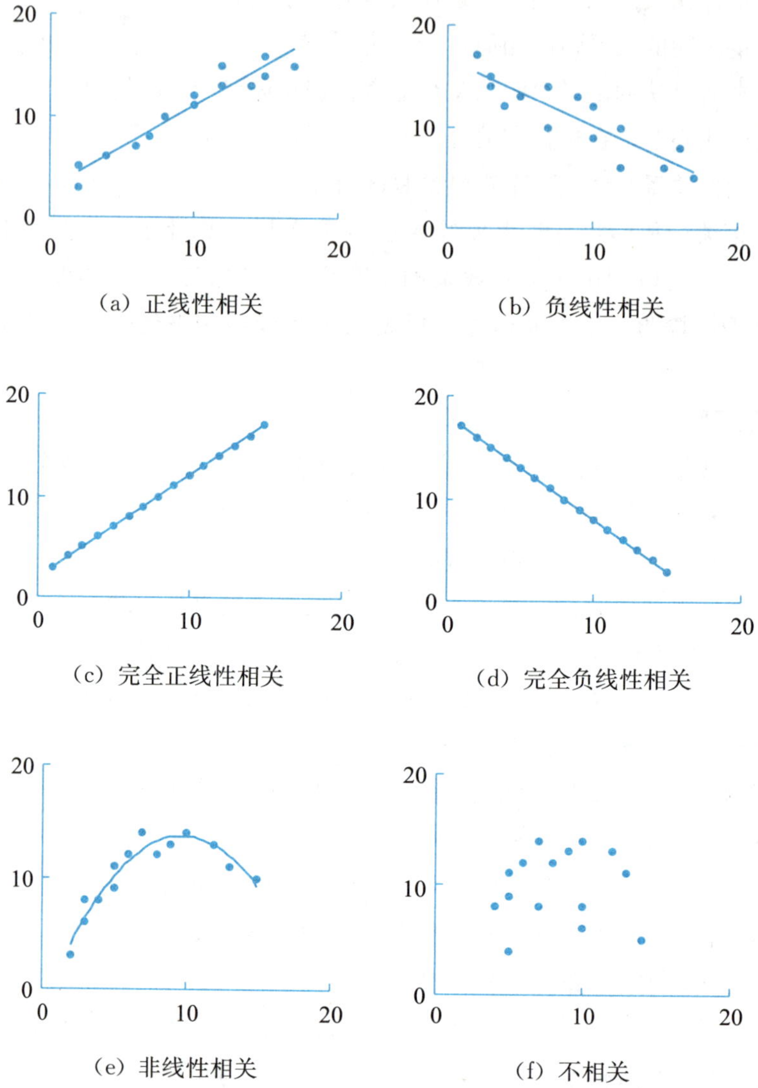

图 7-1　不同形态的散点图

额平稳增长，但不良贷款额也有较大比例的提高，这给银行业务的发展带来较大压力。为弄清楚不良贷款形成的原因，分析人员利用银行业务的有关数据做了定量分析，以便找出控制不良贷款的办法。图 7-2 就是该银行所属的 25 家分行 2018 年的有关业务数据的 Excel 表截图。

分析人员想知道，不良贷款是否与贷款余额、累计应收贷款、贷款项目个数、固定资产投资额等因素有关。如果有关系，它们之间是一种什么样的关系？关系强度如何？试绘制散点图，并分析不良贷款与贷款余额、累计应收贷款、贷款项目个数、固定资产投资额之间的关系。

	A	B	C	D	E	F
1	分行编号	不良贷款（亿元）	各项贷款余额（亿元）	本年累计应收贷款（亿元）	贷款项目个数（个）	本年固定资产投资额（亿元）
2	1	0.9	67.3	6.8	5	51.9
3	2	1.1	111.3	19.8	16	90.9
4	3	4.8	173.0	7.7	17	73.7
5	4	3.2	80.8	7.2	10	14.5
6	5	7.8	199.7	16.5	19	63.2
7	6	2.7	16.2	2.2	1	2.2
8	7	1.6	107.4	10.7	17	20.2
9	8	12.5	185.4	27.1	18	43.8
10	9	1.0	96.1	1.7	10	55.9
11	10	2.6	72.8	9.1	14	64.3
12	11	0.3	64.2	2.1	11	42.7
13	12	4.0	132.2	11.2	23	76.7
14	13	0.8	58.6	6.0	14	22.8
15	14	3.5	174.6	12.7	26	117.1
16	15	10.2	263.5	15.6	34	146.7
17	16	3.0	79.3	8.9	15	29.9
18	17	0.2	14.8	0.6	2	42.1
19	18	0.4	73.5	5.9	11	25.3
20	19	1.0	24.7	5.0	4	13.4
21	20	6.8	139.4	7.2	28	64.3
22	21	11.6	368.2	16.8	32	163.9
23	22	1.6	95.7	3.8	10	44.5
24	23	1.2	109.6	10.3	14	67.9
25	24	7.2	196.2	15.8	16	39.7
26	25	3.2	102.2	12.0	10	97.1

图 7－2　某商业银行 2018 年的主要业务数据

解：用 Excel 绘制的散点图如图 7－3～图 7－6 所示。

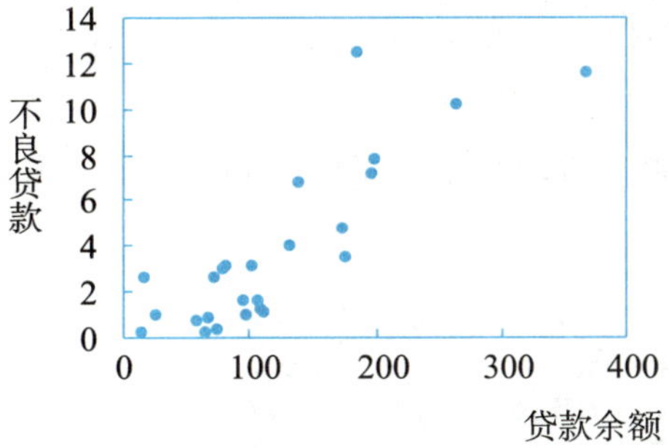

图 7－3　不良贷款与贷款余额的散点图

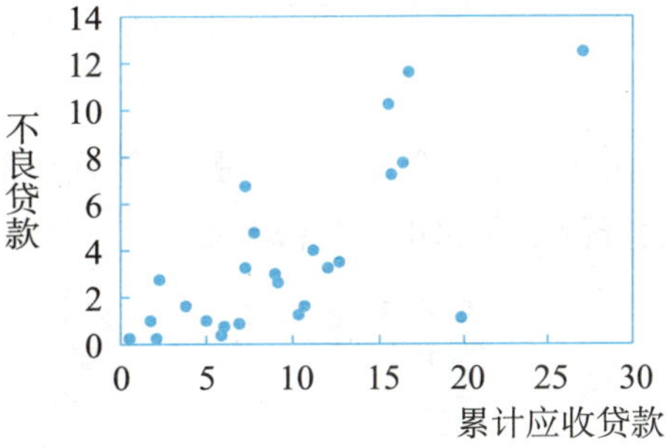

图 7－4　不良贷款与累计应收贷款的散点图

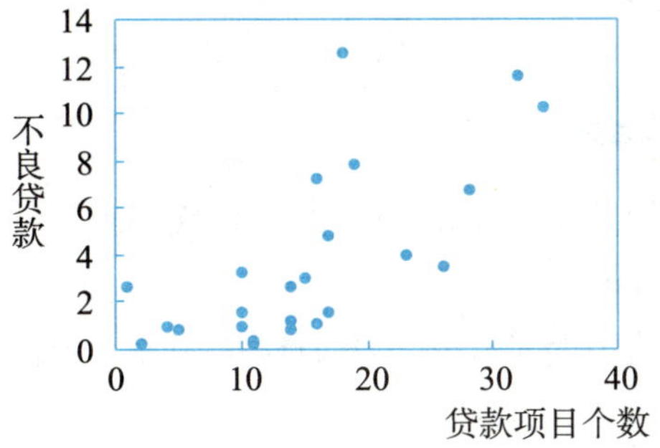

图 7－5　不良贷款与贷款项目个数的散点图

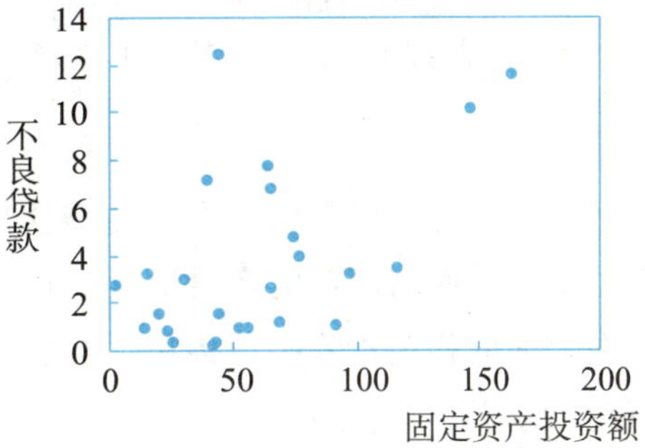

图 7－6　不良贷款与固定资产投资额的散点图

从上面的各散点图可以看出，不良贷款与贷款余额、累计应收贷款、贷款项目个数、固定资产投资额之间都具有一定的线性关系。但从各散点的分布情况看，不良贷款与贷款余额的线性关系比较密切，而与固定资产投资额之间的关系最不密切。

（二）相关系数

通过散点图可以判断两个变量之间有无相关关系，并对变量间的关系形态作出大致的描述，但散点图不能准确反映变量之间关系的密切程度。因此，为准确度量两个变量之间关系的密切程度，需要计算相关系数。

定义 7.3 根据样本数据计算的对两个变量之间线性关系强度的度量值，称为相关系数（correlation coefficient）。

对两个变量之间线性相关程度的度量称为简单相关系数。样本相关系数记为 r，其计算公式为：

$$r=\frac{n\sum xy-\sum x\cdot\sum y}{\sqrt{n\sum x^2-(\sum x)^2}\times\sqrt{n\sum y^2-(\sum y)^2}} \tag{7.1}$$

【例 7.7】 根据表 7-1 中的数据，计算不良贷款与贷款余额之间的相关系数。

解：根据式（7.1）得：

$$r=\frac{25\times 17\ 080.1-3\ 006.7\times 93.2}{\sqrt{25\times 516\ 643.4-(3\ 006.7)^2}\times\sqrt{25\times 660.1-(93.2)^2}}$$

$$=0.843\ 6$$

由 Excel 计算的不良贷款、贷款余额、累计应收贷款、贷款项目个数、固定资产投资额之间的矩阵表截图如图 7-7 所示。

	A	B	C	D	E	F
1		不良贷款	各项贷款余额	累计应收贷款	贷款项目个数	固定资产投资额
2	不良贷款	1				
3	各项贷款余额	0.8436	1			
4	累计应收贷款	0.7315	0.6788	1		
5	贷款项目个数	0.7003	0.8484	0.5858	1	
6	固定资产投资额	0.5185	0.7797	0.4724	0.7466	1

图 7-7　矩阵表

从相关矩阵可以看出，在不良贷款与其他几个变量的关系中，与贷款余额的相关系数最大，而与固定资产投资额的相关系数最小。

在上面的相关矩阵中，各相关系数的数值说明了什么？下面讨论相关系数的取值范围及意义。

可以证明，相关系数的取值范围在 +1 和 −1 之间，即 $-1\leqslant r\leqslant 1$。若 $0<r\leqslant 1$，表明 x 与 y 之间存在正线性相关关系；若 $-1\leqslant r<0$，表明 x 与 y 之间存在负线性相关关系；若 $r=+1$，表明 x 与 y 之间为完全正线性相关关系；若 $r=-1$，表明 x 与 y 之间为完全负线性相关关系。可见，当 $|r|=1$ 时，y 的取值完全依赖于 x，二者

之间即为函数关系；当 $r=0$ 时，说明 y 的取值与 x 无关，即二者之间不存在线性相关关系。但需要注意的是，$r=0$ 只表示两个变量之间不存在线性相关关系，并不说明变量之间没有任何关系，比如它们之间可能存在非线性相关关系。变量之间的非线性相关程度较大时，就可能会导致 $r=0$。因此，当 $r=0$ 或很小时，不能轻易得出两个变量之间不存在相关关系的结论，而应结合散点图作出合理的解释。

根据实际数据计算出的 r，其取值一般在 $-1<r<1$ 的范围内，在描述两个变量之间的线性关系的密切程度时，若 $|r|$ 越趋近于 1，说明变量之间的线性关系越密切；若 $|r|$ 越趋近于 0，说明变量之间的线性关系越不密切。通常情况下，根据经验可将相关程度分为以下几种情况：当 $|r|\geqslant 0.8$ 时，可视为高度相关；当 $0.5\leqslant |r|<0.8$ 时，可视为中度相关；当 $0.3\leqslant |r|<0.5$ 时，视为低度相关；当 $|r|<0.3$ 时，说明两个变量之间的相关程度极弱，可视为不相关。但这种解释必须建立在对相关系数的显著性进行检验的基础之上。

7.2 一元线性回归

相关分析的目的在于测度变量之间的关系的密切程度，它所使用的测度工具就是相关系数。而回归分析则侧重于考察变量之间的数量伴随关系，并通过一定的数学表达式将这种关系描述出来，进而确定一个或几个变量（自变量）的变化对另一个特定变量（因变量）的影响程度。具体来说，回归分析主要解决以下几个方面的问题：从一组样本数据出发，确定出变量之间的数学关系式；对这些关系式的可信程度进行各种统计检验，并从影响某一特定变量的诸多变量中找出哪些变量的影响是显著的，哪些是不显著的；利用所求的关系式，根据一个或几个变量的取值来估计或预测另一个特定变量的取值，并给出这种估计或预测的置信度。

一、一元线性回归模型

（一）回归模型

定义 7.4　在回归分析中，被预测或被解释的变量，称为因变量（dependent variable），用 y 表示。

定义 7.5　在回归分析中，用来预测或用来解释因变量的一个或多个变量，称为自变量（independent variable），用 x 表示。

例如，在分析贷款余额对不良贷款的影响时，我们的目的是预测一定的贷款余额条件下的不良贷款是多少。因此不良贷款是被预测的变量，称为因变量，而用来预测不良贷款的贷款余额就是自变量。

定义 7.6 *在回归分析中，只涉及一个自变量的回归，称为一元回归；若因变量 y 与自变量 x 之间为线性关系时，称为一元线性回归。*

对于具有线性关系的两个变量，可以用一个线性方程来表示它们之间的关系。

定义 7.7 *描述因变量 y 如何依赖于自变量 x 和误差项 ε 的方程，称为回归模型（regression model）。*

对于只涉及一个自变量的一元线性回归模型可表示为：

$$y=\beta_0+\beta_1 x+\varepsilon \tag{7.2}$$

在一元线性回归模型中，y 是 x 的线性函数（$\beta_0+\beta_1 x$ 部分）加上误差项 ε。$\beta_0+\beta_1 x$ 反映了由于 x 的变化而引起的 y 的线性变化；ε 是被称为误差项的随机变量，它反映了除 x 和 y 之间的线性关系之外的随机因素对 y 的影响，是不能由 x 和 y 之间的线性关系所解释的变异性。式中的 β_0 和 β_1 称为模型的参数。

（二）估计的回归方程

总体回归参数 β_0 和 β_1 是未知的，需要利用样本数据去估计它们。用样本统计量 $\hat{\beta}_0$ 和 $\hat{\beta}_1$ 估计回归模型中的未知参数 β_0 和 β_1 时，我们就得到了估计的回归方程。

定义 7.8 *利用最小二乘法，根据样本数据求出的回归方程的估计，称为估计的回归方程（estimated regression equation）。*

对于一元线性回归，估计的回归方程形式如下：

$$\hat{y}=\hat{\beta}_0+\hat{\beta}_1 x \tag{7.3}$$

式中：$\hat{\beta}_0$ 是估计的回归直线在 y 轴上的截距，$\hat{\beta}_1$ 是直线的斜率，它表示对于一个给定的 x 值，$\hat{y}$ 是 y 的估计值。$\hat{\beta}_1$ 也表示 x 每变动一个单位时，y 的平均变动值。

二、参数的最小二乘估计

对于第 i 个 x 值，估计的回归方程可表示为：

$$\hat{y}_i=\hat{\beta}_0+\hat{\beta}_1 x_i \tag{7.4}$$

对于 x 和 y 的 n 对观察值，用于描述其关系的直线有多条，究竟用哪条直线来代表两个变量之间的关系，需要有一个明确的原则。我们自然会想到距离各观测点最近的一条直线，用它来代表 x 与 y 之间的关系，它与实际数据的误差比其他任何直线都小。根据这一思想确定直线中未知常数 $\hat{\beta}_0$ 和 $\hat{\beta}_1$ 的方法称为最小二乘法。换句话说，最小二乘法是使因变量的观察值 y_i 与估计值 $\hat{y}_i$ 之间的离差平方和达到最小来求得 $\hat{\beta}_0$ 和 $\hat{\beta}_1$ 的方法。

$$\sum (y_i - \hat{y}_i)^2 = \sum (y_i - \hat{\beta}_0 - \hat{\beta}_1 x_i)^2 \tag{7.5}$$

定义 7.9　使因变量的观察值 y_i 与估计值 $\hat{y}_i$ 之间的离差平方和达到最小来求得 $\hat{\beta}_0$ 和 $\hat{\beta}_1$ 的方法，称为最小二乘法（method of least squares）。

令 $Q=\sum (y_i - \hat{y}_i)^2$，在给定了样本数据后，$Q$ 是 $\hat{\beta}_0$ 和 $\hat{\beta}_1$ 的函数，且最小值总是存在。根据微积分的极值定理，便可得出求解 $\hat{\beta}_0$ 和 $\hat{\beta}_1$ 的标准方程组：

$$\begin{cases} \sum_{i=1}^{n} y_i = n\hat{\beta}_0 + \hat{\beta}_1 \sum_{i=1}^{n} x_i \\ \sum_{i=1}^{n} x_i y_i = \hat{\beta}_0 \sum_{i=1}^{n} x_i + \hat{\beta}_1 \sum_{i=1}^{n} x_i^2 \end{cases} \tag{7.6}$$

解上述方程组得：

$$\begin{cases} \hat{\beta}_1 = \dfrac{n\sum_{i=1}^{n} x_i y_i - \sum_{i=1}^{n} x_i \sum_{i=1}^{n} y_i}{n\sum_{i=1}^{n} x_i^2 - \left(\sum_{i=1}^{n} x_i\right)^2} \\ \hat{\beta}_0 = \bar{y} - \hat{\beta}_1 \bar{x} \end{cases} \tag{7.7}$$

【例 7.8】　根据例 7.6 的数据，求不良贷款对贷款余额的估计方程。

解：根据式（7.7）得

$$\begin{cases} \hat{\beta}_1 = \dfrac{25 \times 17\,080.14 - 3\,006.7 \times 93.2}{25 \times 516\,543.37 - 3\,006.7^2} = 0.037\,895 \\ \hat{\beta}_0 = 3.728 - 0.037\,895 \times 120.268 = -0.829\,5 \end{cases}$$

即不良贷款对贷款余额的估计方程为 $\hat{y}=-0.829\,5+0.0378\,95x$。回归系数 $\hat{\beta}_1=0.037\,895$，表示贷款余额每增加 1 亿元，不良贷款平均增加0.037 895亿元。

将 x_i 的各个取值代入上述估计方程，可以得到不良贷款的各个估计值 $\hat{y}_i$。由图 7－8 可以看出散点图与回归直线的关系。

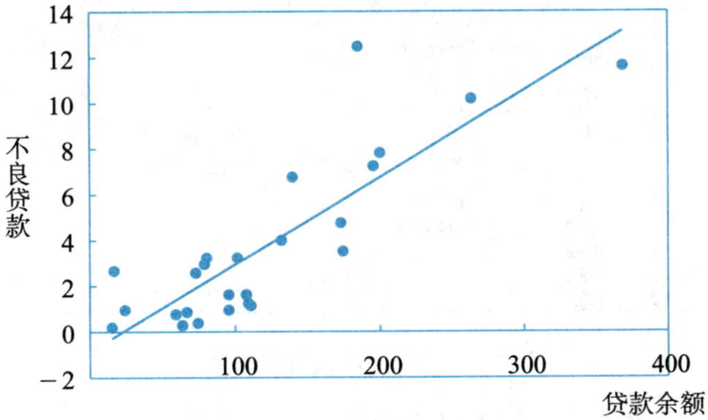

图 7－8　不良贷款对贷款余额的回归直线

回归分析中的计算量较大，特别是多元回归，用手工计算几乎是不可能的。因此，在实际分析中，回归计算完全依赖于计算机。除专门的统计软件外，大多数人所熟悉的 Excel 也有部分的统计功能，这些功能基本上能满足一些简单的统计分析。下面我们结合上面的例子，说明用 Excel 进行回归分析的具体步骤。

首先，我们将不良贷款与贷款余额的数据输入到 Excel 工作表中，然后按下列步骤进行操作：

用 Excel 进行回归分析的操作步骤

第 1 步：选择“数据”，点击“数据分析”命令。

第 2 步：在分析工具中选择“回归”，然后单击“确定”按钮。

第 3 步：当对话框出现时：

在“Y 值输入区域”框内键入数据区域 A2：A26；

在“X 值输入区域”框内键入数据区域 B2：B26；

在“置信度”框中给出所需的数值（这里我们使用默认值 95%）；

在“输出选项”框中选择输出区域（这里我们选“新工作表组”）；

在“残差”分析选项中选择所需的选项（这里我们暂时未选），结果如图 7－9 所示。

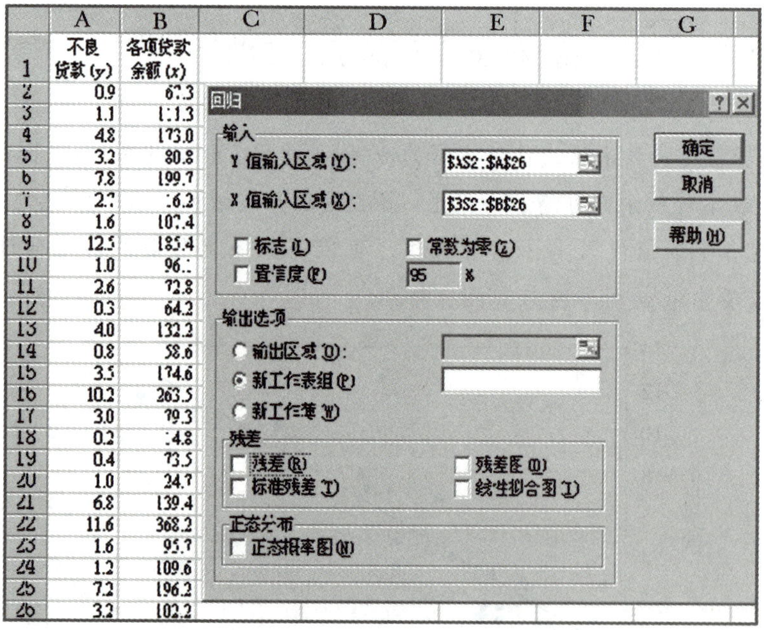

图 7－9　用 Excel 进行回归分析

单击“确定”按钮，得到的结果如图 7－10 所示。

	A	B	C	D	E	F	G
1	SUMMARY OUTPUT						
2							
3	回归统计						
4	Multiple R	0.843571					
5	R Square	0.711613					
6	Adjusted R Square	0.699074					
7	标准误差	1.979948					
8	观测值	25					
9							
10	方差分析						
11		df	SS	MS	F	Significance F	
12	回归分析	1	222.48598	222.485979	56.753844	1.18349E-07	
13	残差	23	90.164421	3.920192			
14	总计	24	312.6504				
15							
16		Coefficients	标准误差	t Stat	P-value	Lower 95%	Upper 95%
17	Intercept	-0.829521	0.723043	-1.147263	0.263068	-2.325248	0.666206
18	X Variable 1	0.037895	0.005030	7.533515	0.000000	0.027489	0.048300

图 7-10　Excel 输出的回归分析结果

Excel 输出的回归分析结果包括以下几个部分：

第一部分是“回归统计”，该部分给出了回归分析中的一些常用统计量，包括相关系数（Multiple R）、判定系数 R^2（R Square）、调整后的判定系数 R^2（Adjusted R Square）、标准误差、观测值的个数等。

第二部分是“方差分析”，该部分给出了自由度（df），回归平方和、残差平方和、总平方和（SS）、回归和残差的均方（MS）、检验统计量（F）和 F 检验的显著性水平（Significance F）。“方差分析”部分的主要作用是对回归方程的线性关系进行显著性检验。我们将在后面作详细介绍。

第三部分是参数估计的有关内容，包括回归方程的截距（Intercept）、斜率（X Variable 1）、截距和斜率的标准误差、用于检验的回归系数的 t 统计量（t Stat）、P 值（P-value），以及截距和斜率的置信区间（Lower 95.0%和 Upper 95.0%）等。

此外，还有“残差分析”部分，图 7-10 未给出其输出结果。对于本节内容所涉及的一些结果，将在后面陆续介绍。

三、回归方程的拟合优度

回归直线 $\hat{y}_i=\hat{\beta}_0+\hat{\beta}_1x_i$ 在一定程度上描述了变量 x 与 y 之间的数量关系，根据这一方程，我们可根据自变量 x 的取值来估计或预测因变量 y 的取值，但估计或预测的精度取决于回归直线对观测数据的拟合程度。可以想象，如果各观测数据的散点都落在这一直线上，那么这条直线就是对数据的完全拟合，此时用 x 来估计 y 是没有误差的。各观察点越是紧密围绕直线，说明直线对观测数据的拟合程度越好，反之则越差。我们把回归直线与各观测点的接近程度称为回归直线对数据的拟合优度（goodness of fit）。为说明直线的拟合优度，我们需要计算判定系数。

（一）判定系数

判定系数是对估计的回归方程拟合优度的度量。为说明它的含义，我们需要对因变量 y 的取值的变差进行研究。

因变量 y 的取值是不同的，y 取值的这种波动称为变差。变差的产生来自两个方面：一是由于自变量 x 的取值不同造成的；二是除 x 以外的其他因素（如 x 对 y 的非线性影响、测量误差等）的影响。对一个具体的观测值来说，变差的大小可以用实际观测值 y 与其均值 $\bar{y}$ 之差（$y-\bar{y}$）来表示。而 n 次观察值的总变差可由这些离差的平方和来表示，称为总平方和，记为 SST，即：

$$SST=\sum(y_i-\bar{y})^2 \tag{7.8}$$

从图 7－11 可以看出，每个观测点的离差都可以分解为

$$y-\bar{y}=(y-\hat{y})+(\hat{y}-\bar{y}) \tag{7.9}$$

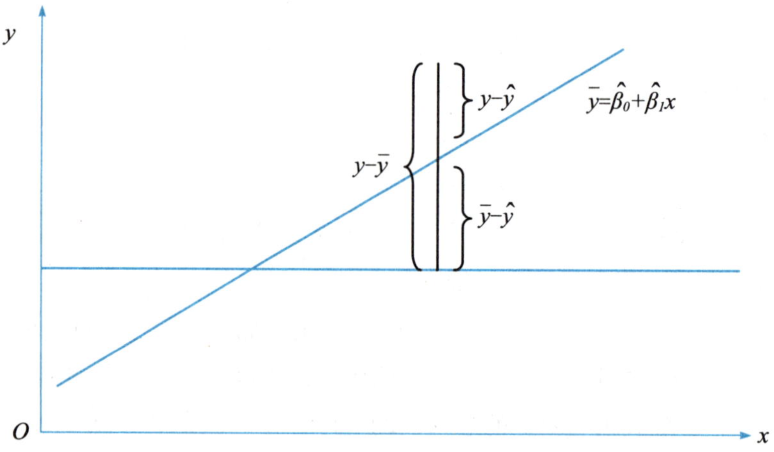

图 7－11　变差分解图

将式（7.9）两边平方，并对所有 n 个点求和有

$$\sum(y_i-\bar{y})^2$$
$$=\sum(y_i-\hat{y}_i)^2+\sum(\hat{y}_i-\bar{y})^2+2\sum(y_i-\hat{y}_i)(\hat{y}_i-\bar{y}) \tag{7.10}$$

可以证明，$\sum(y_i-\hat{y}_i)(\hat{y}_i-\bar{y})=0$，因此有

$$\sum(y_i-\bar{y})^2=\sum(y_i-\hat{y}_i)^2+\sum(\hat{y}_i-\bar{y})^2 \tag{7.11}$$

即总平方和 SST 可分解为两部分：其中一部分 $\sum(\hat{y}_i-\bar{y})^2$ 是回归值 $\hat{y}_i$ 与均值 $\bar{y}$ 的离差平方和，根据估计的回归方程，估计值 $\hat{y}_i=\hat{\beta}_0+\hat{\beta}_1x_i$，因此可以把 $(\hat{y}_i-\bar{y})$ 看作由于自变量 x 的变化引起的 y 的变化，而其平方和 $\sum(\hat{y}-\bar{y})^2$ 则反映了 y 的总变差中由于 x 与 y 之间的线性关系引起的 y 的变化部分，它是可以由回归直线来解释的 y_i 变差部分，称为回归平方和，记为 SSR。另一部分 $\sum(y_i-\hat{y}_i)^2$ 是各实际观测点与回归值的残差 $(y_i-\hat{y}_i)$ 的平方和，它反映除 x 对 y 的线性影响之外的其他因素对 y 变差的作用，是不能由回归直线来解释的 y_i 变差部分，称为残差平方和，记为 SSE。三个平方和之间的关系为：

总平方和＝回归平方和＋残差平方和

$$SST=SSR+SSE \tag{7.12}$$

从图 7－11 可以直观地看出，回归直线拟合的好坏取决于 SSR 及 SSE 的大小，或者说取决于回归平方和占总平方和比例（SSR/SST）的大小。各观测点越是靠近直线，SSR/SST则越大，直线拟合得越好。

定义 7.10　回归平方和占总平方和的比例，称为判定系数（coefficient of determination），记为 R^2。

计算公式为：

$$R^2=\frac{SSR}{SST}=\frac{\sum(\hat{y}_i-\bar{y})^2}{\sum(y_i-\bar{y})^2}=1-\frac{\sum(y_i-\hat{y}_i)^2}{\sum(y_i-\bar{y})^2} \tag{7.13}$$

判定系数 R^2 测度了回归直线对观测数据的拟合程度，它反映了在因变量 y 的总变差中由 x 与 y 之间的线性关系所解释的比例。若所有观测点都落在直线上，残差平方和 $SSE=0$，$R^2=1$，拟合是完全的；若 y 的变化与 x 无关，x 完全无助于解释 y 的变差，此时 $\hat{y}=\bar{y}$，则 $R^2=0$。可见 R^2 的取值范围是 [0，1]。R^2 越接近于 1，表明回归平方和占总平方和的比例越大，回归直线与各观测点越接近，用 x 的变化来解释 y 值变差的部分就越多，回归直线的拟合程度就越好；反之，R^2 越接近于 0，回归直线的拟合程度就越差。

在一元线性回归中，相关系数 r 实际上是判定系数的平方根。这一结论不仅可以使我们能由相关系数直接计算判定系数 R^2，也可以使我们进一步理解相关系数的意义。相关系数 r 与回归系数 $\hat{\beta}_1$ 的正负号是相同的，实际上，相关系数 r 也从另一个角度说明了回归直线的拟合优度。$|r|$ 越接近于 1，表明回归直线对观测数据的拟合程度越高。但用 r 说明回归直线的拟合优度需要慎重，因为 r 的值总是大于 R^2 的值（除非 $r=0$ 或 $|r|=1$）。比如，当 $r=0.5$ 时，表面上看似乎有一半的相关了，但 $R^2=0.25$，实际上我们只能解释总变差的 25%；当 $r=0.7$ 时才

能解释近一半的变差；而当 $r<0.3$ 时意味着只有很少一部分变差可由回归直线来解释。

【例 7.9】 根据例 7.6 的数据，计算不良贷款对贷款余额回归的判定系数，并解释其意义。

解：利用图 7-10 中 Excel 输出的回归分析结果可知，总平方和 $SST=312.6504$，回归平方和 $SSR=222.4860$，残差平方和 $SSE=90.1644$。根据式（7.13）得：

$$R^2=\frac{SSR}{SST}=\frac{222.4860}{312.6504}=0.7116=71.16\%$$

也可以根据相关系数求得：$R^2=(r)^2=(0.843571)^2=0.7116=71.16\%$。

实际上，图 7-10 中直接给出了判定系数 $R^2=0.711613$。

判定系数的实际意义是：在不良贷款取值的变差中，有 71.16%可以由不良贷款与贷款余额之间的线性关系来解释，或者说，在不良贷款取值的变动中，有 71.16%是由贷款余额所决定的，也就是说，不良贷款取值的差异有 2/3 以上是由贷款余额决定的，可见不良贷款与贷款余额之间有较强的线性关系。

（二）估计标准误差

上面讲到的判定系数可以用于度量回归直线的拟合程度，相关系数也可以起到类似的作用。而残差平方和则可以说明实际观测值 y_i 与回归估计值 $\hat{y}_i$ 之间的差异程度。对于一个变量的诸多观测值，我们可以用标准差来测度各观测值在其平均数周围的分散程度。与之类似的一个量也可以用来测度各实际观测点在直线周围的散布状况，它就是估计标准误差。

定义 7.11 各观察点在直线周围分散程度的一个度量值，称为估计量的标准差或标准误差（standard error of estimate），用 s_e 来表示。

估计标准误差的计算公式为：

$$s_e=\sqrt{\frac{\sum(y_i-\hat{y}_i)^2}{n-2}}=\sqrt{\frac{SSE}{n-2}} \tag{7.14}$$

估计标准误差 s_e 可以看作在排除了 x 对 y 的线性影响后，y 随机波动大小的一个估计量。从估计标准误差的实际意义看，它反映了用估计的回归方程预测因变量 y 时预测误差的大小。若各观测点越靠近直线，s_e 越小，则回归直线对各观测点的代表性就越好，根据估计的回归方程进行预测也就越准确；若各观测点全部落在直线上，则 $s_e=0$，此时用自变量来预测因变量时是没有误差的。可见 s_e 也从另一个角度说明了回归直线的拟合优度。

【例 7.10】 根据例 7.8 的有关结果，计算不良贷款对贷款余额回归的估计标准误差，并解释其意义。

解：利用图 7-10 中 Excel 输出的回归分析结果可知，$SSE=90.1644$。根据式

(7.14) 得：

$$s_e=\sqrt{\frac{SSE}{n-2}}=\sqrt{\frac{90.1644}{25-2}}=1.9799\ (\text{亿元})$$

实际上，图 7-10 中直接给出了该值，即标准误差=1.979 948。这就是说，根据贷款余额来估计不良贷款时，平均的估计误差为 1.979 9 亿元。

四、显著性检验

回归分析的主要目的是根据所建立的估计方程，用自变量 x 来估计或预测因变量 y 的取值。当我们建立了估计方程后，还不能马上进行估计或预测，因为该估计方程是根据样本数据得出的，它是否真实地反映了变量 x 和 y 之间的关系，还需要通过检验后才能证实。

如前所述，在根据样本数据拟合回归方程时，我们实际上已经假定变量 x 与 y 之间存在着线性关系，即 $y=\beta_0+\beta_1x+\varepsilon$，但这种假设是否成立，需要通过检验后才能证实。

回归分析中的显著性检验主要包括两个方面的内容：一是线性关系的检验；二是回归系数的检验。

（一）线性关系的检验

线性关系的检验所检验的是自变量 x 和因变量 y 之间的线性关系是否显著，或者说，它们之间是否能够用一个线性模型 $y=\beta_0+\beta_1x+\varepsilon$ 来表示。为检验两个变量之间的线性关系是否显著，我们需要构造一个用于检验的统计量。该统计量的构造是以回归平方和（SSR）以及残差平方和（SSE）为基础的。将 SSR 除以其相应的自由度（自变量的个数 p，一元线性回归中自由度为 1）的结果称为均方回归，记为 MSR；将 SSE 除以其相应的自由度（$n-p-1$，一元线性回归中自由度为 $n-2$）的结果称为均方残差，记为 MSE。如果原假设成立（H_0：$\beta_1=0$，两个变量之间的线性关系不显著），则比值 MSR/MSE 的抽样分布服从分子自由度为 1、分母自由度为 $n-2$ 的 F 分布，即

$$F=\frac{SSR/1}{SSE/(n-2)}=\frac{MSR}{MSE}\sim F(1,\ n-2) \tag{7.15}$$

所以当原假设 H_0：$\beta_1=0$ 成立时，MSR/MSE 的值应接近 1，但如果原假设 H_0：$\beta_1=0$ 不成立，MSR/MSE 的值将变得无穷大。因此，较大的 MSR/MSE 值将导致拒绝原假设 H_0，我们就可以断定变量 x 与 y 之间存在着显著的线性关系。线性关系检验的具体步骤如下：

第 1 步：提出假设。

$H_0: \beta_1=0$　两个变量之间的线性关系不显著

第 2 步：计算检验统计量 F。

$$F=\frac{SSR/1}{SSE/n-2}=\frac{MSR}{MSE} \tag{7.16}$$

第 3 步：作出决策。确定显著性水平 α，并根据分子自由度 $df_1=1$ 和分母自由度 $df_2=n-2$ 查 F 分布表，找到相应的临界值 F_α。若 $F>F_\alpha$，拒绝 H_0，表明两个变量之间的线性关系是显著的；若 $F<F_\alpha$，不能拒绝 H_0，表明两个变量之间的线性关系不显著。

【例 7.11】 根据例 7.8 的有关结果，检验不良贷款与贷款余额之间线性关系的显著性（$\alpha=0.05$）。

解：第 1 步：提出假设。

$H_0: \beta_1=0$　两个变量之间的线性关系不显著

第 2 步：计算检验统计量 F。

$$F=\frac{SSR/1}{SSE/(n-2)}=\frac{222.485\,98\div 1}{90.164\,421\div(25-2)}=\frac{222.485\,98}{3.920\,192}=56.753\,844$$

第 3 步：作出决策。根据显著性水平 $\alpha=0.05$，分子自由度 $df_1=1$ 和分母自由度 $df_2=25-2=23$ 查 F 分布表，找到相应的临界值 $F_\alpha=4.28$。由于 $F>F_\alpha$，拒绝 H_0，表明不良贷款与贷款余额之间的线性关系是显著的。

实际上，在 Excel 输出的回归结果中，方差分析表部分给出了线性关系显著性检验的结果。现将该结果列示在方差分析表（见图 7-12）中，并说明它的具体应用。

	A	B	C	D	E	F
1	方差分析					
2		df	SS	MS	F	Significance F
3	回归分析	1	222.48598	222.48598	56.753844	1.18349E-07
4	残差	23	90.164421	3.9201922		
5	总计	24	312.6504			

图 7-12　Excel 输出的方差分析表

Excel 输出的方差分析表除给出了检验统计的 F 值外，还给出了用于检验的显著性 F，即 *Significance F*，它相当于用于检验的 P 值。除了可以用统计量进行决策外，还可以利用 *Significance F* 得出相同的结论，而且十分简单。具体方法是：将 *Significance F* 的值与给定的显著性水平 α 的值进行比较，如果 *Significance F* 的值小于 α 的值，拒绝原假设 H_0，表明因变量 y 与自变量 x 之间有显著的线性关系；如果 *Significance F* 的值大于 α 的值，不能拒绝原假设 H_0，表明因变量 y 与自变量 x 之间没有显著的线性关系。

在图 7 - 12 的输出结果中，*Significance* $F=1.183\ 49\text{E}-07<\alpha=0.05$，这说明不良贷款与贷款余额之间存在显著的线性关系。

(二) 回归系数的检验

回归系数的显著性检验是检验自变量对因变量的影响是否显著的问题。在一元线性回归模型 $y=\beta_0+\beta_1 x+\varepsilon$ 中，如果回归系数 $\beta_1=0$，则回归线是一条水平线，表明因变量 y 的取值不依赖于自变量 x，即两个变量之间没有线性关系。如果回归系数 $\beta_1\neq0$，就可以得出两个变量之间存在线性关系的结论。因此，回归系数的显著性检验就是检验回归系数 β_1 是否等于 0。

回归系数显著性检验的具体步骤如下：

第 1 步：提出检验。

H_0：$\beta_1=0$　H_1：$\beta_1\neq0$

第 2 步：计算检验的统计量 t。

$$t=\frac{\hat{\beta}_1}{s_{\hat{\beta}_1}} \tag{7.17}$$

其中：$$s_{\hat{\beta}_1}=\frac{\sigma}{\sqrt{\sum x_i^2-\frac{1}{n}\left(\sum x_i\right)^2}} \tag{7.18}$$

第 3 步：作出决策。确定显著性水平 α，并根据自由度 $df=n-2$ 查 t 分布表，找到相应的临界值 $t_{\alpha/2}$。若 $|t|>t_{\alpha/2}$，拒绝 H_0，回归系数等于 0 的可能性小于 α，表明自变量 x 对因变量 y 的影响是显著的，换言之，两个变量之间存在着显著的线性关系；若 $|t|<t_{\alpha/2}$，则不能拒绝 H_0，表明 x 对 y 的影响是不显著的，二者之间不存在线性关系。

【例 7.12】 根据例 7.8 的有关结果，检验回归系数的显著性（$\alpha=0.05$）。

第 1 步：提出假设。

H_0：$\beta_1=0$　H_1：$\beta_1\neq0$

第 2 步：计算检验的统计量 t。

$$t=\frac{\hat{\beta}_1}{s_{\hat{\beta}_1}}=\frac{0.037\ 895}{0.005\ 030}=7.533\ 515$$

第 3 步：作出决策。根据给定的显著性水平 $\alpha=0.05$，自由度 $=n-2=25-2=23$，查 t 分布表，得 $t_{\alpha/2}=t_{0.025}=2.068\ 7$。由于 $t=7.533\ 515>t_{0.025}=2.068\ 7$，拒绝原假设 H_0。这意味着贷款余额是影响不良贷款的一个显著性因素。

在实际应用中，我们可以直接利用 Excel 输出的参数估计表进行检验。该表除了给出检验的统计量外，还给出了用于检验的 P 值（P-value）。检验时可直接将 P 值与给定的显著性水平 α 进行比较。若 P 值$<\alpha$，则拒绝假设 H_0；若 P 值$>\alpha$，则不能拒绝

假设 H_0。在本例中，$P=0.000\ 000<\alpha=0.05$，所以拒绝假设 H_0。

在一元线性回归中，由于自变量只有一个，上面介绍的 F 检验和 t 检验是等价的。也就是说，如果 H_0：$\beta_1=0$ 被 t 检验拒绝，它也将被 F 检验所拒绝。但在多元回归分析中，这两种检验的意义是不同的，F 检验只用来检验总体回归关系的显著性，而 t 检验则用来检验各个回归系数的显著性。

图 7-10 中给出的 Excel 输出的回归分析结果，有些已在上述内容中做了介绍，有些则没有。为使读者能够完全看懂 Excel 输出的结果，我们给出上面未涉及的一些结果的计算公式（见表 7-1），对这些内容的解释可进一步参考有关书籍。

表 7-1　Excel 输出的部分结果的计算公式

名称	计算公式	注释
Adjusted R Square（修正的 R^2）	$R^2=1-(1-R^2)\times\dfrac{n-1}{n-p-1}$	p 为自变量的个数
Intercept（截距）的抽样标准误差	$s_{\hat{\beta}_0}=s_e\sqrt{\dfrac{1}{n}+\dfrac{(\bar{x})}{\sum_{i=1}^{n}(x_i-\bar{x})^2}}$	
Intercept 的置信区间（Lower 95%和 Upper 95%）	$\hat{\beta}_0\pm t_{\alpha/2}(n-2)s_e\sqrt{\dfrac{1}{n}+\dfrac{(\bar{x})}{\sum_{i=1}^{n}(x_i-\bar{x})^2}}$	
斜率的置信区间（Lower 95%和 Upper 95%）	$\hat{\beta}_1\pm t_{\alpha/2}(n-2)\dfrac{s_e}{\sqrt{\sum_{i=1}^{n}(x_i-\bar{x})^2}}$	

7.3　利用回归方程进行估计和预测

回归分析的主要目的是根据所建立的估计的回归方程进行预测或控制。在回归方程通过各种检验后，我们就可以利用它来达到这一目的了。所谓预测（predict），是指通过自变量 x 的取值来预测因变量 y 的取值。比如，根据前面建立的不良贷款与贷款余额的估计方程，给出一个贷款余额的数值，就可以得到不良贷款的一个预测值；控制（control）则与预测恰好相反，它是根据一个想要的 y 值，求得所要求的 x 值。比如，假定我们要求不良贷款（y）的数额不超过 2 亿元，那么贷款余额（x）应控制在什么水平上？这里我们主要介绍根据估计方程进行估计和预测的方法，包括点估计和区间估计。

一、点估计

利用估计的回归方程，对于 x 的一个特定值 x_0，求出 y 的一个估计值，就是点估计。点估计可分为两种：一是平均值的点估计；二是个别值的点估计。

定义 7.12 利用估计的回归方程，对于 x 的一个特定值 x_0，求出 y 的平均值的一个估计值 $E(y_0)$，称为平均值的点估计。

定义 7.13 利用估计的回归方程，对于 x 的一个特定值 x_0，求出 y 的一个个别值的估计值 $\hat{y}_0$，称为个别值的点估计。

比如，在例 7.6 中，我们得到的估计的回归方程为 $\hat{y}=-0.829\ 5+0.037\ 895x$。如果我们要估计贷款余额为 100 亿元时所有分行不良贷款的平均值，那么就是平均值的点估计。根据估计的回归方程得：

$$E(y_0)=-0.829\ 5+0.037\ 895\times 100=2.96\text{（亿元）}$$

如果我们只是想知道贷款余额为 72.8 亿元的那个分行（这里是编号为 10 的那个分行）的不良贷款是多少，则属于个别值的点估计。根据估计的回归方程得：

$$\hat{y}=-0.829\ 5+0.037\ 895\times 72.8=1.93\text{（亿元）}$$

这就是说，贷款余额为 72.8 亿元的那个分行的不良贷款的估计值为 1.93 亿元。

在点估计条件下，对于同一个 x_0，平均值的点估计和个别值的点估计是一样的，但在区间估计中则是不同的。

二、区间估计

利用估计的回归方程，对于 x 的一个特定值 x_0，求出 y 的一个估计值的区间，就是区间估计。区间估计也有两种类型，分别是置信区间估计（confidence interval estimate）和预测区间估计（prediction interval estimate）。

定义 7.14 对 x 的一个给定值 x_0，求出 y 的平均值的区间估计，称为置信区间估计。

定义 7.15 对 x 的一个给定值 x_0，求出 y 的一个个别值的区间估计，称为预测区间估计。

（一）y 的平均值的置信区间估计

设 x_0 为自变量 x 的一个特定值或给定值，$E(y_0)$为对于给定的 x_0，因变量 y 的平均值或期望值。$E(y_0)$ 在 $1-\alpha$ 置信水平下的置信区间可表示为：

$$\hat{y}_0 \pm t_{\alpha/2} s_y \sqrt{\frac{1}{n}+\frac{(x_0-\bar{x})^2}{\sum_{i=1}^{n}(x_i-\bar{x})^2}} \tag{7.19}$$

【例 7.13】 根据例 7.8 所求得的估计方程，取 $x_0=100$，建立不良贷款 95%的置信区间。

解：根据前例的计算结果，已知 $n=25$，$s_y=1.979\,9$，查表得 $t_{\alpha/2}(n-2)=t_{0.025}(25-2)=2.068\,7$。

当贷款余额=100 亿元时，不良贷款的点估计值为：

$$E(y_0)=-0.829\,5+0.037\,895\times100=2.96$$

根据式（7.19）得 $E(y_0)$ 的置信区间为：

$$2.96\pm2.068\,7\times1.979\,9\times\sqrt{\frac{1}{25}+\frac{(100-120.268)^2}{154\,933.574\,4}}$$

$$=2.96\pm0.845\,9$$

即　$2.114\,1\leqslant E(y_0)\leqslant3.805\,9$

也就是说，当置信水平为 95%，贷款余额为 100 亿元时，不良贷款的平均值在 2.114 1亿元至3.805 9亿元之间。

（二）y 的个别值的预测区间估计

假如我们不是估计贷款余额为 100 亿元时所有分行的平均不良贷款，而只是估计贷款余额为 72.8 亿元的那个分行的不良贷款的区间是多少，那么这个区间就称为预测区间。

对于给定的 x_0，y 的一个个别值 y_0 在 $1-\alpha$ 置信水平下的预测区间可表示为：

$$\hat{y}_0 \pm t_{\alpha/2} s_y \sqrt{1+\frac{1}{n}+\frac{(x_0-\bar{x})^2}{\sum_{i=1}^{n}(x_i-\bar{x})^2}} \tag{7.20}$$

我们注意到，与式（7.19）相比，式（7.20）的根号内多了一个 1。因此，即使是对同一个 x_0，这两个区间的宽度也是不一样的。预测区间要比置信区间宽一些。

【例 7.14】 根据例 7.8 所求得的估计方程，建立贷款余额为 72.8 亿元的那个分行的不良贷款的 95%的预测区间。

解：根据前例的计算结果，已知 $n=25$，$s_e=1.979\,9$，查表得 $t_{\alpha/2}(n-2)=t_{0.025}(25-2)=2.068\,7$。

当贷款余额=72.8 时，不良贷款的点估计值为：

$$\hat{y}=-0.829\,5+0.037\,895\times72.8=1.93$$

不良贷款的 95%的预测区间为：

$$1.93\pm 2.0687\times 1.9799\times \sqrt{1+\frac{1}{25}+\frac{(72.8-120.268)^2}{154\,933.574\,4}}$$

$$=1.93\pm 4.2066$$

即　$-2.2766\leqslant \hat{y}_0\leqslant 6.1366$

也就是说，当置信水平为95%时，贷款余额为72.8亿元的那个分行的不良贷款的预测区间是−2.276 6亿元至6.136 6亿元。

两个区间的宽度不太一样，y的个别值的预测区间要宽一些。二者的差别表明，估计y的平均值比预测y的一个特定值或个别值更精确。同样，当$x_0=\bar{x}$时，预测区间也是最精确的。图7－13给出了置信区间和预测区间的示意图。

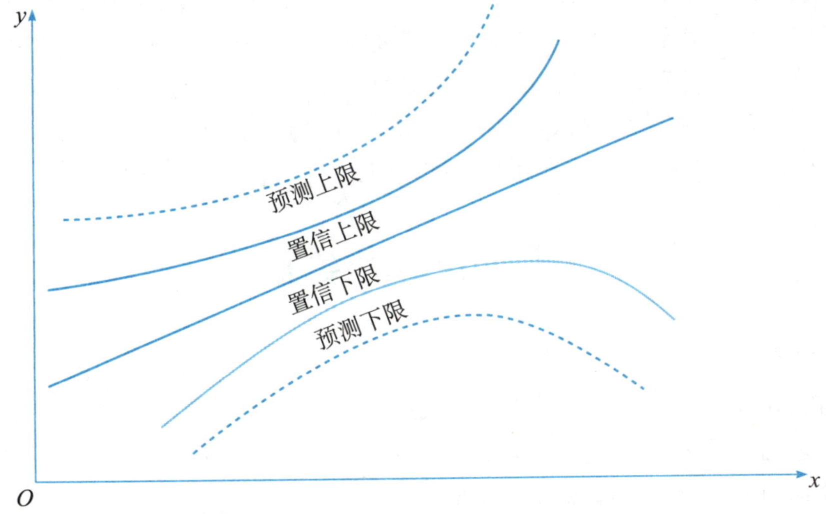

图7－13　置信区间和预测区间示意图

本章小结

本章首先介绍了相关分析的方法。相关关系与函数关系不同，它是指变量之间存在的不确定的数量关系。描述相关关系的方法主要是散点图；测度变量之间关系密切程度的方法是相关系数r，其取值范围是$[-1, 1]$。$|r|$越趋近于1，表示关系越密切。若$|r|=1$，表示完全相关；若$0<r\leqslant 1$，表示正相关；若$-1\leqslant r<0$，则表示负相关；若$r=0$，则表示两个变量之间不存在线性相关关系。

在一元线性回归分析中，我们介绍了回归分析中的一些基本概念，包括回归模型、回归方程、估计的回归方程等。回归模型是描述因变量y如何依赖于

自变量 x 和误差项的方程；回归方程是描述 y 的平均值或期望值如何依赖于 x 的方程；估计的回归方程是指在估计回归方程的参数时，根据样本数据所建立的方程。

对回归方程中参数的估计采用的是最小二乘法，它使实际观测值与回归估计值的离差平方和达到最小。为评价回归方程的拟合程度，我们给出了判定系数，它是回归平方和占总变差平方和的比例，实际计算时，可根据相关系数的平方来求得。此外，估计标准误差也可以作为评价回归方程拟合程度的一个度量。

利用回归方程进行估计的方法有点估计和区间估计。点估计是利用估计的回归方程，对于 x 的一个特定值 x_0，求出 y 的一个估计值。区间估计是利用估计的回归方程，对于 x 的一个特定值 x_0，求出 y 的一个估计值的区间。区间估计有两种类型：一是置信区间估计，它是对 x 的一个给定值，求出 y 的平均值的估计区间，这一估计区间称为置信区间；二是预测区间估计，它是对 x 的一个给定值，求出 y 的一个个别值的估计区间，这一区间称为预测区间。

思考与练习

一、思考题

1. 解释相关关系的含义，说明相关关系的特点。
2. 简述相关系数的取值及其意义。
3. 简述相关系数显著性检验的步骤。
4. 解释回归模型、回归方程、估计的回归方程的含义。
5. 简述参数最小二乘估计的基本原理。
6. 解释总平方和、回归平方和、残差平方和的含义，并说明它们之间的关系。
7. 简述判定系数的含义和作用。
8. 在回归分析中，F 检验和 t 检验各有什么作用？
9. 简述线性关系检验和回归系数检验的具体步骤。
10. 什么是置信区间估计和预测区间估计？二者有何区别？

二、练习题

1. 从某一行业中随机抽取 12 家企业，所得产量与生产费用的数据如下：

企业编号	产量（台）	生产费用（万元）	企业编号	产量（台）	生产费用（万元）
1	40	130	7	84	165
2	42	150	8	100	170

续表

企业编号	产量（台）	生产费用（万元）	企业编号	产量（台）	生产费用（万元）
3	50	155	9	116	167
4	55	140	10	125	180
5	65	150	11	130	175
6	78	154	12	140	185

（1）绘制产量与生产费用的散点图，判断二者之间的关系形态。

（2）计算产量与生产费用之间的线性相关系数。

2. 下面是 7 个地区某年的人均国内生产总值（GDP）和人均消费水平的统计数据：

地区	人均 GDP（元）	人均消费水平（元）
北京	22 460	7 326
辽宁	11 226	4 490
上海	34 547	11 546
江西	4 851	2 396
河南	5 444	2 208
贵州	2 662	1 608
陕西	4 549	2 035

（1）以人均 GDP 作为自变量，人均消费水平作为因变量，绘制散点图，并说明二者之间的关系形态。

（2）计算两个变量之间的线性相关系数，说明两个变量之间的关系强度。

（3）利用最小二乘法求出估计的回归方程，并解释回归系数的实际意义。

（4）计算判定系数，并解释其意义。

（5）检验回归方程线性关系的显著性（$\alpha=0.05$）。

（6）如果某地区的人均 GDP 为5 000元，预测其人均消费水平。

（7）求人均 GDP 为5 000元时，人均消费水平 95%的置信区间和预测区间。

3. 随机抽取 10 家航空公司，对其最近一年的航班正点率和顾客投诉次数进行调查，所得数据如下：

航空公司编号	航班正点率（%）	投诉次数（次）
1	81.8	21
2	76.6	58
3	76.6	85
4	75.7	68

续表

航空公司编号	航班正点率（%）	投诉次数（次）
5	73.8	74
6	72.2	93
7	71.2	72
8	70.8	122
9	91.4	18
10	68.5	125

（1）绘制散点图，说明二者之间的关系形态。

（2）用航班正点率作为自变量，顾客投诉次数作为因变量，求出估计的回归方程，并解释回归系数的意义。

（3）检验回归系数的显著性（$\alpha=0.05$）。

（4）如果航班正点率为80%，估计顾客的投诉次数。

（5）求航班正点率为80%时，顾客投诉次数95%的置信区间和预测区间。

4. 下面为20个城市的写字楼出租率和每平方米月租金的数据：

地区编号	出租率（%）	每平方米月租金（元）
1	70.6	99
2	69.8	74
3	73.4	83
4	67.1	70
5	70.1	84
6	68.7	65
7	63.4	67
8	73.5	105
9	71.4	95
10	80.7	107
11	71.2	86
12	62.0	66
13	78.7	106
14	69.5	70
15	68.7	81
16	69.5	75
17	67.7	82
18	68.4	94
19	72.0	92
20	67.9	76

设月租金为自变量，出租率为因变量，用Excel进行回归，并对结果进行解释和分析。

5. 某汽车生产商欲了解广告费用（x）对销售量（y）的影响，收集了过去 12 年的有关数据。通过计算得到下面的有关结果：

方差分析表

变差来源	df	SS	MS	F	Significance F
回归					2.17E－09
残差		40 158.07		—	—
总计	11	1 642 866.67	—	—	—

参数估计表

	Coefficients	标准误差	t Stat	P-value
Intercept	363.6891	62.45529	5.823191	0.000168
X Variable 1	1.420211	0.071091	19.97749	2.17E－09

(1) 完成上面的方差分析表。

(2) 汽车销售量的变差中有多少是由于广告费用的变动引起的？

(3) 销售量与广告费用之间的相关系数是多少？

(4) 写出估计的回归方程并解释回归系数的实际意义。

(5) 检验线性关系的显著性（$\alpha=0.05$）。

第 8 章

时间序列分析和预测

■ 内容提要

时间序列分析的主要目的是进行预测。本章主要介绍一些传统的时间序列预测方法，内容包括：(1) 时间序列及其分解，介绍时间序列的概念与分类、时间序列的构成要素及分解模型等。(2) 时间序列的描述性分析，介绍时间序列的图形描述及增长率的计算方法。(3) 预测方法的选择与评估，介绍含有不同成分的时间序列所适用的一些预测方法、预测方法的评估等。(4) 平稳序列的平滑和预测，介绍平稳时间序列预测的移动平均法和指数平滑法等。(5) 有趋势序列的分析和预测，介绍线性趋势和非线性趋势的预测方法等。(6) 复合型序列的分解预测，介绍分解预测的基本步骤和应用。

8.1 时间序列及其分解

时间序列是一种常见的数据形式。比如，经济数据大多数都以时间序列的形式给出。

定义 8.1 按时间顺序记录的一组数据，称为时间序列（times series）。

根据观察时间的不同，时间序列中的时间可以是年份、季度、月份或其他任何时间形式。为便于表述，本书中我们用 t 表示所观察的时间，用 Y 表示观察值，则 Y_i（$i=1$，2，…，n）为时间 t_i 上的观察值。

时间序列可以分为平稳序列和非平稳序列两大类。

定义 8.2 基本上不存在趋势的序列，称为平稳序列（stationary series）。

平稳序列中的各观察值基本上在某个固定的水平上波动，虽然在不同的时间段波动的程度不同，但并不存在某种规律，而其波动可以看成是随机的。

定义 8.3 包含趋势性、季节性或周期性的序列，称为非平稳序列（non-stationary series）。

非平稳序列可能只含有其中的一种成分，也可能是几种成分的组合。

定义 8.4 时间序列在长时期内呈现出来的某种持续上升或持续下降的变动，称为趋势，也称长期趋势。

时间序列中的趋势是由于某种固定性的因素作用于序列而形成的。其中的趋势可以是线性的，也可以是非线性的。

定义 8.5 时间序列在一年内重复出现的周期性波动，称为季节性，也称季节变动（seasonal fluctuation）。

在商业活动中，常常使用“销售旺季”或“销售淡季”这类术语；在旅游业中，也常常使用“旅游旺季”或“旅游淡季”这类术语，等等。这些术语表明，这些活动因季节的不同而发生着变化。当然，季节性中的“季节”一词是广义的，实质是指任何一种周期性的变化。在现实生活中，季节变动是一种极为普遍的现象，它是诸如气候条件、生产条件、节假日或人们的风俗习惯等各种因素作用的结果。如农业生产、交通运输、建筑业、旅游业、商品销售以及工业生产中都有明显的季节性。

定义 8.6 时间序列中呈现出来的围绕长期趋势的一种波浪形或振荡式变动，

称为周期性，也称循环波动（cyclical fluctuation）。

周期性通常是由于商业和经济活动而引起的，它不同于趋势变动，不是朝着单一方向的持续运动，而是涨落相间的交替波动；它也不同于季节变动，季节变动有比较固定的规律，且变动周期大多为一年，而循环波动则无固定规律，变动周期多在一年以上，且周期长短不一。周期性通常是由于经济环境的变化而引起的。

除此以外，还有些偶然性因素对时间序列产生影响，致使时间序列呈现某种随机波动，称为随机性或不规则波动。

定义 8.7 时间序列中除去趋势、周期性和季节性之后的偶然性波动，称为随机性（random）或不规则波动（irregular variations）。

这样，我们可以将时间序列的构成要素分为四种，即趋势（T）、季节性或季节变动（S）、周期性或循环波动（C）、随机性或不规则波动（I）。传统时间序列分析的一项主要内容就是把这些影响因素从时间序列中分离出来，并将它们之间的关系用一定的数学关系式予以表达，然后分别进行分析。

按四种因素对时间序列的影响方式不同，时间序列可分解为多种模型，如乘法模型、加法模型、混合模型等。其中最常用的是乘法模型，其表现形式为：

$$Y_t=T_t\times S_t\times C_t\times I_t \tag{8.1}$$

本章所介绍的时间序列分解方法就是以乘法模型为基础的。

8.2 时间序列的描述性分析

一、图形描述

在对时间序列进行分析时，最好是先作一个图形，然后通过图形观察数据随时间的变化模式及变化趋势。作图是观察时间序列形态的一种有效方法，它对于我们进一步分析会有很大帮助。下面我们给出几个时间序列，并通过图形进行观察和分析。

【例 8.1】 图 8－1 给出了我国人均国内生产总值（GDP）、轿车产量和棉花产量的时间序列。

	A	B	C	D
1	年份	人均GDP（元）	轿车产量（万辆）	CPI（上年=100）
2	2003	10 541.97	207.08	101.20
3	2004	12 335.58	227.63	103.90
4	2005	14 185.36	277.01	101.80
5	2006	16 499.70	386.94	101.50
6	2007	20 169.46	479.78	104.80
7	2008	23 707.71	503.81	105.90
8	2009	25 607.53	748.48	99.30
9	2010	30 015.05	957.59	103.30
10	2011	35 197.79	1 012.67	105.40
11	2012	38 459.47	1 077.00	102.60

图 8－1　人均国内生产总值等时间序列

资料来源：国家统计局网站。

为判断这几个序列的变化形态以及随时间的变化趋势，我们给出了这几个序列的图形，见图 8－2。

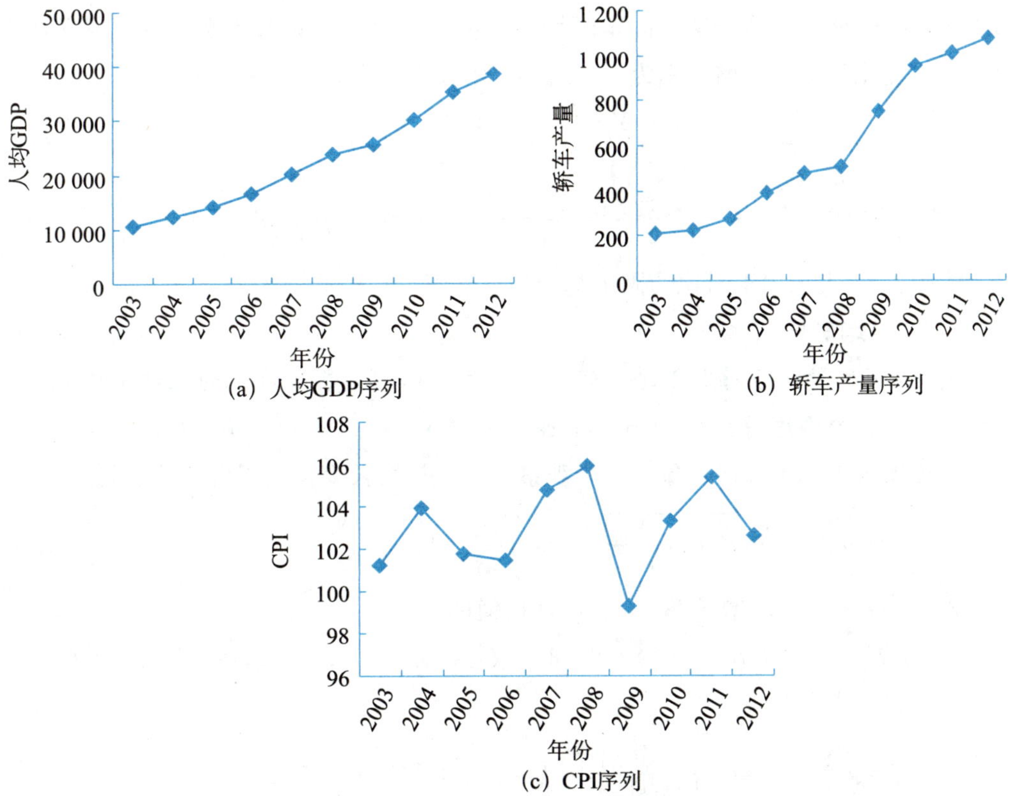

图 8－2　不同时间序列的图形

从图 8－2 可以看出，人均 GDP 序列［图（a)］呈现一定的指数趋势；轿车产量序列［图（b)］呈现一定的指数变化趋势；CPI 序列［图（c)］则没有任何趋势，呈现出一定的随机波动。通过对图形的观察和分析有助于我们做进一步的描述，并为预测提供基本依据。

二、增长率分析

在一些经济分析中常使用增长率。增长率是对现象在不同时间的变化状况所做的描述。由于对比的基期不同，增长率有不同的计算方法。这里主要介绍增长率、平均增长率的计算方法。

（一）增长率

定义 8.8 时间序列中报告期观察值与基期观察值之比减 1 后的结果，称为增长率（growth rate），也称增长速度，用%表示。

由于对比的基期不同，增长率可以分为环比增长率和定基增长率。环比增长率是报告期观察值与前一时期观察值之比减 1，说明现象逐期增长变化的程度；定基增长率是报告期观察值与某一固定时期观察值之比减 1，说明现象在整个观察期内总的增长变化程度。设增长率为 G，则环比增长率和定基增长率可表示为：

$$\text{环比增长率：} G_i=\frac{Y_i-Y_{i-1}}{Y_{i-1}}=\frac{Y_i}{Y_{i-1}}-1 \quad (i=1,\ \cdots,\ n) \tag{8.2}$$

$$\text{定基增长率：} G_i=\frac{Y_i-Y_0}{Y_0}=\frac{Y_i}{Y_0}-1 \quad (i=1,\ \cdots,\ n) \tag{8.3}$$

式中：Y_0 表示用于对比的固定基期的观察值。

（二）平均增长率

定义 8.9 时间序列中各逐期环比值（也称环比发展速度）的几何平均数减 1 后的结果，称为平均增长率（average rate of increase），也称平均发展速度。

平均增长率用于描述现象在整个观察期内平均增长变化的程度，计算公式为：

$$\bar{G}=\sqrt[n]{\frac{Y_1}{Y_0}\times\frac{Y_2}{Y_1}\times\cdots\times\frac{Y_n}{Y_{n-1}}}-1=\sqrt[n]{\frac{Y_n}{Y_0}}-1 \tag{8.4}$$

式中：$\bar{G}$ 表示平均增长率，n 表示环比值的个数。

【例 8.2】 根据图 8-1 中的人均 GDP 数据，计算 2003—2012 年的平均增长率。

解：根据式（8.4）得：

$$\bar{G}=\sqrt[n]{\frac{Y_n}{Y_0}}-1=\sqrt[15]{\frac{38\ 459.47}{10\ 541.97}}-1=115.47\%-1=15.47\%$$

即 2003—2012 年，我国人均 GDP 的平均增长率为 15.47%。

对于大多数时间序列，特别是有关社会经济现象的时间序列，我们经常利用增长率来描述其增长状况。尽管增长的计算与分析都比较简单，但在实际应用中，有时也会出现误用乃至滥用的情况。因此，在应用增长率分析实际问题时，应注意以下几点：

首先，当时间序列中的观察值出现 0 或负数时，不宜计算增长率。比如，假定某企业连续五年的利润额分别为 5、2、0、－3、2 万元，对这一序列计算增长率，要么不符合数学公理，要么无法解释其实际意义。在这种情况下，适宜直接用绝对数进行分析。

其次，在有些情况下，不能单纯就增长率论增长率，要注意增长率与绝对水平的结合分析。

8.3 预测方法的选择与评估

选择什么样的方法进行预测，首先取决于历史数据模型，即时间序列所包含的成分；其次取决于所能获得的历史数据的多少，有些方法只需要少量的数据就能进行预测，而有些方法则需要的数据较多。此外，方法的选择还取决于所要求的预测期的长短，有些方法只能进行短期预测，表 8－1 给出了本章用到的时间序列预测方法、所适合的数据模型、对数据的要求和预测期的长短等。

表 8－1　预测方法的选择

预测方法	适合的数据模型	对数据的要求	预测期
移动平均	平稳序列	数据个数与移动平均的步长相等	非常短
简单指数平滑	平稳序列	5 个以上	短期
一元线性回归	线性趋势	10 个以上	短期至中期
指数模型	非线性趋势	10 个以上	短期至中期
分解预测	趋势、季节和循环成分	至少有四个周期的季度或月份数据	短期、中期、长期

在选择出预测方法并利用该种方法进行预测后，反过来需要对所选择的方法进行评估，以确定所选择的方法是否正确。

一种预测方法的好坏取决于预测误差的大小。预测误差是预测值与实际值的差距，度量方法有平均误差（mean error）、平均绝对误差（mean absolute deviation）、均方误差（mean square error）、平均百分比误差（mean percentage error）和平均绝对百分比误差（mean absolute percentage error）等，其中较为常用的是均方误差。对于同一个时间序列有几种可供选择的方法时，以预测误差最小者为宜。

均方误差是误差平方和的平均数，用 MSE 表示，计算公式为：

$$MSE=\frac{\sum_{i=1}^{n}(Y_i-F_i)^2}{n} \tag{8.5}$$

式中：Y_i 是第 i 期的实际值，F_i 是第 i 期的预测值，n 为预测误差的个数。

8.4 平稳序列的预测

如果序列中只含有随机成分，用平滑方法进行预测比较合适，主要有移动平均法和指数平滑法等，这些方法是通过对时间序列进行平滑以消除其随机波动，因而也称为平滑法。平滑法既可用于短期预测，也可用于对时间序列进行平滑以描述序列的趋势（包括线性趋势和非线性趋势）。

一、移动平均法

定义 8.10 通过对时间序列逐期递移求得平均数作为预测值的预测方法，称为移动平均法（moving average）。

移动平均法选择固定长度的移动间隔，然后对时间序列逐期移动求得平均数作为下一期的预测值。设移动间隔为 k（$1<k<t$），则 $t+1$ 期的移动平均预测值为：

$$F_{t+1}=\overline{Y}_t=\frac{Y_{t-k+1}+Y_{t-k+2}+\cdots+Y_{t-1}+Y_t}{k} \tag{8.6}$$

移动平均法只使用最近 k 期的数据，每次计算移动平均值时的移动间隔都为 k。至于多长的移动间隔较为合理，可在预测时采用不同的移动间隔进行预测，然后选择一个使均方误差达到最小的移动间隔。

【例 8.3】 根据图 8－1 中的 CPI 数据，分别取移动间隔 $k=3$ 和 $k=5$ 进行移动平均预测，计算出预测误差，并将实际值和预测后的序列绘制成图形进行比较。

解：采用 Excel 进行移动平均预测的步骤如下：

用 Excel 进行移动平均预测

第 1 步：选择“工具”菜单中的“数据分析”命令。

第 2 步：在分析工具中选择“移动平均”，然后单击“确定”按钮。

第 3 步：在对话框的"输入区域"框中输入原始数据的区域；在"间隔"框中输入移动间隔长度；在"输出区域"框中选择预测结果的输出位置（通常选择与第 2 期数值对应的单元格）。单击"确定"按钮。

按上述步骤得到的预测结果如图 8－3、图 8－4 所示。

	A	B	C	D	E	F	G	H
1			移动平均预测					
2	年份	CPI	K=3	预测误差	误差平方	k=5	预测误差	误差平方
3	2003	101.20						
4	2004	103.90						
5	2005	101.80						
6	2006	101.50	102.30	-0.800 0	0.640 0			
7	2007	104.80	102.40	2.400 0	5.760 0			
8	2008	105.90	102.70	3.200 0	10.240 0	102.64	0.060 0	0.003 6
9	2009	99.30	104.07	-4.766 7	22.721 1	103.58	0.486 7	0.236 8
10	2010	103.30	103.33	-0.033 3	0.001 1	102.66	0.673 3	0.453 4
11	2011	105.40	102.83	2.566 7	6.587 8	102.96	-0.126 7	0.016 0
12	2012	102.60	102.67	-0.066 7	0.004 4	103.74	-1.073 3	1.152 0
13	**2013**		**103.77**			**103.30**		
14	合计	—	—	—	**45.954 4**	—	—	**1.861 9**

图 8－3　CPI 的移动平均预测 1

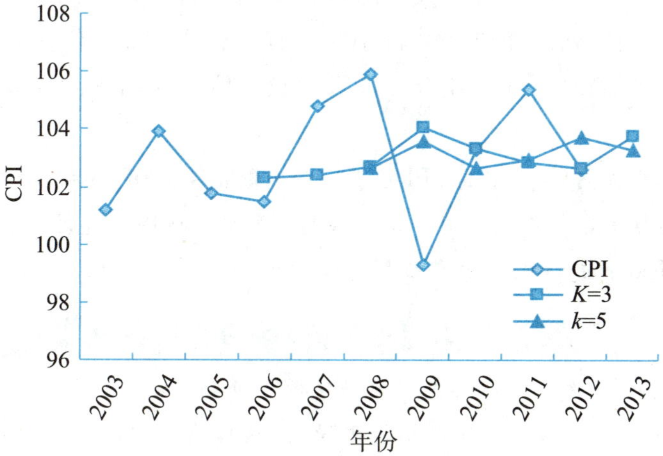

图 8－4　CPI 的移动平均预测 2

以 3 项移动平均为例，图 8－3 中的 103.77 就是 2010 年、2011 年和 2012 年 3 年的平均值，用它作为 2013 年的预测值。从预测效果看，3 项移动平均预测的均方误差为6.564 92（45.954 4÷7），而 5 项移动平均预测的均方误差为 0.372 38（1.861 9÷5）。相比较而言，采用 5 项移动平均预测的误差较小，预测效果稍好一些。

二、指数平滑法

定义 8.11 对过去的观察值加权平均进行预测，使得第 t 期的指数平滑值等于 t 期的实际观察值与第 t 期指数平滑值的加权平均值，这样的预测方法称为指数平滑法（exponential smoothing）。

由于观察值的时间离预测期越远，其权数也跟着呈指数形式下降，因而称为指数平滑。就一次指数平滑而言，$t+1$ 期的预测值是 t 期实际值 Y_t 与 t 期预测值 F_t 的线性组合，其预测模型为：

$$F_{t+1} = \alpha Y_t + (1-\alpha)F_t \tag{8.7}$$

式中：α 为平滑系数（$0<\alpha<1$）。

由于在开始计算时，还没有第 1 个时期的预测值 F_1，通常可以设 F_1 等于 1 期的实际值，即 $F_1=Y_1$。

使用指数平滑法预测的关键是确定一个合适的平滑系数 α。因为不同的 α 对预测结果会产生不同的影响。当 $\alpha=0$ 时，预测值仅仅是重复上一期的预测结果；当 $\alpha=1$ 时，预测值就是上一期的实际值。α 越接近 1，模型对时间序列变化的反应就越及时，因为它对当前的实际值赋予了比预测值更大的权数。同样，α 越接近 0，意味着对当前的预测值赋予更大的权数，因此模型对时间序列变化的反应就越慢。一般来说，当时间序列有较大的随机波动时，宜选较大的 α，以便能很快跟上近期的变化，当序列的随机波动较小时，宜选较小的 α。但实际应用时，还应考虑预测误差。预测时可选择几个 α 进行比较，然后找出预测误差最小的作为最后的 α 值。

【例 8.4】 根据图 8-1 中的 CPI 数据，分别取 $\alpha=0.3$ 和 $\alpha=0.5$ 进行指数平滑预测，计算出预测误差，并将实际值和预测后的序列绘制成图形进行比较。

解：采用 Excel 进行指数平滑预测的步骤如下：

用 Excel 进行指数平滑预测

第 1 步：选择“数据”并点击“数据分析”命令。

第 2 步：在分析工具中选择“指数平滑”，然后单击“确定”按钮。

第 3 步：在对话框的“输入区域”框中输入原始数据的区域；在“阻尼系数”框（注：阻尼系数$=1-\alpha$）中输入 $1-\alpha$ 的值；在“输出区域”框中选择预测结果的输出位置（通常选择与第 1 期数值对应的单元格）。单击“确定”按钮。

按上述步骤得到的预测结果如图 8-5、图 8-6 所示。

	A	B	C	D	E	F	G	H
1			指数平滑预测					
2	年份	CPI	$\alpha=0.3$	预测误差	误差平方	$\alpha=0.5$	预测误差	误差平方
3	2003	101.20						
4	2004	103.90	101.20	2.700 0	7.290 0	101.20	2.700 0	7.290 0
5	2005	101.80	102.01	-0.210 0	0.044 1	102.55	-0.750 0	0.562 5
6	2006	101.50	101.95	-0.447 0	0.199 8	102.18	-0.675 0	0.455 6
7	2007	104.80	101.81	2.987 1	8.922 8	101.84	2.962 5	8.776 4
8	2008	105.90	102.71	3.191 0	10.182 3	103.32	2.581 3	6.662 9
9	2009	99.30	103.67	-4.366 3	19.064 8	104.61	-5.309 4	28.189 5
10	2010	103.30	102.36	0.943 6	0.890 3	101.95	1.345 3	1.809 9
11	2011	105.40	102.64	2.760 5	7.620 4	102.63	2.772 7	7.687 6
12	2012	102.60	103.47	-0.867 6	0.752 8	104.01	-1.413 7	1.998 5
13	**2013**		**103.21**			**103.31**		
14	合计	—	—	—	**54.967 2**	—	—	**63.432 8**

图 8-5　CPI 的指数平滑预测 1

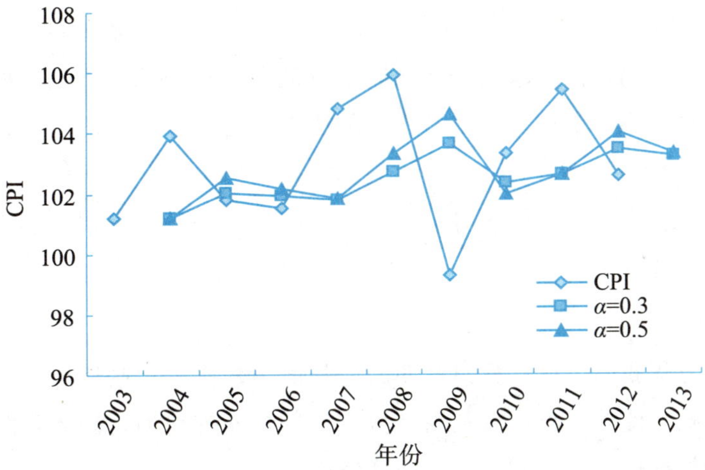

图 8-6　CPI 的指数平滑预测 2

比较各误差平方和可知，$\alpha=0.3$ 时的预测误差比 $\alpha=0.5$ 时的预测误差要小一些。

8.5 有趋势序列的预测

上面介绍的平滑法都可以用于描述时间序列的趋势，包括线性趋势和非线性趋势。当用这些方法进行预测时，要注意它们一般只适合于平稳时间序列，当序列存在明显的趋势时，这些方法就不再适用，这时应进行趋势外推预测。时间序列的趋势可以分为线性趋势和非线性趋势两大类，如果这种趋势能够延续到未来，可以利用趋势进行外推预测。本节主要介绍有趋势序列的预测方法。

一、线性趋势预测

线性趋势（linear trend）是指现象随着时间的推移而呈现出稳定增长或下降的线性变化规律。比如，图 8－2 中的人均 GDP 序列［图（a）］就有明显的线性趋势。如果这种趋势能延续到未来，就可以利用这种趋势预测未来的人均 GDP。

当现象的发展按线性趋势变化时，可以用下列线性趋势方程来描述：

$$\hat{Y}_t = a + bt \tag{8.8}$$

式中：$\hat{Y}_t$ 代表时间序列 Y_t 的趋势值；t 代表时间标号；a 代表趋势线在 Y 轴上的截距；b 是趋势线的斜率，表示时间 t 变动一个单位时，观察值的平均变动数量。

趋势方程中的两个待定系数 a 和 b 通常按最小二乘法求得。该方法已在第 7 章中做了介绍，这里不再赘述。根据最小二乘法得到的趋势线中的 a 和 b 的计算公式如下：

$$\begin{cases} b = \dfrac{n\sum tY - \sum t \sum Y}{n\sum t^2 - (\sum t)^2} \\ a = \bar{Y} - b\bar{t} \end{cases} \tag{8.9}$$

通过趋势方程我们可以计算出各期的趋势值，并通过这些趋势值来分析序列的变化趋势及模式。此外，也可以利用趋势方程进行外推预测。趋势预测的误差可用线性回归中的估计标准误差来衡量。计算公式为：

$$s_e = \sqrt{\frac{\sum_{i=1}^{n}(Y_i - \hat{Y}_i)^2}{n-m}} \tag{8.10}$$

式中：m 为趋势方程中未知常数的个数。对于线性趋势方程，$m=2$。

【例 8.5】 根据图 8－1 中的人均 GDP 数据，用直线趋势方程预测 2013 年的人均 GDP，并给出各年的预测值和预测误差，将实际值和预测值绘制成图形进行比较。

解：根据最小二乘法求得的线性趋势方程为：

$$\hat{Y}_t = 5\,295.2 + 3\,159.4t$$

$b_1 = 3\,159.4$ 表示：时间每变动一年，人均 GDP 平均变动 3 159.4 元。将 $t=1$，

2，…，11 代入趋势方程得到各期的预测值，见图 8-7。2013 年的预测值为 $\hat{Y}_{2013}=$ 40 048.6 元。图 8-8 是人均 GDP 变化及其预测的走势。

	A	B	C	D	E
1	年份	时间 t	人均GDP	预测值	预测误差
2	2003	1	10 541.97	8 454.60	2 087.37
3	2004	2	12 335.58	11 614.00	721.58
4	2005	3	14 185.36	14 773.40	-588.04
5	2006	4	16 499.70	17 932.80	-1 433.10
6	2007	5	20 169.46	21 092.20	-922.74
7	2008	6	23 707.71	24 251.60	-543.89
8	2009	7	25 607.53	27 411.00	-1 803.47
9	2010	8	30 015.05	30 570.40	-555.35
10	2011	9	35 197.79	33 729.80	1 467.99
11	2012	10	38 459.47	36 889.20	1 570.27

图 8-7　人均 GDP 的线性趋势预测 1

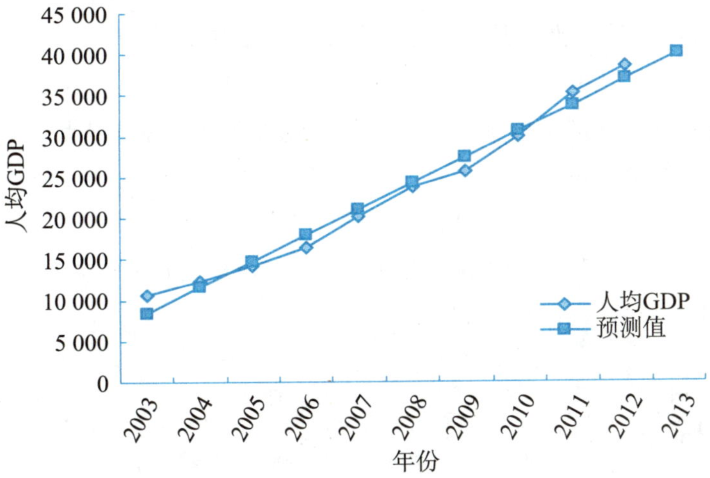

图 8-8　人均 GDP 的线性趋势预测 2

二、非线性趋势预测

序列中的趋势通常可以认为是由于某些固定的因素作用于同一方向所形成的。若这些因素随着时间的推移按线性变化，则可以对时间序列配合趋势直线；若呈现出某种非线性趋势（non-linear trend），则需要配合适当的趋势曲线。非线性趋势有各种各样的形态，这里只介绍几种指数曲线。

指数曲线（exponential curve）用于描述以几何级数递增或递减的现象，即时间序列的观察值 Y_t 按指数规律变化，或者说时间序列的逐期观察值按一定的增长率增长或衰减。图 8-2（a）中的人均 GDP 趋势就呈现出某种指数形态。一般的自然增长及大多数经济序列都有指数变化趋势。指数曲线的一般形式为：

$$\hat{Y}_t = ab^t \tag{8.11}$$

式中：a、b 为待定系数。

若 $b>1$，增长率随着时间 t 的增加而增加；若 $b<1$，增长率随着时间 t 的增加而降低；若 $a>0$，$b<1$，趋势值 $\hat{Y}_t$ 逐渐降低到以 0 为极限。

为确定指数曲线中的待定系数 a 和 b，可采取“线性化”手段将其化为对数直线形式，即两端取对数得：

$$\lg\hat{Y}_t = \lg a + t\lg b \tag{8.12}$$

然后根据最小二乘法原理，按直线形式得到求解 $\lg a$ 和 $\lg b$ 的标准方程如下：

$$\begin{cases} \sum \lg Y = n\lg a + \lg b\sum t \\ \sum t\lg Y = \lg a\sum t + \lg b\sum t^2 \end{cases} \tag{8.13}$$

求出 $\lg a$ 和 $\lg b$ 后，再取其反对数，即得常数 a 和 b。

【例 8.6】 根据图 8-1 中的轿车产量数据，用指数曲线预测 2013 年的轿车产量，并计算出各期的预测值和预测误差，将实际值和预测值绘制成图形进行比较。

解：求得的指数曲线方程为：

$$\hat{Y}_t = 163.217 \times (1.225)^t$$

将 $t=1$，2，…，11 代入趋势方程得到各期的预测值，见图 8-9 和图 8-10。2013 年的预测值为 $\hat{Y}_{2013} = 1\,524.78$ 万辆。

	A	B	C	D	E
1	年份	时间 t	轿车产量	预测值	预测误差
2	2003	1	207.08	199.98	7.10
3	2004	2	227.63	245.02	-17.39
4	2005	3	277.01	300.21	-23.20
5	2006	4	386.94	367.83	19.11
6	2007	5	479.78	450.69	29.09
7	2008	6	503.81	552.20	-48.39
8	2009	7	748.48	676.58	71.90
9	2010	8	957.59	828.97	128.62
10	2011	9	1 012.67	1 015.69	-3.02
11	2012	10	1 077.00	1 244.47	-167.47

图 8-9　轿车产量的指数趋势预测 1

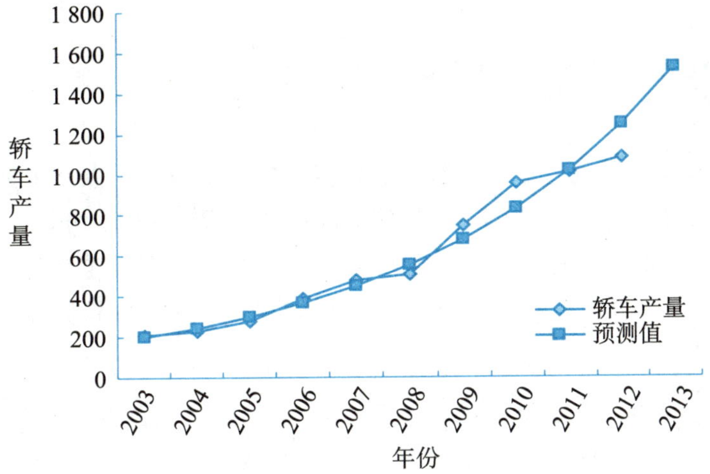

图 8－10　轿车产量的指数趋势预测 2

指数曲线反映了现象的相对发展变化程度，因而对不同序列的指数曲线可以进行比较，以分析各自的相对增长程度。如果将轿车产量的指数曲线改为 $\hat{Y}_t = 163.217 \times (1+0.225)^t$，就可以清楚地看出，轿车产量的年平均增长率为 22.5%。

8.6　复合型序列的分解预测

复合型序列是指含有趋势性、季节性、周期性和随机成分的序列。对这类序列进行分析的一般方法就是将时间序列的各个因素依次分解出来，然后再进行预测。由于分析周期性成分需要有多年的数据，实际中很难得到多年的数据来发现周期性成分，因此采用的分解模型为：$Y_t = T_t \times S_t \times I_t$。

这一模型表示该时间序列中含有趋势成分、季节成分和随机成分。对这类序列的预测方法主要有季节性多元回归模型、季节自回归模型和时间序列分解法预测等。本节主要介绍时间序列分解法预测。分解法预测通常按下面的步骤进行：

第 1 步：确定并分离季节成分。计算季节指数，以确定时间序列中的季节成分，然后将季节成分从时间序列中分离出去，即用每一个时间序列观测值除以相应的季节指数，以消除季节成分。

第 2 步：建立预测模型并进行预测。对消除季节成分的时间序列建立适当的预测模型，并根据这一模型进行预测。

第 3 步：计算出最后的预测值。用回归预测值乘以相应的季节指数，得到最终的预测值。

一、确定并分离季节成分

季节性因素分析是通过季节指数来表示各年的季节成分，以此来描述各年的季节变动模式。下面先通过一个例子来说明时间序列中所包含的成分。

【例 8.7】 图 8-11 是一家啤酒生产企业 2013—2018 年各季度的啤酒销售量数据截图（单位：万吨）。预测 2019 年各季度的啤酒销售量，并将实际值和预测值绘成图形进行比较。

	A	B	C	D	E
1	年份	季度			
2		1	2	3	4
3	2013	25	32	37	26
4	2014	30	38	42	30
5	2015	29	39	50	35
6	2016	30	39	51	37
7	2017	29	42	55	38
8	2018	31	43	54	41

图 8-11　某啤酒生产企业各季度的销售量数据

解：啤酒销售量的时间序列图如图 8-12 所示。

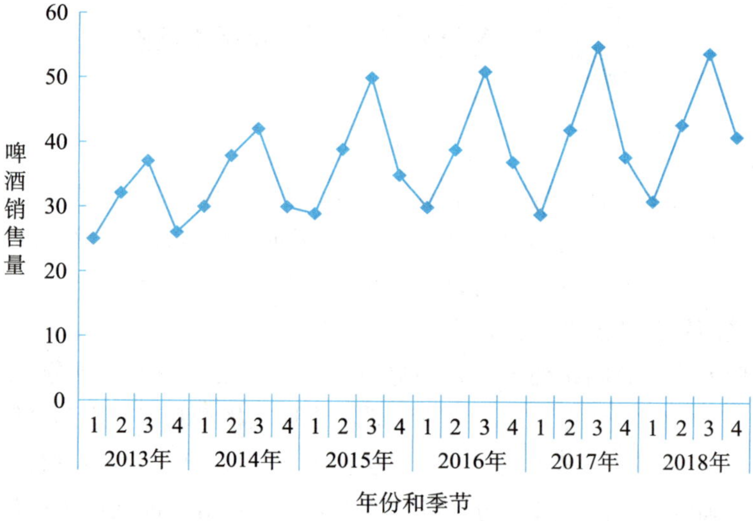

图 8-12　啤酒销售量的时间序列图

从图 8-12 可以看出，啤酒销售量具有明显的季节成分，而且后面年份的销售量比前面的年份高，因此其中还含有趋势成分，但其周期性则难以判断。可以认定啤酒销售量序列是一个含有季节成分和趋势成分的时间序列。

为了预测啤酒销售量，首先要确定季节成分，并从序列中将季节成分剔除，然后根据剔除季节成分的序列选择适当的预测模型并进行预测。

(一) 计算季节指数

季节指数（seasonal index）刻画了序列在一个年度内各月或季的典型季节特征。在乘法模型中，季节指数是以其平均数等于 100% 为条件而构成的，它反映了某一月份或季度的数值占全年平均数值的大小。如果现象的发展没有季节变动，则各期的季节指数应等于 100%；如果某一月份或季度有明显的季节变化，则各期的季节指数应大于或小于 100%。因此，季节变动的程度是根据各季节指数与其平均数（100%）的偏差程度来测定的。

季节指数的计算方法有多种，这里只介绍移动平均趋势剔除法。该方法的基本步骤是：

（1）计算移动平均值（季度数据采用 4 项移动平均，月份数据则采用 12 项移动平均），并将其结果进行“中心化”处理，也就是将移动平均的结果再进行一次二项的移动平均，即得出“中心化移动平均值”（*CMA*）。

（2）计算移动平均的比值，也称为季节比率，即将序列的各观察值除以相应的中心化移动平均值，然后再计算出各比值的季度（或月份）平均值。

（3）季节指数调整。由于各季节指数的平均数应等于 1 或 100%，因此第 2 步计算的季节比率的平均值不等于 1 时，需要进行调整。具体方法是：将第 2 步计算的每个季节比率的平均值除以它们的总平均值。

下面通过例 8.7 说明季节指数的计算过程。有关计算过程见图 8 - 13。

	A	B	C	D	E
1	年/季度	时间标号（t）	销售量（Y）	中心化移动平均值（CMA）	比值（Y/CMA）
2	2013/1	1	25	—	—
3	2	2	32	—	—
4	3	3	37	30.625	1.208 2
5	4	4	26	32.000	0.812 5
6	2014/1	5	30	33.375	0.898 9
7	2	6	38	34.500	1.101 4
8	3	7	42	34.875	1.204 3
9	4	8	30	34.875	0.860 2
10	2015/1	9	29	36.000	0.805 6
11	2	10	39	37.625	1.036 5
12	3	11	50	38.375	1.302 9
13	4	12	35	38.500	0.909 1
14	2016/1	13	30	38.625	0.776 7
15	2	14	39	39.000	1.000 0
16	3	15	51	39.125	1.303 5
17	4	16	37	39.375	0.939 7
18	2017/1	17	29	40.250	0.720 5
19	2	18	42	40.875	1.027 5
20	3	19	55	41.250	1.333 3
21	4	20	38	41.625	0.912 9
22	2018/1	21	31	41.625	0.744 7
23	2	22	43	41.875	1.026 9
24	3	23	54	—	—
25	4	24	41	—	—

图 8 - 13 啤酒销售量数据的中心化移动平均值及其比值

为计算各比值的平均值和季节指数，需要将图 8－13 中的比值再按季度重新排列，结果如图 8－14 所示。

	A	B	C	D	E
1	年份	季度			
2		1	2	3	4
3	2013	—	—	1.208 2	0.812 5
4	2014	0.898 9	1.101 4	1.204 3	0.860 2
5	2015	0.805 6	1.036 5	1.302 9	0.909 1
6	2016	0.776 7	1.000 0	1.303 5	0.939 7
7	2017	0.720 5	1.027 5	1.333 3	0.912 9
8	2018	0.744 7	1.026 9	—	—
9	合计	3.946 4	5.192 4	6.352 2	4.434 4
10	平均	0.789 3	1.038 5	1.270 4	0.886 9
11	**季节指数**	**0.792 2**	**1.042 4**	**1.275 2**	**0.890 2**

图 8－14　各季节指数的计算

为了反映啤酒销售量的季节变动，可以将季节指数绘制成图形，如图 8－15 所示。

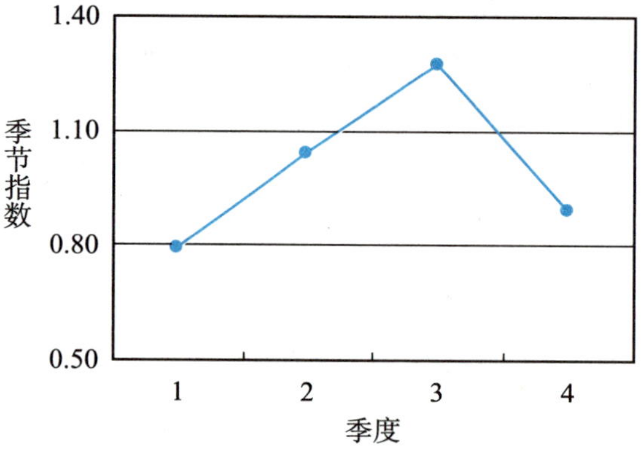

图 8－15　啤酒销售量的季节变动

从图 8－15 中可以看出，啤酒销售量的旺季是 3 季度，淡季是 1 季度。

（二）分离季节性成分

有了季节指数后，就可将各实际观察值分别除以相应的季节指数，将季节性成分从时间序列中分离出去。用公式表示即为

$$\frac{Y}{S}=\frac{T\times S\times I}{S}=T\times I \tag{8.14}$$

结果即为季节性成分分离后的序列，它反映了在没有季节因素影响的情况下时间序列的变化形态。原序列与季节性成分分离后的图形如图 8－16 所示。

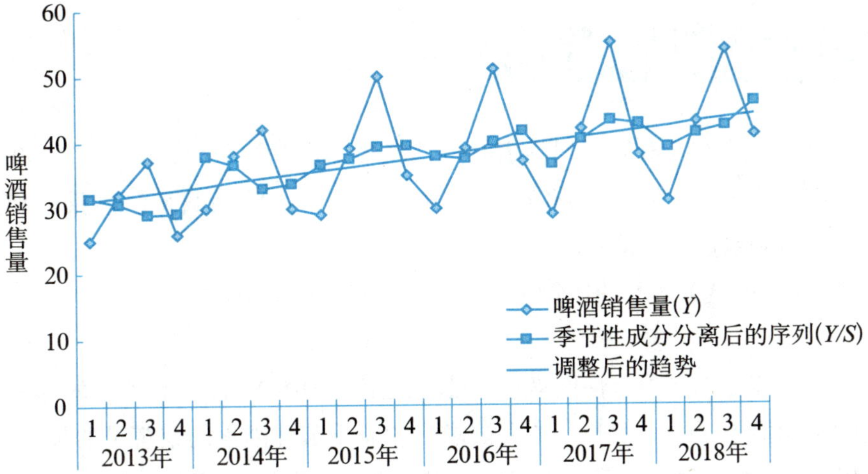

图 8-16　季节性成分分离后的啤酒销售量及其趋势

二、建立预测模型并进行预测

从图 8-16 可以看出，剔除季节性成分后的啤酒销售量具有明显的线性趋势。因此，可用一元线性模型来预测各季度的啤酒销售量。根据分离季节性因素的序列确定的线性趋势方程为 $\hat{Y}_t = 30.606\,7 + 0.559\,2t$。根据这一趋势方程计算的各期预测值见表 8-17 中的（6）列。

	A	B	C	D	E	F	G	H
1	年/季	时间编号	啤酒销售量(Y)	季节指数(S)	季节分离后的序列(Y/S)	回归趋势值	最终预测值	预测误差
2	(1)	(2)	(3)	(4)	(5)=(3)/(4)	(6)	(7)=(6)×(4)	(8)=(3)×(7)
3	2013/1	1	25	0.792 2	31.56	31.17	24.69	0.31
4	2	2	32	1.042 4	30.70	31.73	33.07	-1.07
5	3	3	37	1.275 2	29.01	32.28	41.17	-4.17
6	4	4	26	0.890 2	29.21	32.84	29.24	-3.24
7	2014/1	5	30	0.792 2	37.87	33.40	26.46	3.54
8	2	6	38	1.042 4	36.46	33.96	35.40	2.60
9	3	7	42	1.275 2	32.94	34.52	44.02	-2.02
10	4	8	30	0.890 2	33.70	35.08	31.23	-1.23
11	2015/1	9	29	0.792 2	36.61	35.64	28.23	0.77
12	2	10	39	1.042 4	37.41	36.20	37.73	1.27
13	3	11	50	1.275 2	39.21	36.76	46.87	3.13
14	4	12	35	0.890 2	39.32	37.32	33.22	1.78
15	2016/1	13	30	0.792 2	37.87	37.88	30.01	-0.01
16	2	14	39	1.042 4	37.41	38.44	40.06	-1.06
17	3	15	51	1.275 2	39.99	38.99	49.73	1.27
18	4	16	37	0.890 2	41.56	39.55	35.21	1.79
19	2017/1	17	29	0.792 2	36.61	40.11	31.78	-2.78
20	2	18	42	1.042 4	40.29	40.67	42.40	-0.40
21	3	19	55	1.275 2	43.13	41.23	52.58	2.42
22	4	20	38	0.890 2	42.69	41.79	37.20	0.80
23	2018/1	21	31	0.792 2	39.13	42.35	33.55	-2.55
24	2	22	43	1.042 4	41.25	42.91	44.73	-1.73
25	3	23	54	1.275 2	42.35	43.47	55.43	-1.43
26	4	24	41	0.890 2	46.06	44.03	39.19	1.81

图 8-17　啤酒销售量的预测值

三、计算出最后的预测值

根据分离季节性因素的序列确定的线性趋势方程 $\hat{Y}_t = 30.6067 + 0.5592t$，可以得到 2013—2018 年各季度的预测值（见图 8-18）。将回归预测值乘以相应的季节指数，就得到最后的预测值。

预测 2019 年第 1 季度的销售量，将 $t=25$ 代入趋势方程得：

$$\hat{Y}_t = 30.6067 + 0.5592 \times 25 = 44.59(\text{万吨})$$

这个预测值是不含季节性因素的，也就是说，如果没有季节因素的影响，啤酒销售量的预测值为 44.59 万吨。如果要求出含有季节性因素的销售量的最终预测值，则需要将上面的预测值乘以第 1 季度的季节指数。结果为 $44.59 \times 0.7922 = 35.32$（万吨）。2019 年各季度啤酒销售量的预测值如表 8-18 所示。

	A	B	C	D	E
1	年/季	时间编号	季节指数（S）	回归预测值	最终预测值
2	2019/1	25	0.79	44.59	35.32
3	2	26	1.04	45.15	47.06
4	3	27	1.28	45.71	58.28
5	4	28	0.89	46.26	41.18

图 8-18　2019 年各季度啤酒销售量的预测值

图 8-19 给出了啤酒销售量的实际值和预测值，可以看出，预测效果非常好。

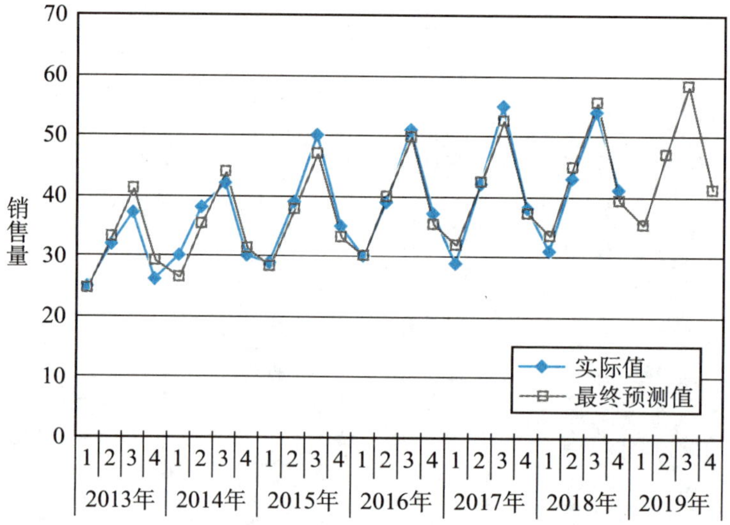

图 8-19　啤酒销售量的实际值和预测值

本章小结

时间序列是按时间顺序记录的一组数据。根据波动形态，时间序列可以分为平稳序列和非平稳序列两大类：平稳序列也就是基本上不存在趋势的序列；非平稳序列是包含趋势性、季节性或周期性的序列，它可能只含有其中的一种成分，也可能是几种成分的组合。通常我们将时间序列的构成要素分为四种，即趋势（T）、季节性或季节变动（S）、周期性或循环波动（C）、随机性或不规则波动（I）。趋势是指序列中呈现出某种持续上升或持续下降的趋势或规律，它是由于某种固定性的因素作用于序列而形成的。其中的趋势可以是线性的，也可以是非线性的。季节性也称季节变动，它是现象在一年内随着季节的更替而引起的比较有规律的变动。周期性也称循环波动，它是近乎规律性的从低至高再从高至低的周而复始的变动。它不同于趋势变动，不是朝着单一方向的持续运动，而是涨落相间的交替波动。除此以外，还有些偶然性因素对时间序列产生影响，致使时间序列呈现出某种随机波动，称为随机性不规则波动。

按四种因素对时间序列的影响方式不同，时间序列可分解为多种模型，如乘法模型、加法模型、混合模型等。其中最常用的是乘法模型，其表现形式为：$Y_t=T_t\times S_t\times C_t\times I_t$。

时间序列的描述性分析旨在找出时间序列的一些基本特征。对时间序列趋势特征的描述主要是采用图形方法。对其变化特征的描述则主要是通过增长率。增长率的形式有一般增长率、平均增长率等。

时间序列分析的一项重要内容就是根据过去已有的数据来预测未来的结果。对于平稳序列，其预测方法主要有移动平均法和一次指数平滑法等。这些方法是通过对时间序列进行平滑以消除其随机波动的，因而也称为平滑法。对于有趋势的平稳序列，其趋势可分为线性趋势和非线性趋势两大类。线性趋势的趋势预测方法主要是通过最小二乘法配合趋势直线进行分析和预测；非线性趋势主要介绍了指数曲线的预测方法。

对于复合型序列，主要介绍了其分解预测的步骤和应用。

思考与练习

一、思考题

1. 简述时间序列的各构成要素。
2. 利用增长率分析时间序列时应注意哪些问题？

3. 简述平稳序列和非平稳序列的含义。

4. 简述指数平滑法的基本含义。

5. 简述分解预测的基本步骤。

二、练习题

1. 下表是1981—1999年国家财政用于农业的支出额数据：

年份	支出额（亿元）	年份	支出额（亿元）
1981	110.21	1991	347.57
1982	120.49	1992	376.02
1983	132.87	1993	440.45
1984	141.29	1994	532.98
1985	153.62	1995	574.93
1986	184.2	1996	700.43
1987	195.72	1997	766.39
1988	214.07	1998	1 154.76
1989	265.94	1999	1 085.76
1990	307.84		

（1）绘制时间序列图并描述其形态。

（2）计算年平均增长率。

2. 下表是一家旅馆过去18个月的营业额数据：

月份	营业额（万元）	月份	营业额（万元）
1	295	10	473
2	283	11	470
3	322	12	481
4	355	13	449
5	286	14	544
6	379	15	601
7	381	16	587
8	431	17	644
9	424	18	660

（1）用3期移动平均法预测第19个月的营业额。

（2）采用指数平滑法，分别用平滑系数$\alpha=0.3$、$\alpha=0.4$和$\alpha=0.5$预测各月的营业额，分析预测误差，说明用哪一个平滑系数预测更合适。

（3）建立一个趋势方程预测各月的营业额。

3. 下表是1981—2000年我国财政用于文教、科技、卫生事业的支出额数据：

年份	支出（亿元）	年份	支出（亿元）
1981	171.36	1991	708.00
1982	196.96	1992	792.96
1983	223.54	1993	957.77
1984	263.17	1994	1 278.18
1985	316.70	1995	1 467.06
1986	379.93	1996	1 704.25
1987	402.75	1997	1 903.59
1988	486.10	1998	2 154.38
1989	553.33	1999	2 408.06
1990	617.29	2000	2 736.88

（1）绘制时间序列图描述其趋势。

（2）选择一条适合的趋势线拟合数据，并根据趋势线预测 2001 年的支出额。

4. 我国 1964—1999 年的纱产量数据如下（单位：万吨）：

年份	纱产量	年份	纱产量	年份	纱产量
1964	97.0	1976	196.0	1988	465.7
1965	130.0	1977	223.0	1989	476.7
1966	156.5	1978	238.2	1990	462.6
1967	135.2	1979	263.5	1991	460.8
1968	137.7	1980	292.6	1992	501.8
1969	180.5	1981	317.0	1993	501.5
1970	205.2	1982	335.4	1994	489.5
1971	190.0	1983	327.0	1995	542.3
1972	188.6	1984	321.9	1996	512.2
1973	196.7	1985	353.5	1997	559.8
1974	180.3	1986	397.8	1998	542.0
1975	210.8	1987	436.8	1999	567.0

（1）绘制时间序列图描述其趋势。

（2）选择一条适合的趋势线拟合数据，并根据趋势线预测 2000 年的产量。

5. 一家贸易公司主要经营产品的外销业务，为了合理地组织货源，需要了解外销订单的变化状况。下表是 2014—2018 年各月份的外销订单金额（单位：万元）：

月份	年份				
	2014	2015	2016	2017	2018
1	54.3	49.1	56.7	64.4	61.1
2	46.6	50.4	52.0	54.5	69.4
3	62.6	59.3	61.7	68.0	76.5
4	58.2	58.5	61.4	71.9	71.6

续表

月份	年份				
	2014	2015	2016	2017	2018
5	57.4	60.0	62.4	69.4	74.6
6	56.6	55.6	63.6	67.7	69.9
7	56.1	58.0	63.2	68.0	71.4
8	52.9	55.8	63.9	66.3	72.7
9	54.6	55.8	63.2	67.8	69.9
10	51.3	59.8	63.4	71.5	74.2
11	54.8	59.4	64.4	70.5	72.7
12	52.1	55.5	63.8	69.4	72.5

（1）根据各年的月份数据绘制趋势图，说明该时间序列的特点。

（2）要寻找各月份的预测值，你认为应该采取什么方法？

（3）选择你认为合适的方法预测 2019 年 1 月份的外销订单金额。

6. 下表中的数据是一家大型百货公司 2009—2018 年各季度的销售额数据（单位：万元）。对这一时间序列计算季节指数、绘制季节变动图、计算剔除季节变动后的趋势方程。

年份	季度			
	1	2	3	4
2009	993.1	971.2	2 264.1	1 943.3
2010	1 673.6	1 931.5	3 927.8	3 079.6
2011	2 342.4	2 552.6	3 747.5	4 472.8
2012	3 254.4	4 245.2	5 951.1	6 373.1
2013	3 904.2	5 105.9	7 252.6	8 630.5
2014	5 483.2	5 997.3	8 776.1	8 720.6
2015	5 123.6	6 051.0	9 592.2	8 341.2
2016	4 942.4	6 825.5	8 900.1	8 723.1
2017	5 009.9	6 257.9	8 016.8	7 865.6
2018	6 059.3	5 819.7	7 758.8	8 128.2

第 9 章

指　数

内容提要

指数是用于经济分析的一种统计方法，它主要用于分析价格的变动。本章主要介绍以下内容：(1) 指数的含义与分类，介绍指数的概念和分类。(2) 加权指数，介绍加权综合指数、加权平均指数的编制方法以及指数体系的应用。(3) 几种常用的价格指数，介绍消费者价格指数、生产者价格指数和股票价格指数的基本含义及应用。

9.1 指数的含义与分类

在日常生活中，我们会经常听到或看到各种价格指数的统计数字。例如，零售价格指数、销售价格指数、股票价格指数等。指数的编制最早起源于物价指数，用于反映价格的变动。广义地讲，任何两个数值对比形成的相对数都可以称为指数；狭义地讲，指数是用于测定多个项目在不同场合下综合变动的一种相对数。从指数理论和方法上看，指数所研究的主要是狭义的指数。因此，本章所讨论的主要是狭义的指数。

定义 9.1 测定多个项目在不同场合下综合变动的相对数，称为指数（index number）。

从不同角度出发，指数可以分为以下几种主要类型：

（1）按所反映的内容不同，指数可分为数量指数和质量指数（qualitive index number）。数量指数反映数量变动水平，如产品产量指数、商品销售量指数等；质量指数反映事物内含质量的变动水平，如价格指数、产品成本指数等。

（2）按计入指数的项目多少不同，指数可分为个体指数和综合指数。个体指数是反映一个项目或变量变动的相对数，如一种商品的价格或销售量的相对变动水平；综合指数是反映多个项目或变量综合变动的相对数，如多种商品的价格或销售量的综合变动水平。

（3）按计算形式的不同，指数可分为简单指数和加权指数。简单指数又称不加权指数，它把计入指数的各个项目的重要性视为相同；加权指数则对计入指数的项目依据重要程度赋予不同的权数，然后再进行计算。目前应用的主要是加权指数。

（4）按对比场合的不同，指数可分为时间性指数和区域性指数。其中时间性指数中又有定基指数和环比指数之分。在指数序列中，若所有各期指数均是使用同一基期计算的，称为定基指数；若所有各期指数均是以上一个时期为基期计算的，称为环比指数。

9.2 加权指数

在计算指数时，对计入指数的各个项目依据其重要程度赋予不同的权数，这种通过加权方法计算的指数称为加权指数。通过加权可以提高指数的准确性和代表性。加权指数因所采用的权数不同有加权综合指数、加权平均指数等不同形式。

一、加权综合指数

定义 9.2 通过加权来测定一组项目的综合变动状况，这样的指数称为加权综合指数（weighted aggregative index number）。

对于加权综合指数，若所测定的是一组项目的数量变动状况，则称为数量指数，如产品产量指数、商品销售量指数等；若所测定的是一组项目的质量变动状况，则称为质量指数，如价格指数、产品成本指数等。但由于权数可以固定在不同时期，因而加权综合指数有不同的计算公式①。

（一）价格指数

价格指数用于反映多个产品或商品项目在不同时期的价格综合变动情况。通常情况下，在计算价格指数时，将相应的产量或销售量固定在报告期。用 I_p 表示价格指数，其计算公式为

$$I_p = \frac{\sum p_1 q_1}{\sum p_0 q_1} \tag{9.1}$$

式中：p_0 和 p_1 分别表示一组项目基期和报告期的价格；q_1 表示一组项目报告期的产量或销售量。

【例 9.1】 设某粮油零售市场 2016 年和 2017 年三种商品的零售价格和销售量资料如图 9-1 所示。试以报告期销售量为权数，计算三种商品的价格指数。

	A	B	C	D	E	F
1	商品名称	计量单位	单价(元)		销售量	
2			2016	2017	2016	2017
3	粳 米	t	2 600	3 000	120	150
4	标准粉	t	2 300	2 100	150	200
5	花生油	kg	9.8	10.5	1 500	1 600

图 9-1 某粮油零售市场三种商品的价格和销售量

解：设销售量为 q，零售价格为 p，计算过程如图 9-2 所示。

根据式（9.1）得价格指数为：

$$I_p = \frac{\sum p_1 q_1}{\sum p_0 q_1} = \frac{886\ 800}{865\ 680} = 102.44\ \%$$

① 较为常见的加权综合指数形式有拉氏指数和帕氏指数两种。拉氏指数（Laspeyres index）是 1864 年德国学者拉斯贝尔斯（Laspeyres）提出的一种指数计算方法，该方法在计算一组项目的综合指数时，把作为权数的各变量值固定在基期。帕氏指数（Paasche index）是 1874 年德国学者帕舍（Paasche）所提出的一种指数计算方法，该方法在计算综合指数时，把作为权数的各变量值固定在报告期。

	A	B	C	D	E	F	G	H	I
1	商品名称	计量单位	单价(元)		销售量		销售额(元)		
2			2016	2017	2016	2017	2016	2017	p_0q_1
3			p_0	p_1	q_0	q_1	p_0q_0	p_1q_1	
4	粳 米	t	2 600	3 000	120	150	312 000	450 000	390 000
5	标准粉	t	2 300	2 100	150	200	345 000	420 000	460 000
6	花生油	kg	9.8	10.5	1 500	1 600	14 700	16 800	15 680
7	合计	—	—	—	—	—	671 700	886 800	865 680

图 9-2　加权综合指数计算

计算结果表明：与 2016 年相比，2017 年该粮油零售市场三种商品的零售价格平均上涨了 2.44%。

（二）销售量指数

销售量指数用于反映多个产品或商品项目在不同时期的销售量变动情况。通常情况下，在计算销售量指数时，将相应价格（或生产成本）固定在基期。用 I_q 表示销售量指数，其计算公式为：

$$I_q=\frac{\sum p_0q_1}{\sum p_0q_0} \tag{9.2}$$

【例 9.2】 根据图 9-1 中的数据资料，以 2016 年的零售价格为权数计算三种商品的销售量指数。

解：根据图 9-2 中的有关计算结果和式（9.2）得销售量指数为：

$$I_q=\frac{\sum p_0q_1}{\sum p_0q_0}=\frac{865\ 680}{671\ 700}=128.88\ \%$$

计算结果表明，与 2016 年相比，2017 年该粮油商店三种商品的销售量平均上升了 28.88%。

二、加权平均指数

定义 9.3 以某一时期的总量为权数对个体指数加权平均计算的指数，称为加权平均指数（weighted average index number）。

加权平均指数中，作为权数的总量通常为价值总量，如商品销售额或产品销售额等。加权平均指数可以看作加权综合指数的另一种形式。

（一）价格指数

加权平均价格指数通常是用报告期的销售额 p_1q_1 为权数，对个体价格指数 p_1/p_0 加权平均计算出来的，其计算公式为：

$$I_p=\frac{\sum p_1q_1}{\sum \frac{1}{p_1/p_0}p_1q_1} \tag{9.3}$$

式（9.3）实际上可以看作式（9.1）的另一种表现形式。

【例 9.3】 设某企业生产的三种产品的有关资料如图 9－3 所示，试计算三种产品的价格指数。

	A	B	C	D	E	F
1	产品名称	计量单位	销售额(万元)		个体价格指数	个体销售量指数
2			基期 (p_0q_0)	报告期 (p_1q_1)	(p_1/p_0)	(q_1/q_0)
3	甲	件	200	220	1.14	1.03
4	乙	台	50	50	1.05	0.98
5	丙	箱	120	150	1.2	1.1

图 9－3 某企业生产的三种产品的有关数据

解：根据式（9.3）得三种产品的价格指数为：

$$I_p=\frac{\sum p_1q_1}{\sum\frac{1}{p_1/p_0}p_1q_1}=\frac{220+50+150}{\frac{220}{1.14}+\frac{50}{1.05}+\frac{150}{1.20}}=\frac{420}{365.60}=114.88\ \%$$

计算结果表明，报告期与基期相比，该企业三种产品的销售价格平均提高了 14.88%。

(二) 销售量指数

加权平均销售量指数通常是用基期的销售额 p_1q_1 为权数，对个体销售量指数 q_1/q_0 加权平均计算出来的。其计算公式为：

$$I_q=\frac{\sum\frac{q_1}{q_0}p_0q_0}{\sum p_0q_0}\tag{9.4}$$

式（9.4）实际上可以看作式（9.2）的另一种表现形式。

【例 9.4】 根据图 9－3 中的有关数据，用报告期销售额作权数计算三种产品的销售量指数。

解：根据式（9.4）得

$$I_q=\frac{\sum\frac{q_1}{q_0}p_0q_0}{\sum p_0q_0}=\frac{1.03\times200+0.098\times50+1.10\times120}{200+50+120}=\frac{387}{370}=104.59\ \%$$

计算结果表明，报告期与基期相比，该企业三种产品的销售量平均提高了 4.59%。

三、价值指数与指数体系

上一节介绍了指数编制的一般方法。在实际应用中，不仅要确定单个指数的计算方法，更重要的是要确定由几个指数组成的指数体系，以便对相互联系的社会经济现象做更深入的分析。

定义 9.4 由两个不同时期的价值总量对比形成的指数，称为价值指数（value index）。

价值总量通常可以分解为若干个构成因素，如商品销售额是销售量（q）与销售价格（p）的乘积。因此，价值指数的一般形式可以写为：

$$v=\frac{\sum p_1q_1}{\sum p_0q_0} \tag{9.5}$$

为分析价值指数变动中各因素的影响方向和程度，可以对价值指数进行分解，得到各个因素指数，如商品销售额指数可分解为销售量与价格两个因素指数。

定义 9.5 由价值指数及其若干个因素指数构成的数量关系式，称为指数体系（index system）。

在指数体系中，价值指数与各因素指数之间的数量关系表现为两个方面：一是从相对量来看，价值指数等于各因素指数的乘积，如商品销售额指数＝价格指数×销售量指数；二是从绝对量来看，价值总量的变动差额等于各因素指数变动差额之和。因此，指数体系可表示为：

$$\frac{\sum p_1q_1}{\sum p_0q_0}=\frac{\sum p_1q_1}{\sum p_0q_1}\times\frac{\sum p_0q_1}{\sum p_0q_0} \tag{9.6}$$

就绝对水平看其关系式为：

$$\sum p_1q_1-\sum p_0q_0=\left(\sum p_1q_1-\sum p_0q_1\right)+\left(\sum p_0q_1-\sum p_0q_0\right) \tag{9.7}$$

【例 9.5】 根据图 9－1 中的有关数据，利用指数体系分析价格和销售量的变动对销售额的影响。

解：销售额指数$=\frac{\sum p_1q_1}{\sum p_0q_0}=\frac{886\ 800}{671\ 700}=132.02\%$

价格指数$=\frac{\sum p_1q_1}{\sum p_0q_1}=\frac{886\ 800}{865\ 680}=102.44\%$

销售量指数$=\frac{\sum p_0q_1}{\sum p_0q_0}=\frac{865\ 680}{671\ 700}=128.88\%$

三者之间的数量关系为：132.02%＝102.44%×128.88%，即 2017 年与 2016 年相比，该粮油零售市场三种商品的销售额提高了 32.02%，其中零售价格的变动使销售额提高了 2.44%，销售量的变动使销售额提高了 28.88%。

从绝对变动水平来看：

$$销售额变动=\sum p_1q_1-\sum p_0q_0=886\ 800-671\ 700=215\ 100（元）$$

$$价格变动的影响额=\sum p_1q_1-\sum p_0q_1=886\ 800-865\ 680=21\ 120（元）$$

$$销售量变动的影响额=\sum p_0q_1-\sum p_0q_0=865\ 680-671\ 700=193\ 980（元）$$

三者之间的数量关系为：215 100（元）＝21 120（元）＋193 980（元），即2017年与2016年相比，该粮油市场三种商品的销售额增加了215 100元，其中零售价格的变动使销售额增加了21 120元，销售量的变动使销售额增加了193 980元。

9.3 几种常用的价格指数

我国目前编制的价格指数主要有商品零售价格指数、居民消费价格指数、农产品收购价格指数、固定资产投资价格指数等。其中与人们生活关系最为密切的是消费者价格指数、生产者价格指数、股票价格指数等。

一、消费者价格指数

消费者价格指数是世界各国普遍编制的一种指数，但不同国家对这一指数赋予的名称很不一致，我国称之为居民消费价格指数。

定义 9.6 消费者价格指数（consumer price index）的缩写为CPI，是反映一定时期内消费者所购买的生活消费品价格和服务项目价格的变动趋势和程度的相对数。

通过这一指数，可以观察消费价格的变动水平及对消费者货币支出的影响，研究实际收入和实际消费水平的变动状况。通过消费者价格指数，可以分析生活消费品和服务项目的价格变动对职工货币工资的影响，作为研究职工生活和制定工资政策的依据。

消费者价格指数可就城乡分别编制城市居民消费价格指数和农村居民消费价格指数，也可编制全国居民消费价格总指数。城市居民消费价格指数是反映城市居民所购买的生活消费品价格和服务项目价格的变动趋势和程度的相对数；农村居民消费价格指数是反映农村居民所购买的生活消费品价格和服务项目价格的变动趋势和程度的相对数。

消费者价格指数除了能反映城乡居民所购买的生活消费品价格和服务项目价格的变动趋势和程度外，还具有以下几个方面的作用：

（1）用于反映通货膨胀状况。通货膨胀的严重程度是用通货膨胀率来反映的，它说明了一定时期内商品价格持续上升的幅度。通货膨胀率一般以消费价格指数来表示，即：

$$\text{通货膨胀率}=\frac{\text{报告期消费者价格指数}-\text{基期消费者价格指数}}{\text{基期消费者价格指数}}\times 100\% \quad (9.8)$$

（2）用于反映货币购买力的变动趋势。货币购买力是指单位货币能够购买到的消费品和服务的数量。消费者价格指数上涨，货币购买力则下降，反之则上升，因此，消费者价格指数的倒数就是货币购买力指数，即：

$$\text{货币购买力指数}=\frac{1}{\text{消费者价格指数}}\times 100\% \quad (9.9)$$

（3）用于反映对职工实际工资的影响。消费者价格指数提高，意味着实际工资的减少，消费者价格指数下降，则意味着实际工资的提高。因此，利用消费者价格指数可以将名义工资转化为实际工资。具体做法是：

$$\text{实际工资}=\frac{\text{名义工资}}{\text{消费者价格指数}} \quad (9.10)$$

（4）用于缩减经济序列。通过缩减经济序列可以消除价格变动的影响，其方法是将经济序列除以消费者价格指数。

【例 9.6】 已知 1991—2000 年我国的国内生产总值（GDP）序列和消费者价格指数序列如图 9-4 所示。试用消费者价格指数序列对 GDP 进行缩减，并将 GDP 原序列与缩减后的序列绘制成图形进行比较。

解：计算结果见图 9-4 和图 9-5。

	A	B	C	D
1	年份	国内生产总值（GDP）	消费者价格指数（%）	缩减后的GDP
2	1991	21 662.5	103.4	20 950.2
3	1992	26 651.9	106.4	25 048.8
4	1993	34 560.5	114.7	30 131.2
5	1994	46 670.0	124.1	37 606.8
6	1995	57 494.9	117.1	49 099.0
7	1996	66 850.5	108.3	61 727.1
8	1997	73 142.7	102.8	71 150.5
9	1998	76 967.2	99.2	77 587.9
10	1999	80 579.4	98.6	81 723.5
11	2000	88 189.6	100.4	87 838.2

图 9-4　1991—2000 年我国的 GDP 序列和消费者价格指数序列

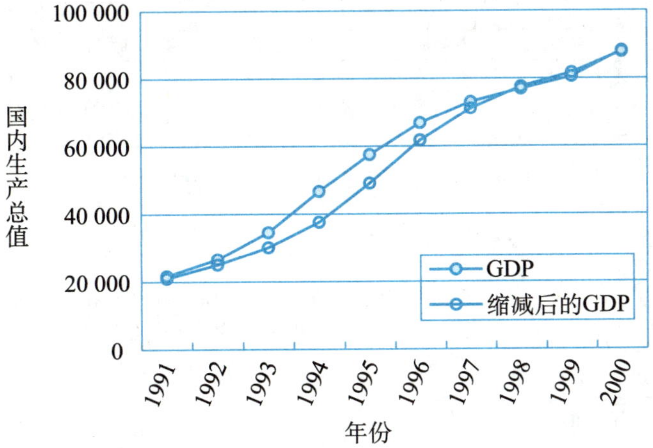

图 9-5 国内生产总值及其缩减序列

二、生产者价格指数

定义 9.7 生产者价格指数（producer price index，PPI），是测量在初级市场上出售的货物（即在非零售市场上首次购买某种商品时）的价格变动的一种价格指数。

生产者价格指数是根据每种商品在非零售市场上首次交易时的价格计算的。其计入的产品覆盖了原始的、经过制造的和在各个加工阶段上加工的货物，也包括制造业、农业、林业、渔业以及公用事业等的各类产出。生产者价格指数通常用于反映消费价格和生活费用的未来趋势。生产者价格指数的上涨反映了生产者价格的提高。

三、股票价格指数

定义 9.8 股票价格指数（stock price index）是反映某一股票市场上多种股票价格变动趋势的一种相对数，简称股价指数，其单位一般用“点”（point）表示。

股票价格指数的计算方法很多，但一般以发行量为权数进行加权综合。其公式为：

$$I_p = \frac{\sum p_{1i}q_i}{\sum p_{0i}q_i} \tag{9.11}$$

式中：p_{1i}为第i种样本股票报告期价格，p_{0i}为第i种股票基期价格，q_i为第i种股票的发行量，它可以确定为基期，也可确定为报告期，但大多数股价指数是以报告期的发行量为权数计算的。

【例 9.7】 设有三种股票的价格和发行量资料如图 9-6 所示，试计算股票价格指数。

	A	B	C	D
1	股票名称	基期价格(元)	本日收盘价(元)	报告期发行量(万股)
2	A	25	26.5	3 500
3	B	8	7.8	8 000
4	C	12	12.6	4 500

图 9-6　三种股票的价格和发行量资料

解：根据式（9.11）得股价指数为：

$$I_p=\frac{\sum p_{1i}q_i}{\sum p_{0i}q_i}=\frac{26.5\times 3\ 500+7.8\times 8\ 000+12.6\times 4\ 500}{25\times 3\ 500+8\times 8\ 000+12\times 4\ 500}$$

$$=\frac{211\ 850}{205\ 500}=103.09\%$$

即股价指数上涨了 3.09 点。

目前，世界各国的主要证券交易所都有自己的股票价格指数，比如，纽约道琼斯股票价格指数和标准普尔股票价格指数、伦敦金融时报指数、法兰克福 DAX 指数、巴黎 CAC 指数、东京日京指数等。我国的上海和深圳两个证券交易所也编制了自己的股票价格指数，如上交所的综合指数、深交所的成分股指数等。

本章小结

指数是测定多个项目在不同场合下综合变动的相对数。按所反映的内容不同，指数可以分为数量指数和质量指数；按计入指数的项目多少不同，指数可分为个体指数和综合指数；按计算形式的不同，指数可分为简单指数和加权指数。加权指数通过加权来测定一组项目的综合变动状况，加权指数因所采用的权数不同有加权综合指数、加权平均指数等不同形式。

除了可以编制单个的指数外，还可以编制指数体系对每个影响因素进行分析。在指数体系中，价值指数与各因素指数之间的数量关系表现为两个方面：一是从相对量来看，价值指数等于各因素指数的乘积，如商品销售额指数＝价格指数×销售量指数；二是从绝对量来看，价值总量的变动差额等于各因素指数变动差额之和。

实际中比较常用的价格指数有消费者价格指数、生产者价格指数、股票价格指数等。消费者价格指数的缩写为 CPI，是反映一定时期内消费者所购买的生活消费品价格和服务项目价格的变动趋势和程度的一种相对数。生产者价格指数的缩写为 PPI，是测量在初级市场上出售的货物（即在非零售市场上首次购买某种商品时）的价格变动的一种价格指数。股票价格指数是反映某一股票市场上多种股票价格变动趋势的一种相对数。

思考与练习

一、思考题

1. 说明指数的含义。

2. 加权综合指数和加权平均指数有何区别与联系？

3. 说明消费者价格指数、生产者价格指数、股票价格指数的含义。

4. 消费者价格指数有哪些作用？

二、练习题

1. 某商场出售的三种商品的销售量和销售价格资料如下：

某商场的三种商品的销售资料

商品名称	计量单位	销售量 q		价格 p（元）	
		基期 q_0	报告期 q_1	基期 p_0	报告期 p_1
甲	件	50	52	200	280
乙	米	30	25	100	110
丙	个	40	50	400	450

要求：

（1）计算三种商品销售额的总指数。

（2）以报告期的销售量为权数计算三种商品的价格综合指数。

（3）以基期价格为权数计算三种商品的销售量综合指数。

（4）分析销售量和价格变动对销售额的影响。

2. 根据上题中的数据，计算以基期销售量为权数的加权价格总指数和以报告期价格为权数的加权销售量总指数。

3. 某工厂生产的三种产品的有关资料如下：

某工厂生产的三种产品的有关资料

商品名称	计量单位	总成本（万元）		报告期产量比基期增长
		基期	报告期	
甲	件	45.4	53.6	14.0%
乙	米	30.0	33.8	13.5%
丙	台	55.2	58.5	8.6%

要求：

（1）计算三种产品的总成本指数。

（2）计算以基期总成本为权数的产量总指数。

（3）计算以报告期总成本为权数的单位成本总指数。

（4）分析产量和单位成本的变动对产品总成本的影响。

4. 利用指数体系回答下列问题：

（1）某商场 2018 年与 2017 年相比，各种商品的销售量增长了 6%，总销售额增长了 10%。问该商场 2018 年的销售价格有什么变化？

（2）某地区居民消费价格指数是 108%，试分析货币购买力的变化。

附录一

练习题参考答案

第 1 章　统计和数据

1.（1）数值变量。（2）分类变量。（3）数值变量。（4）顺序变量。（5）分类变量。

2.（1）总体是“所有 IT 从业者”；样本是“所抽取的 1 000 名 IT 从业者”；样本量是 1 000。（2）数值型变量。（3）分类变量。

3.（1）总体是“所有的网上购物者”。（2）分类变量。

第 2 章　数据的收集（略）

第 3 章　数据整理与展示

1.（1）属于顺序数据。

（2）频数分布表如下：

服务质量等级评价的频数分布

服务质量等级	家庭数（个）	频率（%）
A	14	14
B	21	21
C	32	32
D	18	18
E	15	15
合计	100	100

（3）条形图如下：

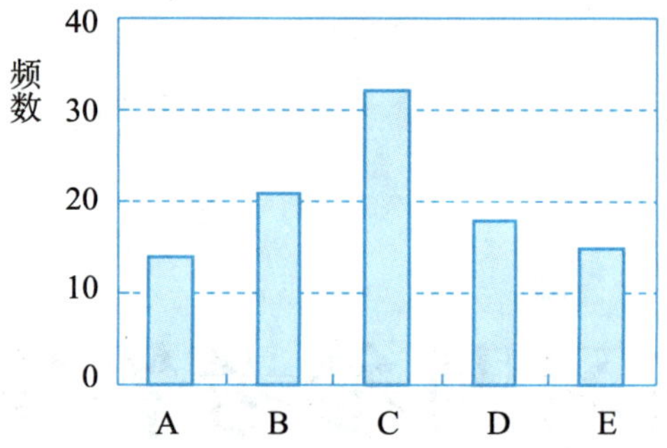

家电服务业售后服务质量评价的频数分布

2.（1）频数分布表如下：

40 家企业按产品销售收入分组的频数分布

按销售收入分组（万元）	企业数（个）	频率（%）
100 以下	5	12. 5
100～110	9	22. 5
110～120	12	3. 00
120～130	7	17. 5
130～140	4	10. 0
140 以上	3	7. 5
合计	40	100.0

（2）某行业管理局所属 40 家企业的分组表：

某管理局所属 40 家企业的分组表

按销售收入分组（万元）	企业数（个）	频率（%）
先进企业	11	27.5
良好企业	11	27.5
一般企业	9	22.5
落后企业	9	22.5
合计	40	100.0

3.（1）频数分布表如下：

100 只灯泡使用寿命的频数分布

按使用寿命分组（小时）	灯泡个数（只）	频率（%）
650～660	2	2
660～670	5	5
670～680	6	6
680～690	14	14
690～700	26	26
700～710	18	18
710～720	13	13
720～730	10	10
730～740	3	3
740～750	3	3
合计	100	100

直方图如下：

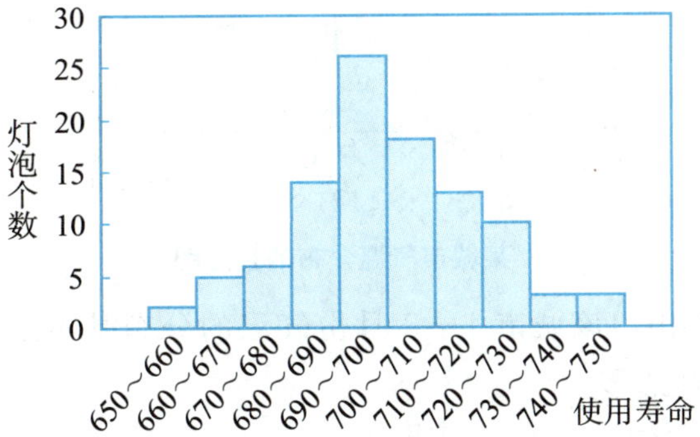

灯泡使用寿命的直方图

从直方图可以看出，灯泡使用寿命的分布基本上是对称的。

（2）茎叶图如下：

65	1 8
66	1 4 5 6 8
67	1 3 4 6 7 9
68	1 1 2 3 3 3 4 5 5 5 8 8 9 9
69	0 0 1 1 1 1 2 2 2 3 3 4 4 5 5 6 6 6 7 7 8 8 8 8 9 9
70	0 0 1 1 2 2 3 4 5 6 6 6 7 7 8 8 8 9
71	0 0 2 2 3 3 5 6 7 7 8 8 9
72	0 1 2 2 5 6 7 8 9 9
73	3 5 6 7 4 1 4 7

茎叶图与直方图所反映的数据分布是一致的，不同的是茎叶图中保留了原始数据。

4.（1）属于数值型数据。

（2）分组结果如下：

气温分组（℃）	天数（天）
−25～−20	6
−20～−15	8
−15～−10	10
−10～−5	13
−5～0	12
0～5	5
5～10	6
合计	60

（3）直方图如下：

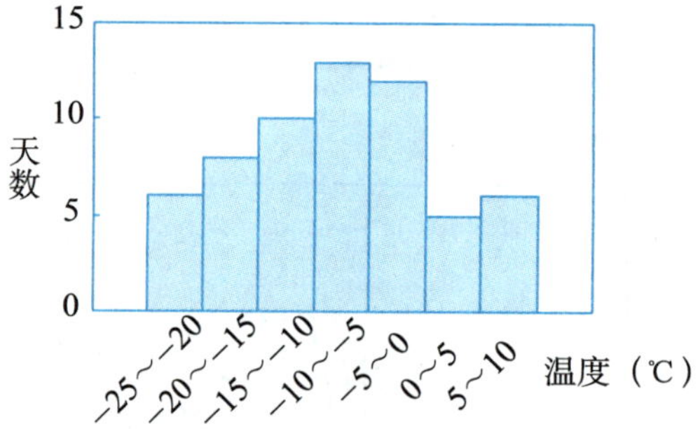

某城市气温分布的直方图

从直方图可以看出，该城市1～2月份气温的分布基本上是对称的，温度在−10℃～−5℃的天数最多。

5.（1）直方图如下：

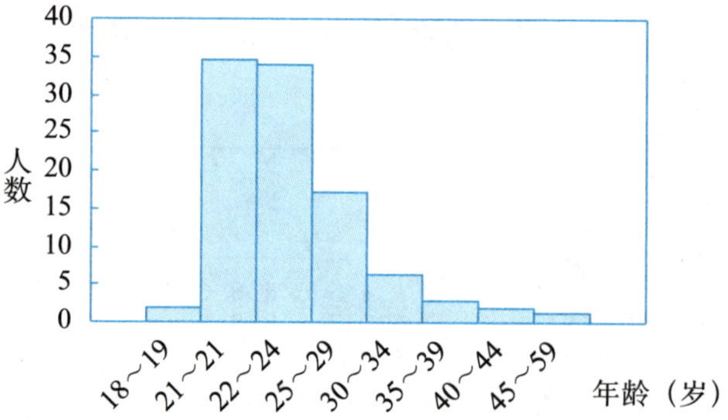

年龄分布的直方图

（2）自学考试人员年龄的分布为右偏，即大多数人员的年龄在20～30岁，年龄偏大的人则越来越少。

6.（1）茎叶图如下：

A班		树茎	B班	
数据个数	树叶		树叶	数据个数
0		3	59	2
1	4	4	0448	4
2	97	5	122456677789	12
11	97665332110	6	011234688	9
23	98877766555554443332100	7	00113449	8
7	6655200	8	123345	6
6	632220	9	011456	6
0		10	000	3

（2）A班考试成绩的分布比较集中，且平均分数较高；B班考试成绩的分布比A班分散，且平均成绩较A班低。

7. （1）环形图如下（内环为甲班的成绩）：

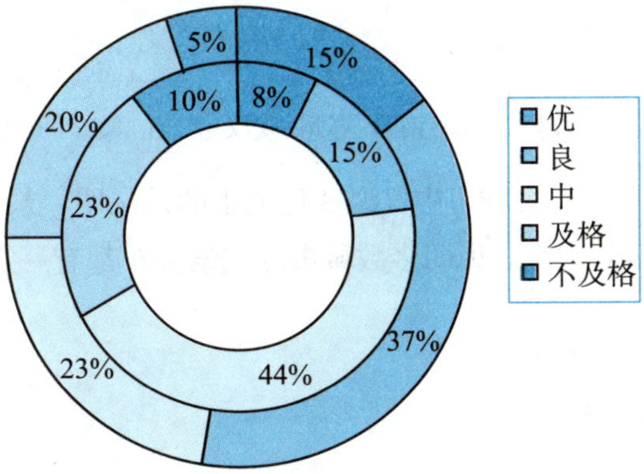

从环形图可以看出，甲班考试成绩在中等水平的人数比例较高，而优秀和良好的人数比例则较低，不及格的人数比例比乙班要高。乙班则不同，考试成绩为优秀和良好的人数比例较高，而中等以下的人数比例较低。这说明乙班学生的平均成绩比甲班要好。

（2）两个班考试成绩的雷达图如下：

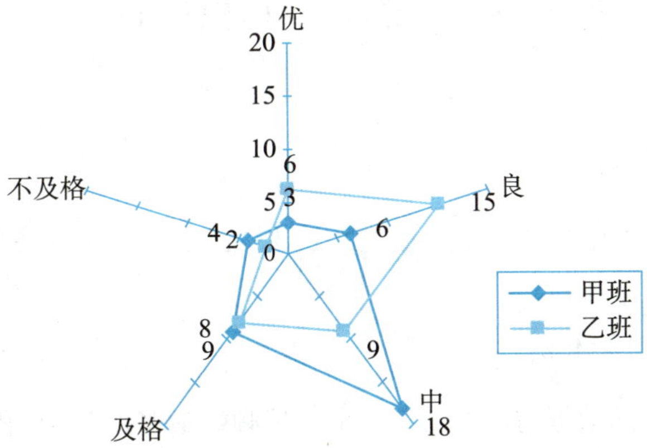

从雷达图的形状可以看出，两个班考试成绩没有相似性。

8. 箱线图如下：

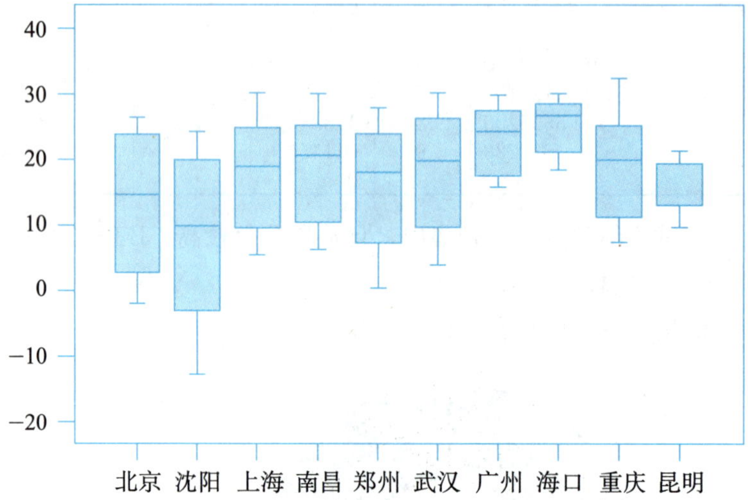

从箱线图可以看出，10 个城市中气温变化最小的是昆明，最大的是沈阳。从中位数来看，多数靠近上四分位数，说明多数城市的气温分布都有一定的左偏。

第 4 章　数据分布特征的测度

1. （1）众数：$M_0=10$

中位数：中位数位置$=\dfrac{n+1}{2}=\dfrac{10+1}{2}=5.5$，$M_e=\dfrac{10+10}{2}=10$

平均数：$\bar{x}=\dfrac{\sum_{i=1}^{n}x_i}{n}=\dfrac{2+4+\cdots+14+15}{10}=\dfrac{96}{10}=9.6$

（2）$Q_{25\%}$位置$=\dfrac{n}{4}=\dfrac{10}{4}=2.5$，$Q_{25\%}=\dfrac{4+7}{2}=5.5$

$Q_{75\%}$位置$=\dfrac{3n}{4}=\dfrac{3\times10}{4}=7.5$，$Q_{75\%}=\dfrac{12+12}{2}=12$

（3）$s=\sqrt{\dfrac{\sum_{i=1}^{n}(x_i-\bar{x})^2}{n-1}}$

$=\sqrt{\dfrac{(2-9.6)^2+(4-9.6)^2+\cdots+(14-9.6)^2+(15-9.6)^2}{10-1}}$

$=\sqrt{\dfrac{156.4}{9}}=4.2$

2. （1）从表中的数据可以看出，年龄出现频数最多的是 19 和 23，所以有两个众数，即 $M_0=19$ 和 $M_0=23$ 。

将原始数据排序后，计算的中位数的位置为：

$$中位数位置=\frac{n+1}{2}=\frac{25+1}{2}=13$$

第 13 个位置上的数值为 23，所以中位数 $M_e=23$。

（2）$Q_{25\%}$ 位置 $=\frac{n}{4}=\frac{25}{4}=6.25$，$Q_{25\%}=19+0.25\times(19-19)=19$

$$Q_{75\%}位置=\frac{3\times25}{4}=18.75,\ Q_{75\%}=25+0.75\times(27-25)=26.5$$

$$(3)\ \bar{x}=\frac{\sum_{i=1}^{n}x_i}{n}=\frac{19+15+\cdots+17+23}{25}=\frac{600}{25}=24$$

$$s=\sqrt{\frac{\sum_{i=1}^{n}(x_i-\bar{x})^2}{n-1}}$$

$$=\sqrt{\frac{(19-24)^2+(15-24)^2+\cdots+(17-24)^2+(23-24)^2}{25-1}}$$

$$=\sqrt{\frac{1\ 062}{25-1}}=6.65$$

（4）偏态系数：

$$SK=\frac{25\times\sum(x_i-24)^3}{(25-1)\times(25-2)\times6.65^3}=1.08$$

峰态系数：

$$K=\frac{25\times(25+1)\times\sum(x_i-24)^4-3\times\left[\sum(x_i-24)^2\right]^2\times(25-1)}{(25-1)\times(25-2)\times(25-3)\times6.65^4}$$

$$=0.77$$

（5）分析：从众数、中位数和平均数来看，网民年龄在 23～24 岁的人数占多数。由于标准差较大，说明网民年龄之间有较大差异。从偏态系数来看，年龄分布为右偏，由于偏态系数大于 1，所以偏斜程度很大。由于峰态系数为正值，所以为尖峰分布。

3.（1）茎叶图如下：

树茎	树叶	数据个数
5	5	1
6	6 7 8	3
7	1 3 4 8 8	5

(2) $\bar{x}=\frac{5.5+6.6+\cdots+7.8+7.8}{9}=\frac{63}{9}=7$

$$s=\sqrt{\frac{(5.5-7)^2+(6.6-7)^2+\cdots+(7.8-7)^2+(7.8-7)^2}{9-1}}$$

$$=\sqrt{\frac{4.08}{8}}=0.714$$

（3）由于两种排队方式的平均数不同，所以用离散系数进行比较。

第一种排队方式：$v_1=\frac{1.97}{7.2}=0.274$；$v_2=\frac{0.714}{7}=0.102$。由于 $v_1>v_2$，表明第一种排队方式的离散程度大于第二种排队方式。

（4）选方法二，因为第二种排队方式的平均等待时间较短，且离散程度小于第一种排队方式。

4.

$$\text{甲企业的平均成本}=\frac{\text{总成本}}{\text{总产量}}=\frac{2\ 100+3\ 000+1\ 500}{\frac{2\ 100}{15}+\frac{3\ 000}{20}+\frac{1\ 500}{30}}=\frac{6\ 600}{340}=19.41$$

$$\text{乙企业的平均成本}=\frac{\text{总成本}}{\text{总产量}}=\frac{3\ 255+1\ 500+1\ 500}{\frac{3\ 255}{15}+\frac{1\ 500}{20}+\frac{1\ 500}{30}}=\frac{6\ 255}{342}=18.29$$

原因：尽管两个企业的单位成本相同，但单位成本较低的产品在乙企业的产量中所占比重较大，因此拉低了总平均成本。

5. 平均数计算过程见下表：

按利润额分组	组中值（M_i）	企业数（f_i）	$M_i f_i$
200～300	250	19	4 750
300～400	350	30	10 500
400～500	450	42	18 900
500～600	550	18	9 900
600 以上	650	11	7 150
合计	—	120	51 200

$$\bar{x}=\frac{\sum_{i=1}^{k}M_i f_i}{n}=\frac{51200}{120}=426.67$$

标准差计算过程见下表：

按利润额分组	组中值 M_i	企业数 f_i	$(M_i-\bar{x})^2$	$(M_i-\bar{x})^2 f_i$
200～300	250	19	31 212.3	593 033.5
300～400	350	30	5 878.3	176 348.7

续表

按利润额分组	组中值 M_i	企业数 f_i	$(M_i-\bar{x})^2$	$(M_i-\bar{x})^2 f_i$
400～500	450	42	544.3	22 860.1
500～600	550	18	15 210.3	273 785.2
600 以上	650	11	49 876.3	548 639.2
合计	—	120	102 721.5	1 614 666.7

$$s=\sqrt{\frac{\sum_{i=1}^{k}(M_i-\bar{x})^2 f_i}{n-1}}=\sqrt{\frac{1\ 614\ 666.7}{120-1}}=116.48$$

6. (1) 两位调查人员所得到的平均身高应该差不多相同，因为均值的大小基本上不受样本大小的影响。

(2) 两位调查人员所得到的身高的标准差应该差不多相同，因为标准差的大小基本上不受样本大小的影响。

(3) 具有较大样本的调查人员有更大的机会取到最高或最低者，因为样本越大，变化的范围就可能越大。

7. (1) 要比较男女学生体重的离散程度应该采用离散系数。女生体重的离散系数 $v_{女}=\frac{5}{50}=0.1$，男生体重的离散系数 $v_{男}=\frac{5}{60}=0.08$，所以女生的体重差异大。

(2) 男生：$\bar{x}=60\times 2.2=132$（磅），$s=5\times 2.2=11$（磅）

女生：$\bar{x}=50\times 2.2=110$（磅），$s=5\times 2.2=11$（磅）

(3) 假定体重为对称分布，根据经验法则，在平均数加减 1 个标准差范围内的数据个数大约为 68%。因此，男生中大约有 68%的人体重在 55kg 到 65kg 之间。

(4) 假定体重为对称分布，根据经验法则，在平均数加减 2 个标准差范围内的数据个数大约为 95%。因此，女生中大约有 95%的人体重在 40kg 到 60kg 之间。

8. 通过计算标准分数来判断：

$$z_A=\frac{x_A-\bar{x}_A}{s_A}=\frac{115-100}{15}=1\ ;\ z_B=\frac{x_B-\bar{x}_B}{s_B}=\frac{425-400}{50}=0.5$$

该测试者在 A 项测试中比平均分数高出 1 个标准差，而在 B 项测试中只高出平均分数 0.5 个标准差，由于 A 项测试的标准分数高于 B 项测试，所以 A 项测试比较理想。

9. 通过标准分数来判断，各天的标准分数如下表：

时间	周一	周二	周三	周四	周五	周六	周日
标准化值 z	3	−0.6	−0.2	0.4	−1.8	−2.2	0

表中结果说明周一和周六两天失去了控制。

10.（1）应该采用离散系数，因为它消除了不同组数据水平高低的影响。

（2）成年组身高的离散系数：$v_s=\dfrac{4.2}{172.1}=0.024$

幼儿组身高的离散系数：$v_s=\dfrac{2.5}{71.3}=0.035$

由于幼儿组身高的离散系数大于成年组身高的离散系数，说明幼儿组身高的离散程度相对较大。

11.（1）应该从平均数和标准差两个方面进行评价。在对各种方法的离散程度进行比较时，应该采用离散系数。

（2）下表给出了用Excel计算的主要描述统计量：

方法A		方法B		方法C	
平均	165.6	平均	128.73	平均	125.53
中位数	165	中位数	129	中位数	126
众数	164	众数	128	众数	126
标准差	2.13	标准差	1.75	标准差	2.77
极差	8	极差	7	极差	12
最小值	162	最小值	125	最小值	116
最大值	170	最大值	132	最大值	128

从三种方法的集中趋势来看，方法A的平均产量最高，中位数和众数也都高于其他两种方法。从离散程度来看，三种方法的离散系数分别为：$v_A=\dfrac{2.13}{165.6}=0.013$，$v_B=\dfrac{1.75}{128.73}=0.014$，$v_C=\dfrac{2.77}{125.53}=0.022$。方法A的离散程度最小，因此应选择方法A。

12.（1）用方差或标准差来评价投资的风险。

（2）从直方图可以看出，商业类股票收益率的离散程度较小，说明投资风险也较小。

（3）从投资风险角度看，应该选择风险较小的商业类股票。当然，选择哪类股票还与投资者的主观判断有很大关系。

第5章　抽样与参数估计

1. 已知：$\sigma=5$，$n=40$，$\bar{x}=25$，$\alpha=0.05$，$z_{0.05/2}=1.96$。

（1）样本均值的抽样标准差 $\sigma_{\bar{x}}=\dfrac{\sigma}{\sqrt{n}}=\dfrac{5}{\sqrt{40}}=0.79$。

（2）估计误差 $E=z_{\alpha/2}\dfrac{\sigma}{\sqrt{n}}=1.96\times\dfrac{5}{\sqrt{40}}=1.55$。

2．已知：$\sigma=15, n=49, \bar{x}=120, \alpha=0.05, z_{0.05/2}=1.96$。

（1）样本均值的抽样标准差 $\sigma_{\bar{x}}=\frac{\sigma}{\sqrt{n}}=\frac{15}{\sqrt{49}}=2.14$。

（2）估计误差 $E=z_{\alpha/2}\frac{\sigma}{\sqrt{n}}=1.96\times\frac{15}{\sqrt{49}}=4.20$。

（3）由于总体标准差已知，所以总体均值 μ 的 95%的置信区间为：

$$\bar{x}\pm z_{\alpha/2}\frac{\sigma}{\sqrt{n}}=120\pm1.96\times\frac{15}{\sqrt{49}}=120\pm4.20$$

即(115.8,124.2)。

3. 已知：$n=100$，$\sigma=85\ 414$，$\bar{x}=104\ 560$，$\alpha=0.05$，$z_{0.05/2}=1.96$。 由于总体标准差已知，所以总体均值 μ 的 95%的置信区间为：

$$\bar{x}\pm z_{\alpha/2}\frac{\sigma}{\sqrt{n}}=104\ 560\pm1.96\times\frac{85\ 414}{\sqrt{100}}=104\ 560\pm16\ 741.144$$

即(87 818.856,121 301.144)。

4. （1）已知：$n=100, \bar{x}=81, s=12, \alpha=0.1, z_{0.1/2}=1.645$。

由于 $n=100$ 为大样本，所以总体均值 μ 的 90%的置信区间为：

$$\bar{x}\pm z_{\alpha/2}\frac{s}{\sqrt{n}}=81\pm1.645\times\frac{12}{\sqrt{100}}=81\pm1.974$$

即(79.026,82.974)。

（2）已知：$\alpha=0.05$，$z_{0.05/2}=1.96$。

由于 $n=100$ 为大样本，所以总体均值 μ 的 95%的置信区间为：

$$\bar{x}\pm z_{\alpha/2}\frac{s}{\sqrt{n}}=81\pm1.96\times\frac{12}{\sqrt{100}}=81\pm2.352$$

即(78.648,83.352)。

（3）已知：$\alpha=0.01$，$z_{0.01/2}=2.58$。

由于 $n=100$ 为大样本,所以总体均值 μ 的 99%的置信区间为：

$$\bar{x}\pm z_{\alpha/2}\frac{s}{\sqrt{n}}=81\pm2.58\times\frac{12}{\sqrt{100}}=81\pm3.096$$

即(77.940,84.096)。

5. (1) 已知：总体服从正态分布，$\sigma=500$，$n=15$，$\bar{x}=8\ 900$，$\alpha=0.05$，$z_{0.05/2}=1.96$。

由于总体服从正态分布，所以总体均值 μ 的 95%的置信区间为：

$$\bar{x}\pm z_{\alpha/2}\frac{\sigma}{\sqrt{n}}=8\ 900\pm1.96\times\frac{500}{\sqrt{15}}=8\ 900\pm253.03$$

即(8 646.97,9 153.03)。

（2）已知：总体不服从正态分布，$\sigma=500$，$n=35$，$\bar{x}=8\ 900$，$\alpha=0.05$，$z_{0.05/2}=1.96$。

虽然总体不服从正态分布，但由于$n=35$为大样本，所以总体均值μ的95%的置信区间为：

$$\bar{x}\pm z_{\alpha/2}\frac{\sigma}{\sqrt{n}}=8\ 900\pm1.96\times\frac{500}{\sqrt{35}}=8\ 900\pm165.65$$

即(8 734.35,9 065.65)。

（3）已知：总体不服从正态分布，σ未知，$n=35$，$\bar{x}=8\ 900$，$s=500$，$\alpha=0.1$，$z_{0.1/2}=1.645$。

虽然总体不服从正态分布，但由于$n=35$为大样本，所以总体均值μ的90%的置信区间为：

$$\bar{x}\pm z_{\alpha/2}\frac{s}{\sqrt{n}}=8\ 900\pm1.645\times\frac{500}{\sqrt{35}}=8\ 900\pm139.03$$

即(8 760.97,9 039.03)。

（4）已知：总体不服从正态分布，σ未知，$n=35$，$\bar{x}=8\ 900$，$s=500$，$\alpha=0.01$，$z_{0.01/2}=2.58$。

虽然总体不服从正态分布，但由于$n=35$为大样本，所以总体均值μ的99%的置信区间为：

$$\bar{x}\pm z_{\alpha/2}\frac{s}{\sqrt{n}}=8\ 900\pm2.58\times\frac{500}{\sqrt{35}}=8\ 900\pm218.05$$

即(8 681.95,9 118.05)。

6. 已知：$n=36$，当α分别为0.1,0.05,0.01时，相应的$z_{0.1/2}=1.645$，$z_{0.05/2}=1.96$，$z_{0.01/2}=2.58$。

根据样本数据计算得：$\bar{x}=3.32$，$s=1.61$。

由于$n=36$为大样本，所以平均上网时长的90%的置信区间为：

$$\bar{x}\pm z_{\alpha/2}\frac{s}{\sqrt{n}}=3.32\pm1.645\times\frac{1.61}{\sqrt{36}}=3.32\pm0.44$$

即(2.88,3.76)。

平均上网时长的95%的置信区间为：

$$\bar{x}\pm z_{\alpha/2}\frac{s}{\sqrt{n}}=3.32\pm1.96\times\frac{1.61}{\sqrt{36}}=3.32\pm0.53$$

即(2.79,3.85)。

平均上网时长的99%的置信区间为：

$$\bar{x}\pm z_{\alpha/2}\frac{s}{\sqrt{n}}=3.32\pm2.58\times\frac{1.61}{\sqrt{36}}=3.32\pm0.69$$

即(2.63,4.01)。

7. 已知：总体服从正态分布，但 σ 未知，$n=16$ 为小样本，$\alpha=0.05$，$t_{0.05/2}(16-1)=2.131$。

根据样本数据计算得：$\bar{x}=9.375$，$s=4.113$。

从家里到单位的平均距离的95%的置信区间为：

$$\bar{x}\pm t_{\alpha/2}\frac{s}{\sqrt{n}}=9.375\pm 2.131\times\frac{4.113}{\sqrt{16}}=9.375\pm 2.191$$

即（7.18，11.57）。

8.（1）已知：$n=36$，$\bar{x}=149.5$，$\alpha=0.05$，$z_{0.05/2}=1.96$。

由于 $n=36$ 为大样本，所以零件平均长度的95%的置信区间为：

$$\bar{x}\pm z_{\alpha/2}\frac{s}{\sqrt{n}}=149.5\pm 1.96\times\frac{1.93}{\sqrt{36}}=149.5\pm 0.63$$

即（148.87，150.13）。

（2）在上面的估计中，使用了统计中的中心极限定理。该定理表明：从均值为 μ、方差为 σ^2 的总体中，抽取容量为 n 的随机样本，当 n 充分大时（通常要求 $n\geqslant 30$），样本均值 $\bar{x}$ 的抽样分布近似服从均值为 μ、方差为 σ^2/n 的正态分布。

9.（1）已知：总体服从正态分布，但 α 未知，$n=50$ 为大样本，$\alpha=0.05$，$z_{0.05/2}=1.96$。

根据样本数据计算得：$\bar{x}=101.32$，$s=1.63$。

该种食品平均重量的95%的置信区间为：

$$\bar{x}\pm z_{\alpha/2}\frac{s}{\sqrt{n}}=101.32\pm 1.96\times\frac{1.63}{\sqrt{50}}=101.32\pm 0.45$$

即（100.87，101.77）。

（2）根据样本数据可知，样本合格率为 $p=\frac{45}{50}=0.9$。该种食品合格率的95%的置信区间为：

$$p\pm z_{\alpha/2}\sqrt{\frac{p(1-p)}{n}}=0.9\pm 1.96\times\sqrt{\frac{0.9\times(1-0.9)}{50}}=0.9\pm 0.08$$

即（0.82，0.98）。

10. 已知：总体服从正态分布，但 α 未知，$n=18$ 为小样本，$\alpha=0.1$，$t_{0.1/2}(18-1)=1.740$。

根据样本数据计算得：$\bar{x}=13.56$，$s=7.80$。

网络公司员工平均每周加班时间的90%的置信区间为：

$$\bar{x}\pm t_{\alpha/2}\frac{s}{\sqrt{n}}=13.56\pm 1.740\times\frac{7.80}{\sqrt{18}}=13.56\pm 3.20$$

即（10.36，16.76）。

11.（1）已知：$n=44$，$p=0.51$，$\alpha=0.01$，$z_{0.01/2}=2.58$。

总体比例 π 的 99%的置信区间为：

$$p \pm z_{\alpha/2}\sqrt{\frac{p(1-p)}{n}}=0.51\pm 2.58\times\sqrt{\frac{0.51\times(1-0.51)}{44}}=0.51\pm 0.19$$

即（0.32，0.70）。

（2）已知：$n=300$，$p=0.82$，$\alpha=0.05$，$z_{0.05/2}=1.96$。

总体比例 π 的 95%的置信区间为：

$$p \pm z_{\alpha/2}\sqrt{\frac{p(1-p)}{n}}=0.82\pm 1.96\times\sqrt{\frac{0.82\times(1-0.82)}{300}}=0.82\pm 0.04$$

即（0.78，0.86）。

（3）已知：$n=1\ 150$，$p=0.48$，$\alpha=0.1$，$z_{0.1/2}=1.645$。

总体比例 π 的 90%的置信区间为：

$$p \pm z_{\alpha/2}\sqrt{\frac{p(1-p)}{n}}=0.48\pm 1.645\times\sqrt{\frac{0.48\times(1-0.48)}{1\ 150}}=0.48\pm 0.02$$

即（0.46，0.50）。

12. 已知：$n=200$，$p=0.23$，α 为 0.1 和 0.05 时，相应的 $z_{0.1/2}=1.645$，$z_{0.05/2}=1.96$。

总体比例 π 的 90%的置信区间为：

$$p \pm z_{\alpha/2}\sqrt{\frac{p(1-p)}{n}}=0.23\pm 1.645\times\sqrt{\frac{0.23\times(1-0.23)}{200}}=0.23\pm 0.05$$

即（0.18，0.28）。

总体比例 π 的 95%的置信区间为：

$$p \pm z_{\alpha/2}\sqrt{\frac{p(1-p)}{n}}=0.23\pm 1.96\times\sqrt{\frac{0.23\times(1-0.23)}{200}}=0.23\pm 0.06$$

即（0.17，0.29）。

13. 已知：$\sigma=1\ 000$，估计误差 $E=200$，$\alpha=0.01$，$z_{0.01/2}=2.58$，则应抽取的样本量为：

$$n=\frac{(z_{\alpha/2})^2\sigma^2}{E^2}=\frac{2.58^2\times 1\ 000^2}{200^2}=167$$

14.（1）已知：$E=0.02$，$\pi=0.40$，$\alpha=0.04$，$z_{0.04/2}=2.05$，则应抽取的样本量为：

$$n=\frac{(z_{\alpha/2})^2\cdot\pi(1-\pi)}{E^2}=\frac{2.05^2\times 0.40\times(1-0.40)}{0.02^2}=2\ 522$$

（2）已知：$E=0.04$，π 未知，$\alpha=0.05$，$z_{0.05/2}=1.96$，由于 π 未知，可以使用

0.5。则应抽取的样本量为：

$$n=\frac{(z_{\alpha/2})^2\cdot\pi\ (1-\pi)}{E^2}=\frac{1.96^2\times0.50\times\ (1-0.50)}{0.04^2}=601$$

(3) 已知：$E=0.05$，$\pi=0.55$，$\alpha=0.1$，$z_{0.1/2}=1.645$，则应抽取的样本量为：

$$n=\frac{(z_{\alpha/2})^2\cdot\pi(1-\pi)}{E^2}=\frac{1.645^2\times0.55\times(1-0.55)}{0.05^2}=268$$

15. (1) 已知：$n=50$，$P=\frac{32}{50}=0.64$，$\alpha=0.05$，$z_{0.05/2}=1.96$。

总体中赞成该项改革的户数比例的95%的置信区间为：

$$p\pm z_{\alpha/2}\sqrt{\frac{p(1-p)}{n}}=0.64\pm1.96\times\sqrt{\frac{0.64\times(1-0.64)}{50}}=0.64\pm0.13$$

即（0.51，0.77）。

(2) 已知：$\pi=0.80$，$\alpha=0.05$，$z_{0.05/2}=1.96$。

应抽取的样本量为：

$$n=\frac{(z_{\alpha/2})^2\cdot\pi(1-\pi)}{E^2}=\frac{1.96^2\times0.80\times(1-0.80)}{0.1^2}=62(\text{户})$$

第6章　假设检验

1. (1) 研究者想要寻找证据予以支持的假设是“新型弦线的平均抗拉强度相对于以前提高了”，所以原假设与备择假设应为：$H_0:\mu\leqslant1\,035$，$H_1:\mu>1\,035$。

(2) 如果不能拒绝原假设，表示没有充分的统计证据支持该开发小组认为新型弦线的抗拉强度得到了提高。

(3) 如果有充足的理由拒绝原假设，表示开发小组可以相信新型弦线的抗拉强度超过了1 035MPa，因此可以进一步采取推广措施。

2. (1) 该组织想要证实的假设是“每个月平均销售的汽车数量不足14辆”，所以提出的假设形式为，H_0：$\mu\geqslant14$，H_1：$\mu<14$。

(2) 当不能拒绝原假设时，该组织认为没有充分的理由怀疑汽车销售管理者的说法。

(3) 当可以拒绝原假设时，该组织有充分的统计证据断定汽车销售管理者的声明不真实。

3. (1) H_0：$\mu=65$，H_1：$\mu\neq65$。

(2) 样本数据表明应该拒绝原假设时，意味着该生产线生产的玻璃纸平均横向延伸率不符合规格，必须对生产线进行调整。

(3) 样本数据无法支持拒绝原假设时，意味着质量控制监督人员没有充分的理由认为该生产线所处状态不正常，无须停产调整。

4. (1) 发生第Ⅰ类错误指的是实际上奖励计划并未提高销售人员的平均销售

额，而公司董事长却认为它提高了销售人员的平均销售额，这将导致公司错误的推行新的奖励计划，却无法获得更高的销售额。

（2）发生第Ⅱ类错误指的是实际上奖励计划提高了销售人员的平均销售额，公司董事长却没有意识到，这将使公司错过推行新的奖励计划的机会，也就无法进一步提高销售额。

5.（1）检验的临界值是 $z_{0.05}=1.645$，拒绝法则是：如果 $z=\dfrac{\bar{x}-\mu_0}{\sigma/\sqrt{n}}>1.645$，就拒绝 H_0。

（2）检验统计量 $z=\dfrac{6.35-6}{1.19/\sqrt{100}}=2.94>1.645$，所以拒绝原假设，认为新纤维的平均强力超过了 6 克。

6.（1）$-z_{0.01}=-2.33$。$\bar{x}=22.0$ 时，检验统计量 $z=\dfrac{22.0-25}{12/\sqrt{100}}=-2.5<-z_{0.01}$，拒绝原假设。

（2）$\bar{x}=24.0$ 时，检验统计量 $z=\dfrac{24.0-25}{12/\sqrt{100}}=-0.83>-z_{0.01}$，不拒绝原假设。

（3）$\bar{x}=23.5$ 时，检验统计量 $z=\dfrac{23.5-25}{12/\sqrt{100}}=-1.25>-z_{0.01}$，不拒绝原假设。

（4）$\bar{x}=22.8$ 时，检验统计量 $z=\dfrac{22.8-25}{12/\sqrt{100}}=-1.83>-z_{0.01}$，不拒绝原假设。

7.（1）拒绝规则是：$z=\dfrac{\bar{x}-\mu_0}{s/\sqrt{n}}>1.96$ 或 $z=\dfrac{\bar{x}-\mu_0}{s/\sqrt{n}}<-1.96$，则拒绝 H_0。

（2）检验统计量 $z=\dfrac{14.2-15}{5/\sqrt{50}}=-1.13$。

（3）在 5%的显著性水平下，不能拒绝原假设。

8. 建立原假设与备择假设为：H_0：$\mu\geqslant100$，H_1：$\mu<100$。

检验统计量 $z=\dfrac{75-100}{25/\sqrt{9}}=-3.0<-2.33$，拒绝原假设，认为该厂机器的平均开工成本的确有所下降。

9. 建立原假设与备择假设为：H_0：$\mu=0.618$，H_1：$\mu\neq0.618$。

$t=\dfrac{0.6583-0.618}{0.09327/\sqrt{20}}=1.93$，所以不拒绝原假设，也就是没有充分的理由怀疑该厂生产的工艺品框架宽与长的平均比例不是 0.618。

10.（1）H_0：$p\leqslant0.25$，H_1：$p>0.25$。

(2) $z=\dfrac{\dfrac{112}{400}-0.25}{\sqrt{\dfrac{0.25\times(1-0.25)}{400}}}=1.39<z_{0.01}(=2.33)$，不能拒绝原假设，因此没有充分的理由认为这部电视剧是成功的。

11. 检验统计量 $z=\dfrac{\dfrac{313}{356}-0.75}{\sqrt{\dfrac{0.75\times(1-0.75)}{356}}}=5.63>1.96$，所以拒绝原假设，认为该医生的声明并不属实。

第 7 章　相关与回归分析

1. (1) 散点图如下：

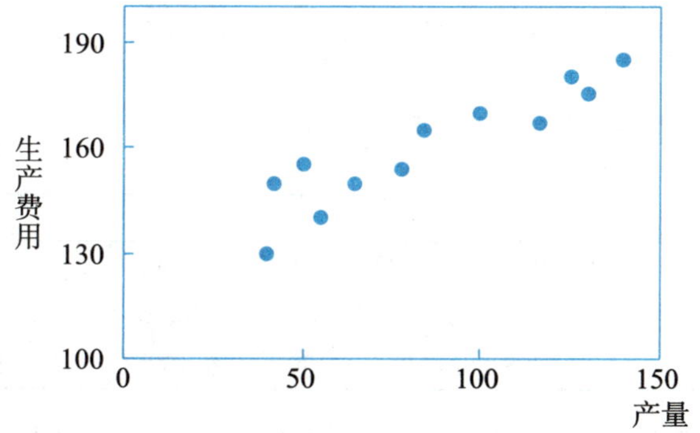

产量与生产费用的散点图

可以看出，产量与生产费用之间为正的线性相关关系。

(2) 利用 Excel 的 CORREL 函数计算的相关系数为 $r=0.920\ 232$。

2. (1) 散点图如下：

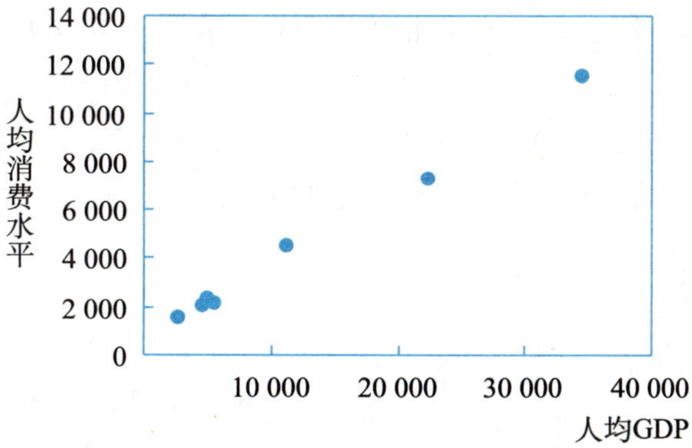

人均GDP与人均消费水平的散点图

可以看出，两者之间为高度的正线性相关关系。

（2）利用 Excel 的 CORREL 函数计算的相关系数为 $r=0.998\ 128$。相关系数接近于 1，表明人均 GDP 与人均消费水平之间有非常强的正线性相关关系。

（3）由 Excel 输出的回归结果如下表：

回归统计	
Multiple R	0.998 128
R Square	0.996 259
Adjusted R Square	0.995 511
标准误差	247.303 5
观测值	7

方差分析

	df	SS	MS	F	Significance F
回归	1	81 444 969	8 144 496 9	1 331.692	2.91E−07
残差	5	305 795	61 159.01		
总计	6	81 750 764			

	Coefficients	标准误差	t Stat	P-value
Intercept	734.692 8	139.540 3	5.265 094	0.003 285
X Variable 1	0.308 683	0.008 459	36.492 36	2.91E−07

得到的回归方程为：$\hat{y}=734.692\ 8+0.308\ 683x$；回归系数 $\hat{\beta}_1=0.308\ 683$，表示人均 GDP 每增加 1 元，人均消费水平平均增加 0.308 683 元。

（4）判定系数 $R^2=0.996\ 259$，表明在人均消费水平的变差中，有 99.625 9%是由人均 GDP 决定的。

（5）首先提出如下假设：H_0：$\beta_1=0$，H_1：$\beta_1\neq0$。

由于 Significance F< $\alpha=0.05$，拒绝原假设，表明人均 GDP 与人均消费水平之间的线性关系显著。

（6）$\hat{y}_{5\ 000}=734.692\ 8+0.308\ 683\times5\ 000=2\ 278.107\ 8$（元）。

（7）当 $\alpha=0.05$ 时，$t_{0.05/2}$（7−2）$=2.571$，$s_e=247.303\ 5$。置信区间为：

$$\hat{y}_0\pm t_{\alpha/2}s_e\sqrt{\frac{1}{n}+\frac{(x_0-\bar{x})^2}{\sum_{i=1}^{n}(x_i-\bar{x})^2}}$$

$$=2\ 278.107\ 8\pm2.571\times247.303\ 5\times\sqrt{\frac{1}{7}+\frac{(5\ 000-12\ 248.428\ 57)^2}{854\ 750\ 849.7}}$$

$$=2\ 278.107\ 8\pm287.4$$

即（1 990.7，2 565.5）。

预测区间为：

$$\hat{y}_0 \pm t_{\alpha/2} s_e \sqrt{1+\frac{1}{n}+\frac{(x_0-\bar{x})^2}{\sum_{i=1}^{n}(x_i-\bar{x})^2}}$$

$$= 2\ 278.107\ 8 \pm 2.571 \times 247.303\ 5 \times \sqrt{1+\frac{1}{7}+\frac{(5\ 000-12\ 248.428\ 57)^2}{854\ 750\ 849.7}}$$

$$= 2\ 278.107\ 8 \pm 697.8$$

即（1 580.3，2 975.9）。

3. （1）散点图如下：

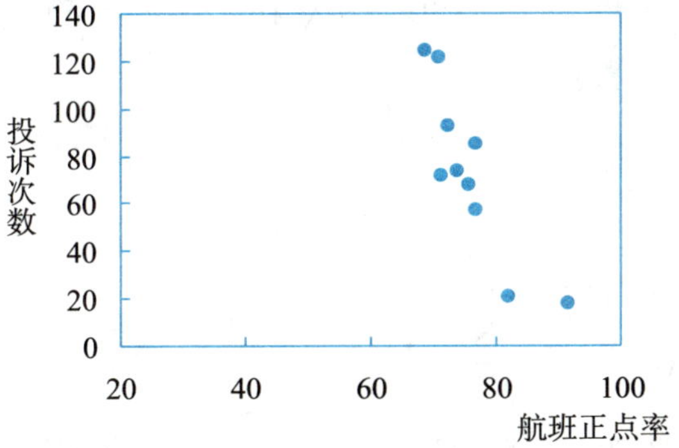

航班正点率与投诉次数的散点图

可以看出，航班正点率与被投诉次数之间为负的线性相关关系。

（2）由 Excel 输出的回归结果如下表：

回归统计	
Multiple R	0.868 643
R Square	0.754 54
Adjusted R Square	0.723 858
标准误差	18.887 22
观测值	10

方差分析

	df	SS	MS	F	Significance F
回归分析	1	8 772.584	8 772.584	24.591 87	0.001 108
残差	8	2 853.816	356.727		
总计	9	11 626.4			

	Coefficients	标准误差	t Stat	P-value
Intercept	430.189 2	72.154 83	5.962 029	0.000 337
X Variable 1	−4.700 62	0.947 894	−4.959 02	0.001 108

得到的回归方程为：$\hat{y}=430.1892-4.7x$；回归系数 $\hat{\beta}_1=-4.7$ 表示航班正点率每增加 1%，顾客投诉次数平均下降 4.7 次。

（3）回归系数检验的 P-value=0.001 108<α=0.05，拒绝原假设，回归系数显著。

（4）$\hat{y}_{80}=430.1892-4.7\times80=54.1892$（次）。

（5）当 $\alpha=0.05$ 时，$t_{0.05/2}(10-2)=2.306$，$s_e=18.88722$。置信区间为：

$$\hat{y}_0\pm t_{\alpha/2}s_e\sqrt{\frac{1}{n}+\frac{(x_0-\bar{x})^2}{\sum_{i=1}^{n}(x_i-\bar{x})^2}}$$

$$=54.1892\pm2.306\times18.88722\times\sqrt{\frac{1}{10}+\frac{(80-75.86)^2}{397.024}}$$

$$=54.1892\pm16.48$$

即（37.7，70.7）。

预测区间为：

$$\hat{y}_0\pm t_{\alpha/2}s_e\sqrt{1+\frac{1}{n}+\frac{(x_0-\bar{x})^2}{\sum_{i=1}^{n}(x_i-\bar{x})^2}}$$

$$=54.1892\pm2.306\times18.88722\times\sqrt{1+\frac{1}{10}+\frac{(80-75.86)^2}{397.024}}$$

$$=54.1892\pm46.57$$

即（7.6，100.8）。

4. Excel 输出的结果如下：

回归统计	
Multiple R	0.795 1
R Square	0.632 2
Adjusted R Square	0.611 7
标准误差	2.685 8
观测值	20

方差分析

	df	SS	MS	F	Significance F
回归	1	223.140 3	223.140 3	30.933 2	2.798 89E−05
残差	18	129.845 2	7.213 6		
总计	19	352.985 5			

	Coefficients	标准误差	t Stat	P-value
Intercept	49.317 7	3.805 0	12.961 2	0.000 0
X Variable 1	0.249 2	0.044 8	5.561 8	0.000 0

由上表结果可知，出租率与月租金之间的线性回归方程为：$\hat{y}=49.3177+0.2492x$。回归系数$\hat{\beta}_1=0.2492$表示：月租金每增加1元，出租率平均增加0.249 2%。

$R^2=63.22\%$，表明在出租率的变差中被出租率与租金之间的线性关系所解释的比例为63.22%，回归方程的拟合程度一般。

估计标准误差$s_e=2.6858$，表示当用月租金来预测出租率时，平均的预测误差为2.685 8%，表明预测误差并不大。

由方差分析表可知，Significance F=2.798 89E−05$<\alpha=0.05$，表明回归方程的线性关系显著。回归系数检验的P-value=0.000 0$<\alpha=0.05$，表明回归系数显著，即月租金是影响出租率的显著性因素。

5.（1）方差分析表中所缺的数值如下：

方差分析表

变差来源	df	SS	MS	F	Significance F
回归	***1***	***1 422 708.6***	***1 422 708.6***	***354.277***	2.17E−09
残差	***10***	40 158.07	***4 015.807***	—	—
总计	11	1 642 866.67	—	—	—

（2）$r^2=\dfrac{SSR}{SST}=\dfrac{1\ 422\ 708.60}{1\ 642\ 866.67}=0.8660=86.60\%$，表明汽车销售量的变差中有86.60%是由于广告费用的变动引起的。

（3）$r=\sqrt{r^2}=\sqrt{0.8660}=0.9306$。

（4）$\hat{y}=363.6891+1.420211x$。回归系数$\hat{\beta}_1=1.420211$表示广告费用每增加一个单位，销售量平均增加1.420 211个单位。

（5）Significance F=2.17E−09$<\alpha=0.05$，表明线性关系显著。

第8章　时间序列分析和预测

1.（1）时间序列图如下：

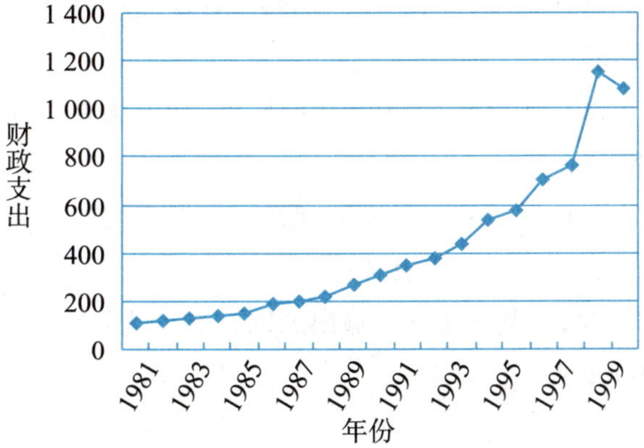

从时间序列图可以看出，国家财政用于农业的支出额大体上呈指数上升趋势。

（2）年平均增长率为：

$$\bar{G}=\sqrt[n]{\frac{Y_n}{Y_0}}-1=\sqrt[18]{\frac{1\ 085.76}{110.21}}-1=113.55\%-1=13.55\%。$$

2.（1）第 19 个月的 3 期移动平均预测值为：

$$F_{19}=\frac{587+644+660}{3}=\frac{1\ 891}{3}=630.33$$

（2）由 Excel 输出的指数平滑预测值如下表：

月份	营业额	预测 α= 0.3	误差平方	预测 α= 0.4	误差平方	预测 α= 0.5	误差平方
1	295						
2	283	295.0	144.0	295.0	144.0	295.0	144.0
3	322	291.4	936.4	290.2	1 011.2	289.0	1 089.0
4	355	300.6	2 961.5	302.9	2 712.3	305.5	2 450.3
5	286	316.9	955.2	323.8	1 425.2	330.3	1 958.1
6	379	307.6	5 093.1	308.7	4 949.0	308.1	5 023.3
7	381	329.0	2 699.4	336.8	1 954.5	343.6	1 401.6
8	431	344.6	7 459.6	354.5	5 856.2	362.3	4 722.3
9	424	370.5	2 857.8	385.1	1 514.4	396.6	748.5
10	473	386.6	7 468.6	400.7	5 234.4	410.3	3 928.7
11	470	412.5	3 305.6	429.6	1 632.9	441.7	803.1
12	481	429.8	2 626.2	445.8	1 242.3	455.8	633.5
13	449	445.1	15.0	459.9	117.8	468.4	376.9
14	544	446.3	9 547.4	455.5	7 830.2	458.7	7 274.8
15	601	475.6	15 724.5	490.9	12 120.5	501.4	9 929.4
16	587	513.2	5 443.2	534.9	2 709.8	551.2	1 283.3
17	644	535.4	11 803.7	555.8	7 785.2	569.1	5 611.7
18	660	567.9	8 473.4	591.1	4 752.7	606.5	2 857.5
合计	—	—	87 514.7	—	62 992.5	—	50 236

$\alpha=0.3$ 时的预测值：

$F_{19}=0.3\times660+(1-0.3)\times567.9=595.5$，误差均方=87 514.7。

$\alpha=0.4$ 时的预测值：

$F_{19}=0.4\times660+(1-0.4)\times591.1=618.7$，误差均方=62 992.5。

$\alpha=0.5$ 时的预测值：

$F_{19}=0.5\times660+(1-0.5)\times606.5=633.3$，误差均方=50 236。

比较各误差平方可知，$\alpha=0.5$ 更合适。

（3）根据最小二乘法，利用 Excel 输出的回归方程为：$\hat{Y}_t=239.73+21.928\ 8t$。

3.（1）趋势图如下：

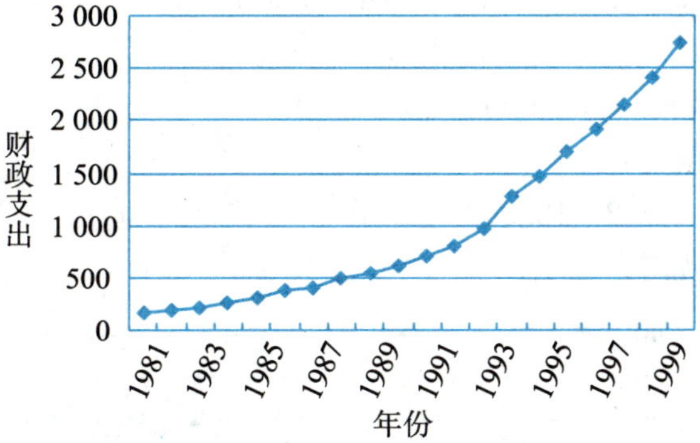

（2）从趋势图可以看出，我国财政用于文教、科技、卫生事业的支出额呈现指数增长趋势，因此，选择指数曲线。经线性变换后，利用 Excel 输出的回归结果如下：

回归统计	
Multiple R	0.998 423
R Square	0.996 849
Adjusted R Square	0.996 674
标准误差	0.022 125
观测值	20

方差分析

	df	SS	MS	F	Significance F
	1	2.787 616	2.787 616	5 694.885	5.68E−24
残差	18	0.008 811	0.000 489		
总计	19	2.796 427			

	Coefficients	标准误差	t Stat	P-value
Intercept	2.163 699	0.010 278	210.526 9	5.55E−32
X Variable 1	0.064 745	0.000 858	75.464 46	5.68E−24

$\lg(b_0)=2.163\ 699$，$b_0=145.78$；$\lg(b_1)=0.064\ 745$，$b_1=1.160\ 8$。所以，指数曲线方程为：$\hat{Y}_t=145.78\times1.160\ 8^t$。

2001 年的预测值为：$\hat{Y}_{2001}=145.78\times1.160\ 8^{21}=3\ 338.9$。

4.（1）趋势图如下：

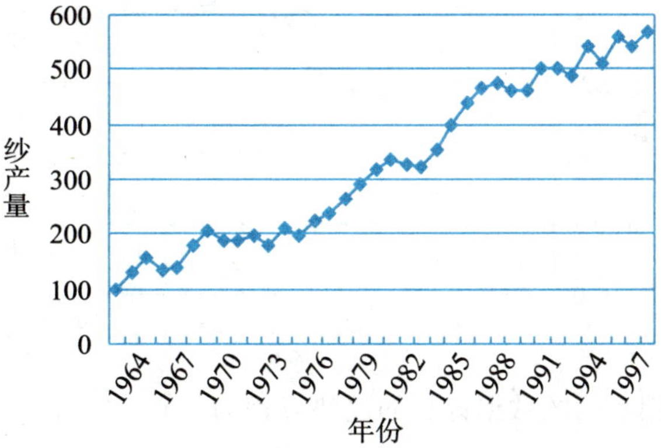

（2）从图中可以看出，纱产量具有明显的线性趋势。用 Excel 求得的线性趋势方程为：

$$\hat{Y}=69.5202+13.9495t$$

2000 年的预测值为：

$$\hat{Y}_{2000}=69.5202+13.9495\times37=585.65\text{（万吨）}$$

5. （1）趋势图如下：

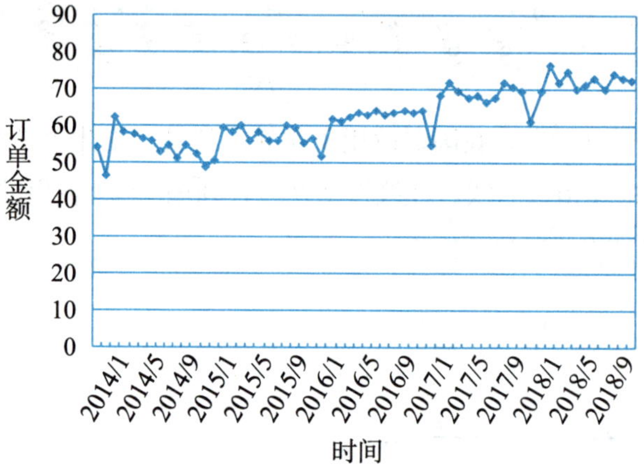

从趋势图可以看出，每一年的各月份数据没有趋势存在，但从 2014—2018 年的变化看，订单金额存在一定的线性趋势。

（2）由于是预测各月份的订单金额，因此采用移动平均法或指数平滑法比较合适。

（3）用 Excel 采用 12 项移动平均法预测的结果为：$F_{2019/1}=71.4$。

用 Excel 采用指数平滑法（$\alpha=0.4$）预测的预测结果为：$F_{2019/1}=72.5$。

6. 各季节指数如下：

	1 季度	2 季度	3 季度	4 季度
季节指数	0.751 7	0.851 3	1.234 3	1.162 7

季节变动图如下：

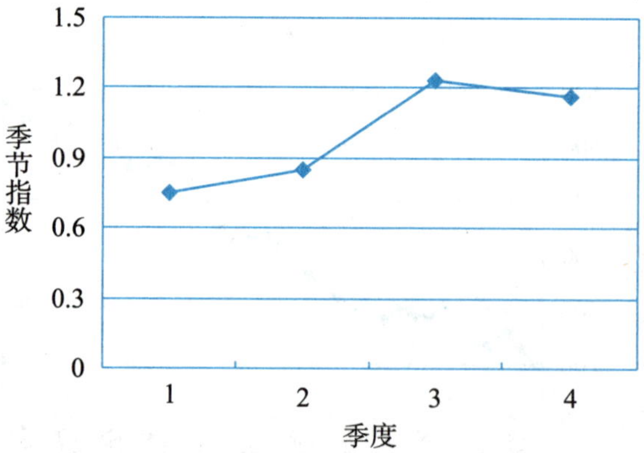

根据分离季节因素后的数据计算的趋势方程为：$\hat{Y}_t=2043.92+163.7064t$。

第 9 章 指数

1.（1）销售额指数如下：

$$v=\frac{\sum p_1q_1}{\sum p_0q_0}=\frac{280\times52+110\times25+450\times50}{200\times50+100\times30\times400+40}=\frac{39\ 810}{29\ 000}=137.28\%$$

（2）价格综合指数如下：

$$I_p=\frac{\sum p_1q_1}{\sum p_0q_1}=\frac{280\times52+110\times25+450\times50}{200\times52+100\times25\times400+50}=\frac{39\ 810}{32\ 900}=121.00\ \%$$

（3）销售量综合指数如下：

$$I_q=\frac{\sum p_0q_1}{\sum p_0q_0}=\frac{200\times52+100\times25\times400+50}{200\times50+100\times30\times400+40}=\frac{32\ 900}{29\ 000}=113.45\ \%$$

（4）由于销售量变动使销售额增加 13.45%，增加的销售额为（32 900－29 000）＝3 900 元；由于价格变动使销售额增加 21%，增加的销售额为（39 810－32 900）＝6 910 元。

2. 价格综合指数为：

$$I_p=\frac{\sum p_1q_0}{\sum p_0q_0}=\frac{35\ 300}{29\ 000}=121.72\ \%$$

销售量综合指数为：

$$I_q=\frac{\sum q_1p_1}{\sum q_0p_1}=\frac{39\ 810}{35\ 300}=112.78\ \%$$

3.（1）总成本指数为：

$$v=\frac{\sum p_1q_1}{\sum p_0q_0}=\frac{53.6+33.8+58.5}{45.4+30.0+55.2}=\frac{145.9}{130.6}=111.7\ \%$$

（2）产量总指数为：

$$I_q=\frac{\sum \frac{p_1}{p_0}p_0q_0}{\sum p_0q_0}$$

$$=\frac{1.140\times45.4+1.135\times30.0+1.086\times55.2}{45.4+30.0+55.2}=\frac{145.753\ 2}{130.6}=111.6\ \%$$

（3）单位成本总指数为：

$$I_p=\frac{\sum p_1q_1}{\sum \frac{1}{p_1/\ p_0}p_1q_1}=\frac{145.9}{145.753\ 2}=100.1\ \%$$

（4）由于产量变动使销售额增加 11.6%，增加销售额 145.753 2－130.6＝15.153 2 万元；由于价格变动使销售额增加 0.1%，增加销售额 0.146 8 万元。

4.（1）销售价格增长了 3.77%。

（2）货币购买力指数为 92.593%，表明由于该地区消费价格指数上涨，使货币购买力下降了 7.407%。

附录二

常用统计表

附表 1　　标准正态曲线下的面积

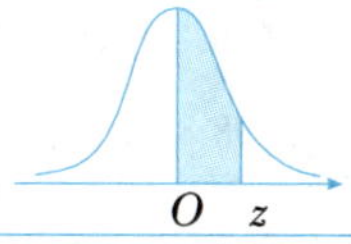

z	0.00	0.01	0.02	0.03	0.04	0.05	0.06	0.07	0.08	0.09
0.0	0.000 0	0.004 0	0.008 0	0.012 0	0.016 0	0.019 9	0.023 9	0.027 9	0.031 9	0.035 9
0.1	0.039 8	0.043 8	0.047 8	0.051 7	0.055 7	0.059 6	0.063 6	0.067 5	0.071 4	0.075 3
0.2	0.079 3	0.083 2	0.087 1	0.091 0	0.094 8	0.098 7	0.102 6	0.106 4	0.110 3	0.114 1
0.3	0.117 9	0.121 7	0.125 5	0.129 3	0.133 1	0.136 8	0.140 6	0.144 3	0.148 0	0.151 7
0.4	0.155 4	0.159 1	0.162 8	0.166 4	0.170 0	0.173 6	0.177 2	0.180 8	0.184 4	0.187 9
0.5	0.191 5	0.195 0	0.198 5	0.201 9	0.205 4	0.208 8	0.212 3	0.215 7	0.219 0	0.222 4
0.6	0.225 7	0.229 1	0.232 4	0.235 7	0.238 9	0.242 2	0.245 4	0.248 6	0.251 7	0.254 9
0.7	0.258 0	0.261 1	0.264 2	0.267 3	0.270 4	0.273 4	0.276 4	0.279 4	0.282 3	0.285 2
0.8	0.288 1	0.291 0	0.293 9	0.296 7	0.299 5	0.302 3	0.305 1	0.307 8	0.310 6	0.313 3
0.9	0.315 9	0.318 6	0.321 2	0.323 8	0.326 4	0.328 9	0.331 5	0.334 0	0.336 5	0.338 9

续表

z	0.00	0.01	0.02	0.03	0.04	0.05	0.06	0.07	0.08	0.09
1.0	0.341 3	0.343 8	0.346 1	0.348 5	0.350 8	0.353 1	0.355 4	0.357 7	0.359 9	0.362 1
1.1	0.364 3	0.366 5	0.368 6	0.370 8	0.372 9	0.374 9	0.377 0	0.379 0	0.381 0	0.383 0
1.2	0.384 9	0.386 9	0.388 8	0.390 7	0.392 5	0.394 4	0.396 2	0.398 0	0.399 7	0.401 5
1.3	0.403 2	0.404 9	0.406 6	0.408 2	0.409 9	0.411 5	0.413 1	0.414 7	0.416 2	0.417 7
1.4	0.419 2	0.420 7	0.422 2	0.423 6	0.425 1	0.426 5	0.427 9	0.429 2	0.430 6	0.431 9
1.5	0.433 2	0.434 5	0.435 7	0.437 0	0.438 2	0.439 4	0.440 6	0.441 8	0.442 9	0.444 1
1.6	0.445 2	0.446 3	0.447 4	0.448 4	0.449 5	0.450 5	0.451 5	0.452 5	0.453 5	0.454 5
1.7	0.455 4	0.456 4	0.457 3	0.458 2	0.459 1	0.459 9	0.460 8	0.461 6	0.462 5	0.463 3
1.8	0.464 1	0.464 9	0.465 6	0.466 4	0.467 1	0.467 8	0.468 6	0.469 3	0.469 9	0.470 6
1.9	0.471 3	0.471 9	0.472 6	0.473 2	0.473 8	0.474 4	0.475 0	0.475 6	0.476 1	0.476 7
2.0	0.477 2	0.477 8	0.478 3	0.478 8	0.479 3	0.479 8	0.480 3	0.480 8	0.481 2	0.481 7
2.1	0.482 1	0.482 6	0.483 0	0.483 4	0.483 8	0.484 2	0.484 6	0.485 0	0.485 4	0.485 7
2.2	0.486 1	0.486 4	0.486 8	0.487 1	0.487 5	0.487 8	0.488 1	0.488 4	0.488 7	0.489 0
2.3	0.489 3	0.489 6	0.489 8	0.490 1	0.490 4	0.490 6	0.490 9	0.491 1	0.491 3	0.491 6
2.4	0.491 8	0.492 0	0.492 2	0.492 5	0.492 7	0.492 9	0.493 1	0.493 2	0.493 4	0.493 6
2.5	0.493 8	0.494 0	0.494 1	0.494 3	0.494 5	0.494 6	0.494 8	0.494 9	0.495 1	0.495 2
2.6	0.495 3	0.495 5	0.495 6	0.495 7	0.495 9	0.496 0	0.496 1	0.496 2	0.496 3	0.496 4
2.7	0.496 5	0.496 6	0.496 7	0.496 8	0.496 9	0.497 0	0.497 1	0.497 2	0.497 3	0.497 4
2.8	0.497 4	0.497 5	0.497 6	0.497 7	0.497 7	0.497 8	0.497 9	0.497 9	0.498 0	0.498 1
2.9	0.498 1	0.498 2	0.498 2	0.498 3	0.498 4	0.498 4	0.498 5	0.498 5	0.498 6	0.498 6
3.0	0.498 7	0.498 7	0.498 7	0.498 8	0.498 8	0.498 9	0.498 9	0.498 9	0.499 0	0.499 0

资料来源：Abridged from Table Ⅰ of A. Hald. *Statistical Tables and Formulas* (New York: John Wiley & Sons, Inc.), 1952. Reproduced by Permission of A. Hald and the Publisher。

附表 2 　　t 统计量的临界值

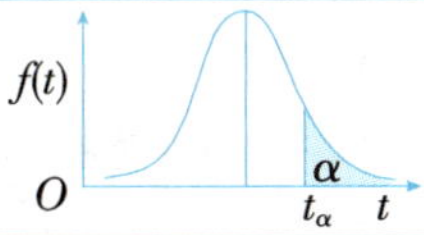

v	$t_{0.100}$	$t_{0.050}$	$t_{0.025}$	$t_{0.010}$	$t_{0.005}$	$t_{0.001}$	$t_{0.0005}$
1	3.078	6.314	12.706	31.821	63.657	318.31	636.62
2	1.886	2.920	4.303	6.965	9.925	22.326	31.598
3	1.638	2.353	3.182	4.541	5.841	10.213	12.924
4	1.533	2.132	2.776	3.747	4.604	7.173	8.610
5	1.476	2.015	2.571	3.365	4.032	5.893	6.869
6	1.440	1.943	2.447	3.143	3.707	5.208	5.959
7	1.415	1.895	2.365	2.998	3.499	4.785	5.408
8	1.397	1.860	2.306	2.896	3.355	4.501	5.041
9	1.383	1.833	2.262	2.821	3.250	4.297	4.781
10	1.372	1.812	2.228	2.764	3.169	4.144	4.587
11	1.363	1.796	2.201	2.718	3.106	4.025	4.437
12	1.356	1.782	2.179	2.681	3.055	3.930	4.318
13	1.350	1.771	2.160	2.650	3.012	3.852	4.221
14	1.245	1.761	2.145	2.624	2.977	3.787	4.140
15	1.341	1.753	2.131	2.602	2.947	3.733	4.073
16	1.337	1.746	2.120	2.583	2.921	3.686	4.015
17	1.333	1.740	2.110	2.567	2.898	3.646	3.965
18	1.330	1.734	2.101	2.552	2.878	3.610	3.922
19	1.328	1.729	2.093	2.539	2.861	3.579	3.883
20	1.325	1.725	2.086	2.528	2.845	3.552	3.850
21	1.323	1.721	2.080	2.518	2.831	3.505	3.792
22	1.321	1.717	2.074	2.508	2.819	3.505	3.792
23	1.319	1.714	2.069	2.500	2.807	3.485	3.767
24	1.318	1.711	2.064	2.492	2.797	3.467	3.745
25	1.316	1.708	2.060	2.485	2.787	3.450	3.725
26	1.315	1.706	2.056	2.479	2.779	3.435	3.707
27	1.314	1.703	2.052	2.473	2.771	3.421	3.690
28	1.313	1.701	2.048	2.467	2.763	3.408	3.674
29	1.311	1.699	2.045	2.462	2.756	3.396	3.659
30	1.310	1.697	2.042	2.457	2.750	3.385	3.646
40	1.303	1.684	2.021	2.423	2.704	3.307	3.551
60	1.296	1.671	2.000	2.390	2.660	3.232	3.460
120	1.289	1.658	1.980	2.358	2.617	3.160	3.373
∞	1.282	1.645	1.960	2.326	2.576	3.090	3.291

资料来源：This table is reproduced with the kind permission of the Trustees of Biometrika form E. S. Pearson and H. O. Hartley(eds.), *The Biometrika Tables for Statisticians*, Vol. 1, 3rd ed., *Biometrika*, 1966。

附表 3　　F 统计量的临界值：$F_{0.10}$

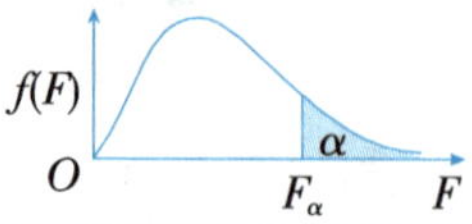

自由度		分子自由度 v_1								
		1	2	3	4	5	6	7	8	9
分母自由度 v_2	1	39.86	49.50	53.59	55.83	57.24	58.20	58.91	59.44	59.86
	2	8.53	9.00	9.16	9.24	9.29	9.33	9.35	9.37	9.38
	3	5.54	5.46	5.39	5.34	5.31	5.28	5.27	5.25	5.24
	4	4.54	4.32	4.19	4.11	4.05	4.01	3.98	3.95	3.94
	5	4.06	3.78	3.62	3.52	3.45	3.40	3.37	3.34	3.32
	6	3.78	3.46	3.29	3.18	3.11	3.05	3.01	2.98	2.96
	7	3.59	3.26	3.07	2.96	2.88	2.83	2.78	2.75	2.72
	8	3.46	3.11	2.92	2.81	2.73	2.67	2.62	2.59	2.56
	9	3.36	3.01	2.81	2.69	2.61	2.55	2.51	2.47	2.44
	10	3.29	2.92	2.73	2.61	2.52	2.46	2.41	2.38	2.35
	11	3.23	2.86	2.66	2.54	2.45	2.39	2.34	2.30	2.27
	12	3.18	2.81	2.61	2.48	2.39	2.33	2.28	2.24	2.21
	13	3.14	2.76	2.56	2.43	2.35	2.28	2.23	2.20	2.16
	14	3.10	2.73	2.52	2.39	2.31	2.24	2.19	2.15	2.12
	15	3.07	2.70	2.49	2.36	2.27	2.21	2.16	2.12	2.09
	16	3.05	2.67	2.46	2.33	2.24	2.18	2.13	2.09	2.06
	17	3.03	2.64	2.44	2.31	2.22	2.15	2.10	2.06	2.03
	18	3.01	2.62	2.42	2.29	2.20	2.13	2.08	2.04	2.00
	19	2.99	2.61	2.40	2.27	2.18	2.11	2.05	2.02	1.98
	20	2.97	2.59	2.38	2.25	2.16	2.09	2.04	2.00	1.96
	21	2.96	2.57	2.36	2.23	2.14	2.08	2.02	1.98	1.95
	22	2.95	2.56	2.35	2.22	2.13	2.06	2.01	1.97	1.93
	23	2.94	2.55	2.34	2.21	2.11	2.05	1.99	1.95	1.92
	24	2.93	2.54	2.33	2.19	2.10	2.04	1.98	1.94	1.91
	25	2.92	2.53	2.32	2.18	2.09	2.02	1.97	1.93	1.89
	26	2.91	2.52	2.31	2.17	2.08	2.01	1.96	1.92	1.88
	27	2.90	2.51	2.30	2.17	2.07	2.00	1.95	1.91	1.87
	28	2.89	2.50	2.29	2.16	2.06	2.00	1.94	1.90	1.87
	29	2.89	2.50	2.28	2.15	2.06	1.99	1.93	1.89	1.86
	30	2.88	2.49	2.28	2.14	2.05	1.98	1.93	1.88	1.85
	40	2.84	2.44	2.23	2.09	2.00	1.93	1.87	1.83	1.79
	60	2.79	2.39	2.18	2.04	1.95	1.87	1.82	1.77	1.74
	120	2.75	2.35	2.13	1.99	1.90	1.82	1.77	1.72	1.68
	∞	2.71	2.30	2.08	1.94	1.85	1.77	1.72	1.67	1.63

续表

自由度		分子自由度 v_1									
		10	12	15	20	24	30	40	60	120	∞
分母自由度 v_2	1	60.19	60.71	61.22	61.74	62.00	62.26	62.53	62.79	63.06	63.33
	2	9.39	9.41	9.42	9.44	9.45	9.46	5.47	9.47	9.48	9.49
	3	5.23	5.22	5.20	5.18	5.18	5.17	5.16	5.15	5.14	5.13
	4	3.92	3.90	3.87	3.84	3.83	3.82	3.80	3.79	3.78	3.76
	5	3.30	3.27	3.24	3.21	3.19	3.17	3.16	3.14	3.12	3.10
	6	2.94	2.90	2.87	2.84	2.82	2.80	2.78	2.76	2.74	2.72
	7	2.70	2.67	2.63	2.59	2.58	2.56	2.54	2.51	2.49	2.47
	8	2.54	2.50	2.46	2.42	2.40	2.38	2.36	2.34	2.32	2.29
	9	2.42	2.38	2.34	2.30	2.28	2.25	2.23	2.21	2.18	2.16
	10	2.32	2.28	2.24	2.20	2.18	2.16	2.13	2.11	2.08	2.06
	11	2.25	2.21	2.17	2.12	2.10	2.08	2.05	2.03	2.00	1.97
	12	2.19	2.15	2.10	2.06	2.04	2.01	1.99	1.96	1.93	1.90
	13	2.14	2.10	2.05	2.01	1.98	1.96	1.93	1.90	1.88	1.85
	14	2.10	2.05	2.01	1.96	1.94	1.91	1.89	1.86	1.83	1.80
	15	2.06	2.02	1.97	1.92	1.90	1.87	1.85	1.82	1.79	1.76
	16	2.03	1.99	1.94	1.89	1.87	1.84	1.81	1.78	1.75	1.72
	17	2.00	1.96	1.91	1.86	1.84	1.81	1.78	1.75	1.72	1.69
	18	1.98	1.93	1.89	1.84	1.81	1.78	1.75	1.72	1.69	1.66
	19	1.96	1.91	1.86	1.81	1.79	1.76	1.73	1.70	1.67	1.63
	20	1.94	1.89	1.84	1.79	1.77	1.74	1.71	1.68	1.64	1.61
	21	1.92	1.87	1.83	1.78	1.75	1.72	1.69	1.66	1.62	1.59
	22	1.90	1.86	1.81	1.76	1.73	1.70	1.67	1.64	1.60	1.57
	23	1.89	1.84	1.80	1.74	1.72	1.69	1.66	1.62	1.59	1.55
	24	1.88	1.83	1.78	1.73	1.70	1.67	1.64	1.61	1.57	1.53
	25	1.87	1.82	1.77	1.72	1.69	1.66	1.63	1.59	1.56	1.52
	26	1.86	1.81	1.76	1.71	1.68	1.65	1.61	1.58	1.54	1.50
	27	1.85	1.80	1.75	1.70	1.67	1.64	1.60	1.57	1.53	1.49
	28	1.84	1.79	1.74	1.69	1.66	1.63	1.59	1.56	1.52	1.48
	29	1.83	1.78	1.73	1.68	1.65	1.62	1.58	1.55	1.51	1.47
	30	1.82	1.77	1.72	1.67	1.64	1.61	1.57	1.54	1.50	1.46
	40	1.76	1.71	1.66	1.61	1.57	1.54	1.51	1.47	1.42	1.38
	60	1.71	1.66	1.60	1.54	1.51	1.48	1.44	1.40	1.35	1.29
	120	1.65	1.60	1.55	1.48	1.45	1.41	1.37	1.32	1.26	1.19
	∞	1.60	1.55	1.49	1.42	1.38	1.34	1.30	1.24	1.17	1.00

资料来源：M. Merrington and C. M. Thompson, "Tables of Percentage Points of the Inverted Beta(F)-Distribution." *Biometrika*, 1943, 33, pp. 73-88. Reproduced by permission of the *Biometrika* trustees。

附表 4　　**F 统计量的临界值：$F_{0.05}$**

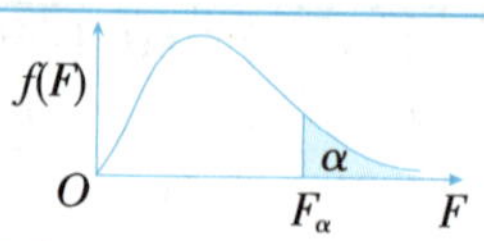

自由度	分子自由度 v_1								
分母自由度 v_2	1	2	3	4	5	6	7	8	9
1	161.1	199.5	215.7	224.6	230.2	234.0	236.8	238.9	240.5
2	18.51	19.00	19.16	19.25	19.30	19.33	19.35	19.37	19.38
3	10.13	9.55	9.28	9.12	9.01	8.94	8.89	8.85	8.81
4	7.71	6.94	6.59	6.39	6.26	6.16	6.09	6.04	6.00
5	6.61	5.79	5.41	5.19	5.05	4.95	4.88	4.82	4.77
6	5.99	5.14	4.76	4.53	4.39	4.28	4.21	4.15	4.10
7	5.59	4.74	4.35	4.12	3.97	3.87	3.79	3.73	3.68
8	5.32	4.46	4.07	3.84	3.69	3.58	3.50	3.44	3.39
9	5.12	4.26	3.86	3.63	3.48	3.37	3.29	3.23	3.18
10	4.96	4.10	3.71	3.48	3.33	3.22	3.14	3.07	3.02
11	4.84	3.98	3.59	3.36	3.20	3.09	3.01	2.95	2.90
12	4.75	3.89	3.49	3.26	3.11	3.00	2.91	2.85	2.80
13	4.67	3.81	3.41	3.18	3.03	2.92	2.83	2.77	2.71
14	4.60	3.74	3.34	3.11	2.96	2.85	2.76	2.70	2.65
15	4.54	3.68	3.29	3.06	2.90	2.79	2.71	2.64	2.59
16	4.49	3.63	3.24	3.01	2.85	2.74	2.66	2.59	2.54
17	4.45	3.59	3.20	2.96	2.81	2.70	2.61	2.55	2.49
18	4.41	3.55	3.16	2.93	2.77	2.66	2.58	2.51	2.46
19	4.38	3.52	3.13	2.90	2.74	2.63	2.54	2.48	2.42
20	4.35	3.49	3.10	2.87	2.71	2.60	2.51	2.45	2.39
21	4.32	3.47	3.07	2.84	2.68	2.57	2.49	2.42	2.37
22	4.30	3.44	3.05	2.82	2.66	2.55	2.46	2.40	2.34
23	4.28	3.42	3.03	2.80	2.64	2.53	2.44	2.37	2.32
24	4.26	3.40	3.01	2.78	2.62	2.51	2.42	2.36	2.30
25	4.24	3.39	2.99	2.76	2.60	2.49	2.40	2.34	2.28
26	4.23	3.37	2.98	2.74	2.59	2.47	2.39	2.32	2.27
27	4.21	3.35	2.96	2.73	2.57	2.46	2.37	2.31	2.25
28	4.20	3.34	2.95	2.71	2.56	2.45	2.36	2.29	2.24
29	4.18	3.33	2.93	2.70	2.55	2.43	2.35	2.28	2.22
30	4.17	3.32	2.92	2.69	2.53	2.42	2.33	2.27	2.21
40	4.08	3.23	2.84	2.61	2.45	2.34	2.25	2.18	2.12
60	4.00	3.15	2.76	2.53	2.37	2.25	2.17	2.10	2.04
120	3.92	3.07	2.68	2.45	2.29	2.17	2.09	2.02	1.96
∞	3.84	3.00	2.60	2.37	2.21	2.10	2.01	1.94	1.88

续表

自由度	分子自由度 v_1									
	10	12	15	20	24	30	40	60	120	∞
分母自由度 v_2 1	241.9	243.9	245.9	248.0	249.1	250.1	251.1	252.2	253.3	254.3
2	19.40	19.41	19.43	19.45	19.45	19.46	19.47	19.48	19.49	19.50
3	8.79	8.74	8.70	8.66	8.64	8.62	8.59	8.57	8.55	8.53
4	5.96	5.91	5.86	5.80	5.77	5.75	5.72	5.69	5.66	5.63
5	4.74	4.68	4.62	4.56	4.53	4.50	4.46	4.43	4.40	4.36
6	4.06	4.00	3.94	3.87	3.84	3.81	3.77	3.74	3.70	3.67
7	3.64	3.57	3.51	3.44	3.41	3.38	3.34	3.30	3.27	3.23
8	3.35	3.28	3.22	3.15	3.12	3.08	3.04	3.01	2.97	2.93
9	3.14	3.07	3.01	2.94	2.90	2.86	2.83	2.79	2.75	2.71
10	2.98	2.91	2.85	2.77	2.74	2.70	2.66	2.62	2.58	2.54
11	2.85	2.79	2.72	2.65	2.61	2.57	2.53	2.49	2.45	2.40
12	2.75	2.69	2.62	2.54	2.51	2.47	2.43	2.38	2.34	2.30
13	2.67	2.60	2.53	2.46	2.42	2.38	2.34	2.30	2.25	2.21
14	2.60	2.53	2.46	2.39	2.35	2.31	2.27	2.22	2.18	2.13
15	2.54	2.48	2.40	2.33	2.29	2.25	2.20	2.16	2.11	2.07
16	2.49	2.42	2.35	2.28	2.24	2.19	2.15	2.11	2.06	2.01
17	2.45	2.38	2.31	2.23	2.19	2.15	2.10	2.06	2.01	1.96
18	2.41	2.34	2.27	2.19	2.15	2.11	2.06	2.02	1.97	1.92
19	2.38	2.31	2.23	2.16	2.11	2.07	2.03	1.98	1.93	1.88
20	2.35	2.28	2.20	2.12	2.08	2.04	1.99	1.95	1.90	1.84
21	2.32	2.25	2.18	2.10	2.05	2.01	1.96	1.92	1.87	1.81
22	2.30	2.23	2.15	2.07	2.03	1.98	1.94	1.89	1.84	1.78
23	2.27	2.20	2.13	2.05	2.01	1.96	1.91	1.86	1.81	1.76
24	2.25	2.18	2.11	2.03	1.98	1.94	1.89	1.84	1.79	1.73
25	2.24	2.16	2.09	2.01	1.96	1.92	1.87	1.82	1.77	1.71
26	2.22	2.15	2.07	1.99	1.95	1.90	1.85	1.80	1.75	1.69
27	2.20	2.13	2.06	1.97	1.93	1.88	1.84	1.79	1.73	1.67
28	2.19	2.12	2.04	1.96	1.91	1.87	1.82	1.77	1.71	1.65
29	2.81	2.10	2.03	1.94	1.90	1.85	1.81	1.75	1.70	1.64
30	2.16	2.09	2.01	1.93	1.89	1.84	1.79	1.74	1.68	1.62
40	2.08	2.00	1.92	1.84	1.79	1.74	1.69	1.64	1.58	1.51
60	1.99	1.92	1.84	1.75	1.70	1.65	1.59	1.53	1.47	1.39
120	1.91	1.83	1.75	1.66	1.61	1.55	1.50	1.43	1.35	1.25
∞	1.83	1.75	1.67	1.57	1.52	1.46	1.39	1.32	1.22	1.00

资料来源：同附表 3。

附表 5

F 统计量的临界值：$F_{0.25}$

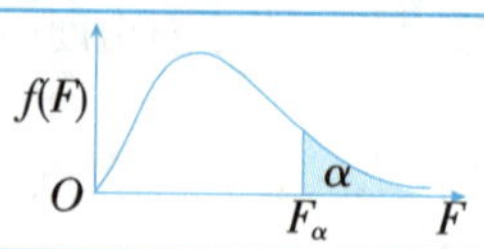

自由度		分子自由度 v_1								
		1	2	3	4	5	6	7	8	9
分母自由度 v_2	1	647.8	799.5	864.2	899.6	921.8	937.1	948.2	956.7	963.3
	2	38.51	39.00	39.17	39.25	39.30	39.33	39.36	39.37	39.39
	3	17.44	16.04	15.44	15.10	14.88	14.73	14.62	14.54	14.47
	4	12.22	10.65	9.98	9.60	9.36	9.20	9.07	8.98	8.90
	5	10.01	8.43	7.76	7.39	7.15	6.98	6.85	6.76	6.68
	6	8.81	7.26	6.60	6.23	5.99	5.82	5.70	5.60	5.52
	7	8.07	6.54	5.89	5.52	5.29	5.12	4.99	4.90	4.82
	8	7.57	6.06	5.42	5.05	4.82	4.65	4.53	4.43	4.36
	9	7.21	5.71	5.08	4.72	4.48	4.32	4.20	4.10	4.03
	10	6.94	5.46	4.83	4.47	4.24	4.07	4.95	3.85	3.78
	11	6.72	5.26	4.63	4.28	4.04	3.88	3.76	3.66	3.59
	12	6.55	5.10	4.47	4.12	3.89	3.73	3.61	3.51	3.44
	13	6.41	4.97	4.35	4.00	3.77	3.60	3.48	3.39	3.31
	14	6.30	4.86	4.24	3.89	3.66	3.50	3.38	3.29	3.21
	15	6.20	4.77	4.15	3.80	3.58	3.41	3.29	3.20	3.12
	16	6.12	4.69	4.08	3.73	3.50	3.34	3.22	3.12	3.05
	17	6.04	4.62	4.01	3.66	3.44	3.28	3.16	3.06	2.98
	18	5.98	4.56	3.95	3.61	3.38	3.22	3.10	3.01	2.93
	19	5.92	4.51	3.90	3.56	3.33	3.17	3.05	2.96	2.88
	20	5.87	4.46	3.86	3.51	3.29	3.13	3.01	2.91	2.84
	21	5.83	4.42	3.82	3.48	3.25	3.09	2.97	2.87	2.80
	22	5.79	4.38	3.78	3.44	3.22	3.05	2.93	2.84	2.76
	23	5.75	4.35	3.75	3.41	3.18	3.02	2.90	2.81	2.73
	24	5.72	4.32	3.72	3.38	3.15	2.99	2.87	2.78	2.70
	25	5.69	4.29	3.69	3.35	3.13	2.97	2.85	2.75	2.68
	26	5.66	4.27	3.67	3.33	3.10	2.94	2.82	2.73	2.65
	27	5.63	4.24	3.65	3.31	3.08	2.92	2.82	2.71	2.63
	28	5.61	4.22	3.63	3.29	3.06	2.90	2.78	2.69	2.61
	29	5.59	4.20	3.61	3.27	3.04	2.88	2.76	2.67	2.59
	30	5.57	4.18	3.59	3.25	3.03	2.87	2.75	2.65	2.57
	40	5.42	4.05	3.46	3.13	2.90	2.74	2.62	2.53	2.45
	60	5.29	3.93	3.34	3.01	2.79	2.63	2.51	2.41	2.33
	120	5.15	3.80	3.23	2.89	2.67	2.52	2.39	2.30	2.22
	∞	5.02	3.69	3.12	2.79	2.57	2.41	2.29	2.19	2.11

续表

自由度		分子自由度 v_1								
		10	12	15	20	24	30	40	60	120
分母自由度 v_2	1	968.6	976.7	984.9	993.1	997.2	1 001	1 006	1 010	1 014
	2	39.40	39.41	39.43	39.45	39.46	39.46	39.47	39.48	39.49
	3	14.42	14.34	14.25	14.17	14.12	14.08	14.04	13.99	13.95
	4	8.84	8.75	8.66	8.56	8.51	8.46	8.41	8.36	8.31
	5	6.62	6.52	6.43	6.33	6.28	6.23	6.18	6.12	6.07
	6	5.46	5.37	5.27	5.17	5.12	5.07	5.01	4.96	4.90
	7	4.76	4.67	4.57	4.47	4.42	4.36	4.31	4.25	4.20
	8	4.30	4.20	4.10	4.00	3.95	3.89	3.84	3.78	3.73
	9	3.96	3.87	3.77	3.67	3.61	3.56	3.51	3.45	3.39
	10	3.72	3.62	3.52	3.42	3.37	3.31	3.26	3.20	3.14
	11	3.53	3.43	3.33	3.23	3.17	3.12	3.06	3.00	2.94
	12	3.37	3.28	3.18	3.07	3.02	2.96	2.91	2.85	2.79
	13	3.25	3.15	3.05	2.95	2.89	2.84	2.78	2.72	2.66
	14	3.15	3.05	2.95	2.84	2.79	2.73	2.67	2.61	2.55
	15	3.06	2.96	2.86	2.76	2.70	2.64	2.59	2.52	2.46
	16	2.99	2.89	2.79	2.68	2.63	2.57	2.51	2.45	2.38
	17	2.92	2.82	2.72	2.62	2.56	2.50	2.44	2.38	2.32
	18	2.87	2.77	2.67	2.56	2.50	2.44	2.38	2.32	2.26
	19	2.82	2.72	2.62	2.51	2.45	2.39	2.33	2.27	2.20
	20	2.77	2.68	2.57	2.46	2.41	2.35	2.29	2.22	2.16
	21	2.73	2.64	2.53	2.42	2.37	2.31	2.25	2.18	2.11
	22	2.70	2.60	2.50	2.39	2.33	2.27	2.21	2.14	2.08
	23	2.67	2.57	2.47	2.36	2.30	2.24	2.18	2.11	2.04
	24	2.64	2.54	2.44	2.33	2.27	2.21	2.15	2.08	2.01
	25	2.61	2.51	2.41	2.30	2.24	2.18	2.12	2.05	1.98
	26	2.59	2.49	2.39	2.28	2.22	2.16	2.09	2.03	1.95
	27	2.57	2.47	2.36	2.25	2.19	2.13	2.07	2.00	1.93
	28	2.55	2.45	2.34	2.23	2.17	2.11	2.05	1.98	1.91
	29	2.53	2.43	2.32	2.21	2.15	2.09	2.03	1.96	1.89
	30	2.51	2.41	2.31	2.20	2.14	2.07	2.01	1.94	1.87
	40	2.39	2.29	2.18	2.07	2.01	1.94	1.88	1.80	1.72
	50	2.27	2.17	2.06	1.94	1.88	1.82	1.74	1.67	1.58
	120	2.16	2.05	1.94	1.82	1.76	1.69	1.61	1.53	1.43
	∞	2.05	1.94	1.83	1.71	1.64	1.57	1.48	1.39	1.27

资料来源:同附表 3。

附表 6　　　F 统计量的临界值：$F_{0.01}$

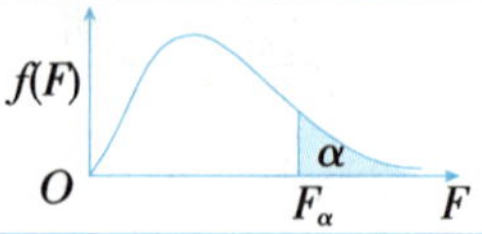

自由度		分子自由度 v_1								
		1	2	3	4	5	6	7	8	9
分母自由度 v_2	1	4 052	4 999.5	5 403	5 625	5 764	5 859	5 982	5 928	6 022
	2	98.50	99.00	99.17	99.25	99.30	99.33	99.36	99.37	99.39
	3	34.12	30.82	29.46	28.71	28.24	27.91	27.67	27.49	27.35
	4	21.20	18.00	16.69	15.98	15.52	15.21	14.98	14.80	14.66
	5	16.26	13.27	12.06	11.39	10.97	10.67	10.46	10.29	10.16
	7	12.25	9.55	8.45	7.85	7.46	7.19	6.99	6.84	6.72
	8	11.26	8.65	7.59	7.01	6.03	6.37	6.18	6.03	5.91
	9	10.56	8.02	6.99	6.42	6.06	5.80	5.61	5.47	5.35
	10	10.04	7.56	6.55	5.99	5.64	5.39	5.20	5.06	4.94
	11	9.65	7.21	6.22	5.67	5.32	5.07	4.89	4.74	4.63
	12	9.33	6.93	5.95	5.41	5.06	4.82	4.64	4.50	4.39
	13	9.07	6.70	5.74	5.21	4.86	4.62	4.44	4.30	4.19
	14	9.86	6.51	5.56	5.04	4.69	4.46	4.28	4.14	4.03
	15	8.68	6.36	5.42	4.89	4.56	4.32	4.14	4.00	3.89
	16	8.53	6.23	5.29	4.77	4.44	4.20	4.03	3.89	3.78
	17	8.40	6.11	5.18	4.67	4.34	4.10	3.93	3.79	3.68
	18	8.29	6.01	5.09	4.58	4.25	4.01	3.84	3.71	3.60
	19	8.18	5.93	5.01	4.50	4.17	3.94	3.77	3.63	3.52
	20	8.10	4.85	4.94	4.43	4.10	3.87	3.70	3.56	3.46
	21	8.02	5.78	4.87	4.37	4.04	3.81	3.64	3.51	3.40
	22	7.95	5.72	4.82	4.31	3.99	3.76	3.59	3.45	3.35
	23	7.88	5.66	4.76	4.26	3.94	3.71	3.54	3.41	3.30
	24	7.82	5.61	4.72	4.22	3.90	3.67	3.50	3.36	3.26
	25	7.77	5.57	4.68	4.18	3.85	3.63	3.46	3.32	3.22
	26	7.72	5.53	4.64	4.14	3.82	3.59	3.42	3.29	3.18
	27	7.68	5.49	4.60	4.11	3.78	3.56	3.39	3.26	3.15
	28	7.64	5.45	4.57	4.07	3.75	3.53	3.36	3.23	3.12
	29	7.60	5.42	4.54	4.04	3.73	3.50	3.33	3.20	3.09
	30	7.56	5.39	4.51	4.02	3.70	3.47	3.40	3.17	3.07
	40	7.31	5.18	4.31	3.83	3.51	3.29	3.12	2.99	2.89
	60	7.08	4.98	4.13	3.65	3.34	4.12	2.95	2.82	2.72
	120	6.85	4.79	3.95	3.48	3.17	2.96	2.79	2.66	2.56
	∞	6.63	4.61	3.78	3.32	3.02	2.80	2.64	2.51	2.41

续表

自由度	分子自由度 v_1									
分母自由度 v_2	10	12	15	20	24	30	40	60	120	∞
1	6 056	6 106	6 157	6 209	6 235	6 261	6 287	6 313	6 339	6 366
2	99.40	99.42	99.43	99.45	99.46	99.47	99.47	99.48	99.49	99.50
3	27.23	27.05	26.87	26.29	26.60	26.50	26.41	26.32	26.22	26.13
4	14.55	14.37	14.20	14.02	13.93	13.84	13.75	13.65	13.56	13.46
5	10.05	9.89	9.72	9.55	9.47	9.38	9.29	9.20	9.11	9.02
6	7.87	7.72	7.56	7.40	7.31	7.23	7.14	7.06	6.97	6.88
7	6.62	6.47	6.31	6.16	6.07	5.99	5.91	5.82	5.74	5.65
8	5.81	5.67	5.52	5.36	5.28	5.20	5.12	5.03	4.95	4.86
9	5.26	5.11	4.96	4.81	4.73	4.65	4.57	4.48	4.40	4.31
10	4.85	4.71	4.56	4.41	4.33	4.25	4.17	4.08	4.00	3.91
11	4.54	4.40	4.25	4.10	4.02	3.94	3.86	3.78	3.69	3.60
12	4.30	4.16	4.01	3.86	3.78	3.70	3.62	3.54	3.45	3.36
13	4.10	3.96	3.82	3.66	3.59	3.51	3.43	3.34	3.25	3.17
14	3.94	3.80	3.66	3.51	3.43	3.35	3.27	3.18	3.09	3.00
15	3.80	3.67	3.52	3.37	3.29	3.21	3.13	3.05	2.96	2.87
16	3.69	3.55	3.41	3.26	3.18	3.10	3.02	2.93	2.84	2.75
17	3.59	3.46	3.31	3.16	3.08	3.00	2.92	2.83	2.75	2.65
18	3.51	3.37	3.23	3.08	3.00	2.92	2.84	2.75	2.66	2.57
19	3.43	3.30	3.15	3.00	2.92	2.84	2.76	2.67	2.58	2.49
20	3.37	3.23	3.09	2.94	2.86	2.78	2.69	2.61	2.52	2.42
21	3.31	3.17	3.09	2.88	2.80	2.72	2.64	2.55	2.46	2.36
22	3.26	3.12	2.98	2.83	2.75	2.67	2.58	2.50	2.40	2.31
23	3.21	3.07	2.93	2.78	2.70	2.62	2.54	2.45	2.35	2.26
24	3.17	3.03	2.89	2.74	2.66	2.58	2.49	2.40	2.31	2.21
25	3.13	2.99	2.85	2.70	2.62	2.54	2.45	2.36	2.27	2.17
26	3.09	2.96	2.81	2.66	2.58	2.50	2.42	2.33	2.23	2.13
27	3.06	2.93	2.78	2.63	2.55	2.47	2.38	2.29	2.20	2.10
28	3.03	2.90	2.75	2.60	2.52	2.44	2.35	2.26	2.17	2.06
29	3.00	2.87	2.73	2.57	2.49	2.41	2.33	2.23	2.14	2.03
30	2.98	2.84	2.70	2.55	2.47	2.39	2.30	2.21	2.11	2.01
40	2.80	2.66	2.52	2.37	2.29	2.20	2.11	2.02	1.92	1.80
60	2.63	2.50	2.35	2.20	2.12	2.03	1.94	1.84	1.73	1.60
120	2.47	2.34	2.19	2.03	1.95	1.86	1.76	1.66	1.53	1.38
∞	2.32	2.18	2.04	1.88	1.79	1.70	1.59	1.47	1.32	1.00

资料来源：同附表 3。

附表 7　　随机数表

	1	2	3	4	5	6	7	8	9	10	11	12	13	14
1	10 480	15 011	01 536	02 011	81 647	91 646	69 179	14 194	62 590	36 207	20 969	99 570	91 291	90 700
2	22 368	46 573	25 595	85 393	30 995	89 198	27 982	53 402	93 965	34 095	52 666	19 174	39 615	99 505
3	24 130	48 360	22 527	97 265	76 393	64 809	15 179	24 830	49 340	32 081	30 680	19 655	63 348	58 629
4	42 167	93 093	06 243	61 680	07 856	16 376	39 440	53 537	71 341	57 004	00 849	74 917	97 758	16 379
5	37 570	39 975	81 837	16 656	06 121	917 82	60 468	81 305	49 684	60 672	14 110	06 927	01 263	54 613
6	77 921	06 907	11 008	42 751	27 756	53 498	18 602	70 659	90 655	15 053	21 916	81 825	44 394	42 880
7	99 562	72 905	56 420	69 994	98 872	31 016	71 194	18 738	44 013	48 840	63 213	21 069	10 634	12 952
8	96 301	91 977	05 463	07 972	18 876	20 922	94 595	56 869	69 014	60 045	18 425	84 903	42 508	32 307
9	89 579	14 342	63 661	10 281	17 453	18 103	57 740	84 378	25 331	12 566	58 678	44 947	05 585	56 941
10	85 475	36 857	53 342	53 988	53 060	59 533	38 867	60 300	08 158	17 983	16 439	11 458	18 593	64 952
11	28 918	69 578	88 231	33 276	70 997	79 936	56 865	05 859	90 106	31 595	01 547	85 590	91 610	78 188
12	63 553	40 961	48 135	03 427	49 626	69 445	18 663	72 695	52 180	20 847	12 234	90 511	33 703	90 322
13	09 429	93 969	52 636	92 737	88 974	33 488	36 320	17 617	30 015	08 272	84 115	27 156	30 613	74 952
14	10 365	61 129	87 529	85 689	48 237	52 267	67 689	93 394	01 511	26 358	85 104	20 285	29 975	89 868
15	07 119	97 336	71 048	08 178	77 233	13 916	47 564	81 056	97 735	85 977	29 372	74 461	28 551	90 707
16	51 085	12 765	51 821	51 259	71 452	16 308	60 756	92 144	49 442	53 900	70 960	63 990	75 601	40 719
17	02 368	21 382	52 404	60 268	89 368	19 885	55 322	44 819	01 188	65 255	64 835	44 919	05 944	55 157
18	01 011	54 092	33 362	94 904	31 273	04 146	18 594	29 852	71 585	85 030	51 132	01 915	92 747	64 951
19	52 162	63 916	46 369	58 586	23 216	14 513	83 149	98 736	23 495	64 350	94 738	17 752	35 156	35 749
20	07 056	97 628	33 787	09 998	42 698	06 691	76 988	13 602	51 851	46 104	88 916	19 509	25 625	58 104
21	48 663	91 245	85 828	14 346	09 172	30 168	90 229	04 734	59 193	22 178	30 421	61 666	99 904	32 812
22	54 164	58 492	22 421	74 103	47 070	25 306	70 468	20 384	58 151	06 646	21 524	15 227	96 909	44 592
23	32 639	32 363	05 597	24 200	13 363	38 005	94 342	28 728	35 806	06 912	17 012	64 161	18 296	22 851
24	29 334	27 001	87 637	87 308	58 731	00 256	45 834	15 389	46 557	41 135	10 367	07 684	36 188	18 510
25	02 488	33 062	28 834	07 351	19 731	92 420	60 952	61 280	50 001	67 658	32 586	86 679	50 720	94 953
26	81 525	72 295	04 839	96 423	24 878	82 651	66 566	14 778	76 797	14 780	13 300	87 074	79 666	95 725
27	29 676	20 591	68 086	26 432	46 901	21 849	89 768	81 536	86 645	12 659	92 259	57 102	80 428	25 280
28	00 742	57 392	39 064	66 432	84 673	40 027	32 832	61 362	98 947	96 067	64 760	64 584	96 096	98 253
29	05 366	04 213	25 669	26 422	44 407	44 048	37 937	63 904	45 766	66 134	75 470	66 520	34 693	90 449
30	91 921	26 418	64 117	94 305	26 766	25 940	39 972	22 209	71 500	64 568	91 402	42 416	07 844	69 618
31	00 582	04 711	87 917	77 341	42 206	35 126	74 087	99 547	81 817	42 607	43 808	76 655	62 028	76 630
32	00 725	69 884	62 797	56 170	86 324	88 072	76 222	36 086	84 637	93 161	76 038	65 855	77 919	88 006
33	69 011	65 795	95 876	55 293	18 988	27 354	26 575	08 625	40 801	59 920	29 841	80 150	12 777	48 501

续表

	1	2	3	4	5	6	7	8	9	10	11	12	13	14
34	25 976	57 948	29 888	88 604	67 917	48 708	18 912	82 271	65 424	69 774	33 661	54 262	85 963	03 547
35	09 763	93 473	73 577	12 908	30 883	18 317	28 290	35 797	05 998	41 688	34 952	37 888	38 917	88 050
36	91 576	12 595	27 958	30 134	04 024	86 385	29 880	99 730	55 536	84 855	29 080	09 250	79 656	73 211
37	17 955	56 349	90 999	49 127	20 044	59 931	06 115	20 542	18 059	02 008	73 708	83 517	36 103	42 791
38	46 503	18 584	18 845	49 618	02 304	51 038	20 655	58 727	28 168	15 475	56 942	53 389	20 562	87 338
39	92 157	89 634	94 824	78 171	84 610	82 834	09 922	25 417	44 137	48 413	25 555	21 246	35 509	20 468
40	14 577	62 765	35 605	81 263	39 667	47 358	56 873	56 307	61 607	49 518	89 656	20 103	77 490	18 062
41	98 427	07 523	33 362	64 270	01 638	92 477	66 969	98 420	04 880	45 585	46 565	04 102	46 880	45 709
42	34 914	63 976	88 720	82 765	34 476	17 032	87 589	40 836	32 427	70 002	70 663	88 863	77 775	69 348
43	70 060	28 277	39 475	46 473	23 219	53 416	94 970	25 832	69 975	94 884	19 661	72 828	00 102	66 794
44	53 976	54 914	06 990	67 245	68 350	80 948	11 398	42 878	80 287	88 267	47 363	46 634	06 541	97 809
45	76 072	29 515	40 980	07 391	58 745	25 774	22 987	80 059	39 911	96 189	41 151	14 222	60 697	59 583
46	90 725	52 210	83 914	29 992	65 831	38 857	50 490	83 765	55 657	14 361	31 720	57 375	56 228	41 546
47	64 364	67 412	33 339	31 926	14 883	24 413	59 744	92 351	97 473	89 286	35 931	04 110	23 726	51 900
48	08 962	00 358	31 662	25 388	61 642	34 072	81 249	35 648	56 891	69 352	48 373	45 578	78 547	81 788
49	95 012	68 379	93 526	70 765	10 592	04 542	76 463	54 328	02 349	17 247	28 865	14 777	62 730	92 277
50	15 664	10 493	20 492	38 391	91 132	21 999	59 516	81 652	27 195	48 223	46 751	22 923	32 261	85 653
51	16 408	81 899	04 153	53 381	79 401	21 438	83 035	92 350	36 693	31 238	59 649	91 754	72 772	02 338
52	18 629	81 953	05 520	91 962	04 739	13 092	97 662	24 822	94 730	06 496	35 090	04 822	86 774	98 289
53	73 115	35 101	47 498	87 637	99 016	71 060	88 824	71 013	18 735	20 286	23 153	72 924	35 165	43 040
54	57 491	16 703	23 167	49 323	45 021	33 132	12 544	41 035	80 780	45 393	44 812	12 515	98 931	91 202
55	30 405	83 946	23 792	14 422	15 059	45 799	22 716	19 792	09 983	74 353	68 668	30 429	70 735	25 499
56	16 631	35 006	85 900	98 275	32 388	52 390	16 815	69 298	82 732	38 480	73 817	32 523	41 961	44 437
57	96 773	20 206	42 559	78 985	05 300	22 164	24 369	54 224	35 083	19 687	11 052	91 491	60 383	19 746
58	38 935	64 202	14 349	82 674	66 523	44 133	00 697	35 552	35 970	19 124	63 318	29 686	03 387	59 846
59	31 624	76 384	17 403	53 363	44 167	64 486	64 758	75 366	76 554	31 601	12 614	33 072	60 332	92 325
60	78 919	19 474	23 632	27 889	47 914	02 584	37 680	20 801	72 152	39 339	34 806	08 930	85 001	87 820
61	03 931	33 309	57 047	74 211	63 445	17 361	62 825	39 908	05 607	91 284	68 833	25 570	38 818	46 920
62	74 426	33 278	43 972	10 119	89 917	15 665	52 872	73 823	73 144	88 662	88 970	74 492	51 805	99 378
63	09 066	00 903	20 795	95 452	92 648	45 454	09 552	88 815	16 553	51 125	79 375	97 596	16 296	66 092
64	42 238	12 426	87 025	14 267	20 979	04 508	64 535	31 355	86 064	29 472	47 689	05 974	52 468	16 834
65	16 153	08 002	26 504	41 744	81 959	65 642	74 240	56 302	00 033	67 107	77 510	70 625	28 725	34 191
66	21 457	40 742	29 820	96 783	29 400	21 840	15 035	34 537	33 310	06 116	95 240	15 957	16 572	06 004

续表

	1	2	3	4	5	6	7	8	9	10	11	12	13	14
67	21 581	57 802	02 050	89 728	17 937	37 621	47 075	42 080	97 403	48 626	68 995	43 805	33 386	21 597
68	55 612	78 095	83 197	33 732	05 810	24 813	86 902	60 397	16 489	03 264	88 525	42 786	05 269	92 532
69	44 657	66 999	99 324	51 281	84 463	60 563	79 312	93 454	68 876	25 471	93 911	25 650	12 682	73 572
70	91 340	84 979	46 949	81 973	37 949	61 023	43 997	15 263	80 644	43 942	89 203	71 795	99 533	50 501
71	91 227	21 199	31 935	27 022	84 067	05 462	35 216	14 486	29 891	68 607	418 67	14 951	91 696	85 065
72	50 001	38 140	66 321	19 924	72 163	09 536	12 151	06 878	91 903	18 749	34 405	56 087	82 790	70 925
73	65 390	05 224	72 958	28 609	81 406	39 147	25 549	48 542	42 627	45 233	57 202	94 617	23 772	07 896
74	27 504	96 131	83 944	41 575	10 573	08 619	64 482	73 923	36 152	05 184	94 142	25 299	84 387	34 925
75	37 169	94 851	39 117	89 632	00 959	16 487	65 536	49 071	39 782	17 095	02 330	74 301	00 275	48 280
76	11 508	70 225	51 111	38 351	19 444	66 499	71 945	05 422	13 442	78 675	84 081	66 938	93 654	59 894
77	37 449	30 362	06 694	54 690	04 052	53 115	62 757	95 348	78 662	11 163	81 651	50 245	34 971	52 924
78	46 515	70 331	85 922	38 329	57 015	15 765	97 161	178 69	45 349	61 796	66 345	81 073	49 106	79 860
79	30 986	81 223	42 416	58 353	21 532	30 502	32 305	86 482	05 174	07 901	54 339	58 861	74 818	46 942
80	64 798	64 995	46 583	09 785	44 160	78 125	83 991	42 865	92 520	83 531	80 377	35 909	81 250	54 238
81	82 486	84 846	99 254	67 632	43 218	50 076	21 361	64 816	51 202	88 124	41 870	52 689	51 275	83 556
82	21 885	32 906	92 431	09 060	64 297	51 674	64 126	62 570	26 123	05 155	59 194	52 799	28 225	85 762
83	60 336	98 782	07 408	53 458	13 564	59 089	26 445	29 789	85 205	41 001	12 535	12 133	14 645	23 541
84	43 937	46 891	24 010	25 560	86 355	33 941	25 786	54 990	71 899	15 475	95 434	98 227	21 824	19 585
85	97 656	63 175	89 303	16 275	07 100	92 063	21 942	18 611	47 348	20 203	18 534	03 862	78 095	50 136
86	03 299	01 221	05 418	38 982	55 758	92 237	26 759	86 367	21 216	98 442	08 303	56 613	91 511	75 982
87	79 626	06 486	03 574	17 668	07 785	76 020	79 924	25 651	83 325	88 428	85 076	72 811	22 717	50 585
88	85 636	68 335	47 539	03 129	65 651	11 977	02 510	26 113	99 447	68 645	34 327	15 152	55 230	93 448
89	18 039	14 367	61 337	06 177	12 143	46 609	32 989	74 014	64 708	00 533	35 398	58 408	13 261	47 908
90	08 362	15 656	60 627	36 478	65 648	16 764	53 412	09 013	07 832	41 574	17 639	82 163	60 859	75 567
91	79 556	29 068	04 142	16 268	15 387	12 856	66 227	38 358	22 478	73 373	88 732	09 443	82 558	05 250
92	92 608	82 674	27 072	32 534	17 075	27 698	98 204	63 863	11 951	34 648	88 022	56 148	34 925	57 031
93	23 982	25 835	40 055	67 006	12 293	02 753	14 827	23 235	35 071	99 704	37 543	11 601	35 503	85 171
94	09 915	96 306	05 908	97 901	28 395	14 186	00 821	80 703	70 426	75 647	76 310	88 717	37 890	40 129
95	59 037	33 300	26 695	62 247	69 927	76 123	50 842	43 834	86 654	70 959	79 725	93 872	28 117	19 233
96	42 488	78 077	69 882	61 657	34 136	79 180	97 526	43 092	04 098	73 571	80 799	76 536	71 255	64 239
97	46 764	86 273	63 003	93 017	31 204	36 692	40 202	35 275	57 306	55 543	53 203	18 098	47 625	88 684
88	03 237	45 430	55 417	63 282	90 816	17 349	88 298	90 183	36 600	78 406	06 216	95 787	42 579	90 730
99	86 591	81 482	52 667	61 582	14 972	90 053	89 534	76 036	49 199	43 716	97 548	04 379	46 370	28 672
100	38 534	01 715	94 964	87 288	65 680	43 772	39 560	12 918	86 537	62 738	19 636	51 132	25 739	56 947

资料来源：Abridged from W. H. Beyer(ed.). *CRC Standard Mathematical Tables*, 24th edition. (Cleveland: The Chemical Rubber Company) 1976。

参考文献

1. 贾俊平．统计学．7 版. 北京：中国人民大学出版社，2018.

2. 戴维・R. 安德森，丹尼斯・J. 斯威尼，托马斯・A. 威廉姆斯．商务与经济统计．张建华，王健，聂巧平，等，译．北京：机械工业出版社，2017.

3. G. R. 埃维森，M. 格根．统计学：基本概念和方法．吴喜之，等，译．北京：高等教育出版社，施普林格出版社，2000.

4. Terry Sincich. 例解商务统计学．5 版．陈鹤琴，罗明安，译．北京：清华大学出版社，2001.

5. 戴维・S. 穆尔，威廉・I. 诺茨．统计学的世界．8 版．郑磊，译．北京：中信出版集团，2017.

图书在版编目（CIP）数据

统计学基础/贾俊平编著．--5版．--北京：中国人民大学出版社，2020.1
21世纪高等继续教育精品教材．经济管理类通用系列
ISBN 978-7-300-27764-6

Ⅰ．①统… Ⅱ．①贾… Ⅲ．①统计学一成人高等教育一教材 Ⅳ．①C8

中国版本图书馆CIP数据核字（2019）第279584号

普通高等教育“十一五”国家级规划教材
21世纪高等继续教育精品教材·经济管理类通用系列
统计学基础（第五版）
贾俊平　编著
Tongjixue Jichu

出版发行	中国人民大学出版社		
社　　址	北京中关村大街31号	**邮政编码**	100080
电　　话	010－62511242（总编室）		010－62511770（质管部）
	010－82501766（邮购部）		010－62514148（门市部）
	010－62515195（发行公司）		010－62515275（盗版举报）
网　　址	http://www.crup.com.cn		
经　　销	新华书店		
印　　刷	北京宏伟双华印刷有限公司	**版　　次**	2004年7月第1版
规　　格	185 mm×260 mm　16开本		2020年1月第5版
印　　张	14.5	**印　　次**	2020年1月第1次印刷
字　　数	278 000	**定　　价**	35.00元